社會政策與社會立法

葉至誠　著

封面設計：實踐大學教務處出版組

出版心語

近年來，全球數位出版蓄勢待發，美國從事數位出版的業者超過百家，亞洲數位出版的新勢力也正在起飛，諸如日本、中國大陸都方興未艾，而台灣卻被視為數位出版的處女地，有極大的開發拓展空間。植基於此，本組自民國 93 年 9 月起，即醞釀規劃以數位出版模式，協助本校專任教師致力於學術出版，以激勵本校研究風氣，提昇教學品質及學術水準。

在規劃初期，調查得知秀威資訊科技股份有限公司是採行數位印刷模式並做數位少量隨需出版〔POD＝Print on Demand〕(含編印銷售發行)的科技公司，亦為中華民國政府出版品正式授權的 POD 數位處理中心，尤其該公司可提供「免費學術出版」形式，相當符合本組推展數位出版的立意。隨即與秀威公司密集接洽，雙方就數位出版服務要點、數位出版申請作業流程、出版發行合約書以及出版合作備忘錄等相關事宜逐一審慎研擬，歷時 9 個月，至民國 94 年 6 月始告順利簽核公布。

執行迄今逾 2 年，承蒙本校謝董事長孟雄、謝校長宗興、劉教務長麗雲、藍教授秀璋以及秀威公司宋總經理政坤等多位長官給予本組全力的支持與指導，本校諸多教師亦身體力行，主動提供學術專著委由本組協助數位出版，數量幾達 30 本，在此一併致上最誠摯的謝意。諸般溫馨滿溢，將是挹注本組持續推展數位出版的最大動力。

本出版團隊由葉立誠組長、王雯珊老師、賴怡勳老師三人為組合，以極其有限的人力，充分發揮高效能的團隊精神，合作無間，各司統籌策劃、協商研擬、視覺設計等職掌，在精益求精的前提下，至望弘揚本校實踐大學的校譽，具體落實出版機能。

實踐大學教務處出版組　謹識

中華民國 98 年 7 月

序言

推動社會福利是我國憲法所明定的基本國策，以落實公民社會權的保障，社會權是指憲法為確保個人在社會中享有健全生活的基本條件，所賦予個人的各種權利類型的保障。社會權包括生存權、工作權、受教育之權、受健康照顧之權、環境權及文化權等。社會政策與社會立法是政府用以直接影響人民福利的政策，其行動是提供服務或所得予人民。其核心包括社會保險、公共救助、醫療保健與福利服務等。近幾年來，社會型態的變化，民眾對政府作為有更高的期待，相應著「社會政策與社會立法」，不僅為施政者乃至於民眾的高度關注，社會政策與社會立法已不再是遙不可及的議題，而是與國民生活息息相關的政府職司。

社會生活中，人們總是面臨著各種各樣的社會問題，而社會政策與社會立法是人們用來處理和解決各種社會問題的重要措施和手段，是人們為了保障基本的生活，改造社會的重要機制。政府為了配合社會發展的需要，先後訂頒民生主義現階段社會政策、現階段社會建設綱領和社會福利政策綱領重要措施，以為推動社會福利的根據，期能為社會發展奠定穩固的基礎。為求達到社會安全機制的建立，在社會政策上正朝向下列方向努力：

第一、維持基本生活不虞匱乏：為能保障每個人最低生活需求，應建立殘補式的救助體系，協助對於低收入戶者、弱勢族群的照顧，以維繫每位國民的基本生活品質。

第二、確保國家資源公允分配：藉財富分配來達成每個人在生存、教育、就業、稅賦方面的均等，並建立公正的資源分配制度，達到社會公平的境界。

第三、增進社會成員人性尊嚴：在社會安全制度下，對個人在遭受其所能控制範圍之外的社會風險致使其生活水準下降時，保衛其已獲得的生活水準，經由建立完整的社會保障體制，使「和衷共濟，危險共擔」的社群得以形成。

近年來台灣地區政治經濟環境快速發展，社會結構隨之急劇變遷，產生了更多樣化的社會問題及更為殷切的社會福利需求。社會福利不論在民眾需求、業務或經費規模上皆呈現大幅擴張，社會政策正是執行及完成解決社會問題及滿足民眾福利需求的方法。隨著全球化的浪潮，以及科技、資訊的高度發展，已改變了傳統民眾對社會福利的期待，各國政府於福利服務方式已面臨巨大的衝擊與興革。為確保民眾生活福祉，我們社會極需要一套高瞻遠矚的社會安全體系，以迎接二十一世紀的挑戰，建設一個公義祥和的新家園。

英國著名的社會思想家羅素（Bertrand Russell）在《工業文明的前景》（The Prospects of Industrial Civilization）一書中，指出：「一個好的社會有兩個要素，亦即是：第一、組成社會的人們此時的福祉；以及，第二、藉由社會福祉讓人們的發展獲得更好的能力。」在一個講求福利的社會裡，政策的重點是在於如何使人的需求受到充分的滿足，人的價值也獲得完整的體現。追求一個好的社會是人們亙古的期待，對這個期待給予哲學家式的思索與解答或許是件容易的事，但更嚴酷的挑戰則是政府將之付諸實現的政策能力，而這也直接關係到政府存在的價值。隨全球化而來的競爭壓力與新貧的產生，已逐漸侵蝕了社會穩定的基礎，是以，我們須以更全面與寬廣的視野去面對與思考我們社會未來發展的問題。當我們能在思維上徹底地超越過去，社會政策不再僅是福利議題，而是廣義的經濟政策，甚至是國家發展政策的一環。而一個有效的福利體系，必須透過制度化的方式將幸運者與不幸者、生產者與依賴者、年輕者與年老者緊密凝聚在一起，構成社會穩定的基石。如此，我們才可以預期一個嶄新福利時代的來臨了！

我國社會政策的發展正處於一個結構變化的階段，一方面，由於參與國際經貿組織，經濟朝向全球化的方向，面對自由市場日益增強的競爭與壓力，產業外移，稅收減少，人口老化……凡此種種，都足以衝擊原先的生活安全保障；另一方面，國內人口結構的改變（如少子化社會的來臨）及國民對於社會安全的需求大為提昇。換言之，民眾對社會的福利需求日益殷切，使得政府宜認真而周密的建構完整的社會安全機制，以應國民的普遍需求。這項目標的落實除有賴政府持恆的努力外，尚待社會集中意志和力量予以達成。

是書完成，是本於「化當世莫若口，傳來世莫若書。」的理念，除於課堂講學外，為謀專業知識的推廣，爰師法前賢先進「著作等身，傳衍經書」而為。這項心志的體現要特別感謝實踐大學出版組諸多師長的鼎力玉成協助，併致謝忱。本書疏漏之處，敬請學術界、實務界先進及讀者不吝指正。

葉至誠　謹誌

目　次

第一章　社會政策概述

社會政策是公共政策的一環，是針對社會運作的障礙、不平等和不公義的事情所對應的社會機制，以解決社會危機及社會問題。社會政策的關注點是普世性的，但其優先次序是取決於不同國家，並且因應其文化、歷史及社會經濟情況而有所差異。由於每個社會結構不同，社會變動快速，社會政策的內涵並非一成不變。其具體表現就是透過社會立法，並以國家權力強制執行。

社會政策針對社會現況循著「社會問題——社會政策——社會立法——社會行政——社會工作」的歷程，以期能解決社會問題，提昇社會品質。社會政策著眼於關懷社會弱勢群體，以人道、利他主義等精神，根據立國精神及公共政策，以社會計畫結合社會資源方式加以執行。社會工作專業中的個案、團體與社區工作，屬於「直接服務」（direct service），採取直接面對案主，從「個人」處遇著手；社會福利行政、社會政策與立法的領域，則為「間接服務」（indirect service），是從「機構」或「機關」的角度切入；兩者相輔相成，以為社會助人專業的落實。

第一節　社會政策的基本概念

一、社會政策的起源

所謂「政策」（policy），是政府、機構、組織或個人為實現目標而訂立的計畫。學者伊斯頓（D. Easton）的界定為：「政府對社會上的價值所做的權威性分配（authoritative allocation of values）。」其中的權威性分配包含一連串經過規劃和有組織的行動或活動；政策的目的是在政治、管理、財經及行政架構上發揮作用以達到各種目標。

社會政策起源於 1873 年德國學者組織的「社會政策學會」，該學會學者瓦格納（A. Wagner）與西摩拉爾（G. Schmoller）因目睹德國自十九世紀以來，產業發展的結果，形成了社會問題，其中以勞資對立最為嚴重，尤其是勞工權益未受保障，工資低廉，超時工作，勞工淪為社會的弱勢階層，勞資衝突頻仍，對當時政府造成很大的威脅。是以，主張應由國家制定社會政策，立法建立制度，解決社會問題。社會政策是運用立法和行政手段，調節財產所得和勞動所得之間的分配不均問題。到了二十世紀的中期以後，由於經濟學、政治學和系統科學等學科的加盟，社會政策才逐漸成為為具有開放性、交叉性和系統性的應用社會科學學科。

第一次世界大戰對於德國社會政策的發展具有重大意義。戰爭期間及戰後的善後，都需要對各種資源從事有效地協調、整合，其結果是，一方面國家的社會福利任務大幅擴張，另一方面國家也開始嘗試將各種慈善團體納入管理。

英國社會政策發揮重要作用的階段，是從二戰以後到 60 年代的二十餘年間。這一階段也可以說是費邊社（Fabian Society）社會福利觀的全盛時代。費邊社提出對福利國家的建議，認為由資本主義到社會主義的實現，是一個漸進而必然的轉變過程。因此政府應該透過加強財政政策、立法等管道再分配財富和其他的權利，使人民在平等的基礎上，得以自由地去實踐自我。主張研究社會實況，以民主漸進溫和的手段，透過選舉投票來解決問題。企圖以國家作為推動改革的工具，主張廢止土地私有制、工業國有化，以及實現各種社會福利。為使社會服務不因貧富差別而出現兩種不同的服務標準導致社會分化，費邊社提出更積極的改善政府提供的服務，使之與私營服務的素質沒有差別。從費邊社的實踐中，我們看到的是影響社會福利的一系列的政策活動，重在務實的社會建設，宣導建立互助互愛的社會服務；包括平等的財產、社會地位和政治權利的分配而至自由，由實踐平等和自由的理念達至社會合作和互愛的人際關係理念。另外，1942年英國戰時聯合政府委託無黨派人士、經濟學家貝弗裏奇（W. Beveridge）起草了一份準備在戰後實施的社會保障計畫——貝弗裏奇報告，該報告也被認為是社會政策的里程碑。其核心內容是：社會福利是社會集體應盡的責任，是每個公民應享受的權利；是以社會保險為主要措施，全面消除貧困、疾病、骯髒、無知、懶散等各種社會弊病，提出了關於「從搖籃到墳墓」的福利國家制度的許多具體設想，它對後來英國社會福利政策的建立產生了非常大的影響，並且迅速在歐洲普及開來。

社會政策係針對產業革命之後，為紓解勞資所產生的對立問題，由國家透過公共政策，建構福利制度，以調和勞資雙方利益，落實福利國家的基礎。

二、社會政策的定義

社會政策，是經由國家立法和政府行政干預，解決社會問題，促進社會安全，改善社會環境，增進社會福利的一系列政策、行動準則和規定的總稱。社會政策從十九世紀末葉開始發展，其關注的問題從「勞工問題」開始，逐漸擴張，幾乎涵蓋所有的社會問題，當這些問題進入政府的領域，衍生出解決之道，均可被視為「社會政策」。社會政策又可分為狹義和廣義兩類；狹義的社會政策範圍僅僅涉及勞工及貧民生活，而廣義的社會政策則包括國民福利、就業、住宅、健康、文化、教育、人口、婚姻與家庭生活、社區及社會公共環境以及宗教等等。顯然，狹義的界定所對應的只是狹義的社會福利政策，而廣義的界定則對應於各種社會問題的解決。是以，英國學者希爾（M. Hill）對社會政策的意涵為：

(一) 增進個人及社會的必要福利。

(二) 對生活困境者給予濟助作為。

(三) 對社會資源進行合理的分配。

(四) 對弱勢族群提供更多的機會。

(五) 對社群共同利益的促進作為。

社會政策的訂定是為解決社會問題，並增進社會福祉；因此社會政策會根據立國精神，隨著時空的變動，及社會資源的多寡而有所更迭。例如，台灣在民國 54 年的「民生主義現階段社會政策」，包括：社會保險、國民就業、社會救助、國民住宅、福利服務、社會教育與社區發展等，到了民國 93 年「社會福利政策綱領」，包括社會保險與津貼、社會救助、福利服務、就業安全、社會住宅與社區營造及健康與醫療照護等。說明社會政策的制定，會隨著當時政府的思維，與社會環境氣氛等因素，而進行調整。

三、社會政策的類型

社會政策根據一定的標準和方式而將決策劃分為不同的類型：

(一) 按照決策規模，可分為宏觀決策與微視決策。

(二) 按照決策形式，可分為程序化決策與非程序化決策。

(三) 按照決策主導，可分為個人決策、團體決策、國家決策、國際決策。

(四) 按照決策層次，可分為策略決策、行政決策和方案策略。

(五) 按照決策目標要求的不同，可分為確定性決策和非確定性決策；非確定性決策又可分為風險性決策、競爭性決策、完全不確定性決策。

(六) 按照決策方法，可分為矩陣決策、網路決策和評分決策。

(七) 按照決策對象，可分為企業決策、軍事決策、政治決策、經濟決策等。

四、社會政策的功能

「社會政策」可以理解為「對於人類賴以生存的社會條件，基於某種價值取向所嘗試施加或採行的影響措施」。事實上，在不同國家中，其社會政策目標與管制手段想必也是相當多樣。社會政策策略有：

(一) 預防性策略：此類策略其目標在於對人們社會與經濟生活提供一個適切的環境，以使事後不需補救性措施。

(二) 補救性策略：對於已產生的社會問題事後予以補救。其類型包括：

1. 社會保險：強制保險措施，使被保險人於生活風險（如生病、年老、失業等等）發生時，可以由保險基金獲得給付。
2. 社會津貼：由國家以其租稅收入作為財源對於一定範圍的人所提供的照顧給付。
3. 社會救助：國家對於貧困者或於急難發生時所提供的救助給付；保障的是低標準的生活水準。

(三) 補充性策略：促使國家以外的福利生產主體參與社會福利給付的策略。例如：結合民間力量以參與社會福利服務工作。

其中補充性及預防性措施多強調民眾自己應付生活風險，屬於自我負責的策略。

第二節　社會政策的訂定程序

政策的制定程序，是為達到一定目標而確定某一方案整個動態過程。一般說的決策過程是指科學的決策過程，科學的決策過程包括以下步驟：

一、找出問題，確定決策目標；

二、搜集資料擬出初步方案；

三、對初步方案進行預測分析與預測可行性分析；

四、對各備選方案進行方案論證（包括建立模型、進行預算規劃及詳細的可行性分析等）；

五、分析、對比各備選方案的論證結果，綜合評價，選出最優的或最滿意的方案；

六、對選定的方案進行科學試驗，以鑑定該方案的正確性；

七、編制計畫，貫徹執行；

八、對執行情況進行監看、反饋控制，以修正偏差。也可以把整個決策過程，看作如上個幾步驟組成的決策系統，各個步驟的工作一環扣一環，階梯式接力推進，形成整個決策過程。

社會政策為公共政策亦屬行政政策。這是一種具有決策權的行政機關或行政機關工作人員為了國家和公眾的利益而有效地推行行政管理，依據國家的法律為一定的行政行為，確定行政目標、制定並選擇行政方案的過程。社會政策是行政管理過程的中心環境，也是行政領導的基本職能。社會政策的特點有：

一、社會政策與行政權力密切關聯。只有掌握行政權的組織或個人才能作出社會政策，除經國家行政機關或法律授權外，行政機關以外的機關和社會組織都不能作出社會政策。

二、社會政策是著眼於社會公共利益，以貫徹執行國家統一意志和利益為原則，非以營利為目的。

三、社會政策產生的影響相當深遠。社會政策不但對行政組織內各成員有約束力，而且對行政組織管轄內的一切機關、團體和事業單位及其個人都有約束力。

四、社會政策的內容十分廣博。這是由政府職能的廣泛性所決定的，它涉及由國家行政管理系統處理的具體事務，和必須由國家參與的民眾生活的公共事務。

五、社會政策具有政治性。這是由行政活動與國家統治權的不可分割所決定的。社會政策必須與國家的利益一致，同時體現著國家的利益和意志，帶有鮮明的政治色彩。

六、社會政策受國家法律限制。社會政策只能在法律規定的範圍內進行活動，在任何情況下，行政機關或行政人員不得無視法律進行任意決策。

第三節　社會政策的制定模型

社會政策，是透過國家立法和政府行政干預，解決社會問題，促進社會安全，改善社會環境，增進社會福利的一系列政策、行動準則和規定的總稱。其核心是解決市場經濟下公民的社會風險。

德國學者瓦格納（Adolph Wagner）在十九世紀中葉提出，社會政策是運用立法和行政手段，調整財產所得和勞動所得之間的分配不均問題。其後，隨著科際整合，社會政策發展出幾個重要模型，以作為制定及分析的基礎。包括（Popple & Leighninger, 2001）：

一、制度模型

此一模型主要的論點認為：社會政策是政府機關的活動，政府具有以下功能：

(一) 合法性：政府的立法部門賦予政策合法性，人民對於政府制定的政策，在法律上有效忠、服從的義務，對於民眾具有約束力。

(二) 普遍性：政府政策能普遍適用於全體民眾，除非有特別規定，否則沒有任何個人、團體、組織能夠例外。

(三) 強制性：對於違抗政策的個人、團體或組織，唯有政府能夠加以制裁。

二、利益模型

在民主政治當中透過集會結社，爭取自己的權利，公共政策就成為各團體間利益均衡的結果：

(一) 人是社會的動物，會結成團體，為了確保人類關係的存在，團體與團體之間必須維持一種合理的平衡。

(二) 「政治」實際上是團體為了影響社會政策所引起的互動，而政府的功能，就是在處理團體之間目標或利益的衝突。

(三)社會政策是在團體的目標或利益衝突間所達成的平衡狀態。

三、菁英模型

民眾數量繁多，素質參差不齊，對某些重要問題不見得瞭解，此時，就必須邀請「專家學者」參與決策過程，被視為決策菁英。政策所反映的常是擔任統治功能菁英的偏好和價值，政府只是執行菁英已經決定的決策。菁英的屬性包括：

(一) 有權勢者、少數、統治者相對於無權勢者、多數、被統治者。

(二) 菁英絕大多數來自社會、經濟的中上階層。

(三) 向上流動緩慢，非菁英要占至菁英位置，極其辛苦。

(四) 菁英傾向維持現況，具有保守、漸進的性格。

(五) 民眾對菁英的影響遠不及菁英對民眾的影響。

四、漸進模型

社會政策如果是參考以往的做法，逐步修正而成，就稱為「漸進模型」。這個模型的主要論點是：社會政策不過是過去政府活動的延伸，在既有的基礎上，把政策加以修正，決策者通常是以既有的合法政策為主。

五、理性模型

「人是理性的動物」，所以人會計算付出與獲得之間的差距，做出最有利於自己的決定。這是理性模型的基本假設，只要決策過程每一個步驟，都出於理性的考慮，最後所決定的政策，自然是合理的，能夠使問題迎刃而解。最終的目的，是希望能夠設計出一套程序，藉此程序，決策者能制定出一個有最大「淨價值成效」的合理政策，希望能花最少的代價，得到最大的成果。

美國管理學家西蒙（H. Simon）認為，決策步驟根據決策系統的具體情況，而有所調整。但合理的、科學的決策過程必須包括這樣三個步驟：1.找出存在的問題，確定決策目標；2.擬定各種可行的備選方案，3.從中選出最合適的方案。西蒙把這三種步驟分別稱為：參謀活動階段、設計活動階段和選擇活動階段。這三個基本階段是任何決策不可缺少的。

六、整合模型

因政策執行的多元繁複，政策執行從以往「由上而下」的科層體制控制過程，演變成「由下而上」的上下階層互動過程；從「控制」到「互動」

過程兩種觀點界定政策執行概念，各有優缺點。「整合模式」強調政策與行動相互影響的過程，政策制定與政策執行是交互行動，一則是決策者訂定目標，另則是行動者提出專業知識與經驗，交互為用所形成的政策。在這個模式中，是以動態過程形成社會政策。

第四節　社會政策制定的原則

決策要達到的目的，是評價決策效果好壞的標準，是決策的構成要素之一。決策目標是根據所解決問題的要求來確定，決策目標確定後，再根據目標去尋求最佳或最滿意的決策方案。決策目標有多種多樣的情況，有的可以明確地以數量形式表現，有的只能以抽象的形式表述；有的可以公開表白，有的則隱含在某些決策者心中，有的只有一個目標，有的同時要實現多個目標。確定決策目標要符合以下幾項原則：第一、目標必須具體明確。第二、目標要切實可行。第三、盡可能把目標分為主要目標和次要目標，並按其重要性依次排列，在決策實施的過程中，目標要不斷地修正、完善。社會政策的形成過程是十分複雜的課題，最起碼必須就政治系統、社會文化環境、經濟系統及現有的社會福利制度等變數來研究它們的相關動態（李欽湧，1994）。

吉爾伯特與特力爾（N. Gilbert & P. Terrell, 2006）就社會政策制定的基本原則提出三種方法：

第一、過程分析。關注的議題在瞭解政策、政府和利益團體中如何影響政策組織。例如實施國民年金制度對國家稅收及民眾工作意願等究竟產生什麼變化。

第二、產出分析。從產出的觀點看政策，往往會將政策視為一種選擇，其焦點擺在：政策設計的形式和內容的選擇是什麼？什麼選擇使得方案發揮最好的效果？什麼價值、理論和假設支持這些選擇？

第三、績效分析。績效分析是關於政策選擇與執行之後，有計畫性成果的描述與評估。績效可以從質化和量化資料，和透過大規模的研究工具，應用各種理論方法來測量。

對擬定出來的備選方案進行評價後選擇最佳方案或滿意方案的決定過程，簡稱方案評選。方案評選中，方案的正確與否是其根據之一，但核心問題是方案的優劣。方案評選的基礎是決策者或分析者的判斷，包括價值判斷與事實判斷，前者在於判斷備選方案賴以成立的事實依據是否真實可靠和以事實為依據的推理是否合乎邏輯，後者則在於判斷決策後果滿足決策者要求的程度。方案評選的具體方法，隨所選決策準則不同而異，主要有：

一、經驗判斷法，即由決策者或分析者根據個人的經驗直接作出評斷，其中包括依靠個人判斷和依靠集體進行判斷，並創造出許多專家判斷的有效方法，如策略前提分析法等。

二、量化評價法，即利用分數的辦法區分評價方案的重要程度和各方案對決策目標的滿足程度，根據方案得分多少來確定方案的優劣。亦即把決策目標與約束條件用數字方式表達，然後透過解析或模擬的方法求得最優方案。

三、實證試驗法，即將決策方案作試驗性的操作，觀察實施效果以定取捨。

第五節　影響社會政策的因素

第二次世界大戰期間，在戰時的社會生產和全體勞動力實行軍事化的集中管理和統籌調度，以及對主要生活用品實行了全員定量分配，這種政策非但沒有降低效率，反而使全社會空前團結，在某種程度上成為福利國家的前置背景。正是在這樣背景之下，1942 年英國戰時聯合政府委託經濟學家貝弗裏奇（W. Beveridge）起草了一份準備在戰後實施的社會安全計畫

——貝弗裏奇報告，該報告也被認為是社會政策的里程碑。其核心內容是：社會福利是社會集體應盡的責任，是每個公民應享受的權利。

當我們社會邁向二十一世紀以來，隨著諸多內外因素的變動，影響當前社會福利政策最關鍵的課題如下：

一、家庭結構多元化：傳統家庭型態萎縮，單親、單身、不育、同性、同居、再婚，及跨國形式的家庭增加；使得照顧老人、兒童、身心障礙者的能力下降，家庭作為自我依賴的經濟與社會單位的相對薄弱，而且新的家庭問題也將滋生或已造成，如家庭暴力、代溝、文化衝突等。

二、人口結構老齡化：台灣老人人口（六十五歲以上人口）現已達人口比例的 10%以上，民國 119 年將超過 20%。台灣人口老化的程度將與當前歐洲工業民主國家的情況相近。人口老化帶來的醫療照顧、年金給付、住宅，以及社會服務等支出的成長，也造成工作人口的扶養負擔加重。社會政策不能忽視人口趨勢對政治、經濟、社會的影響。

三、經濟所得 M 型化：以家庭所得五分位差來算，我國的貧富差距越來越大，69 年是最低的 4.17 倍，97 年則提高至 6.56 倍。進入知識經濟時代，所得差距將越大，贏者全拿是主因，少數贏家將占有大多數財富，多數人將落入新貧階級。社會與政治的不穩定，以及經濟成長的遲緩將逐漸顯現。

四、社會發展全球化：台灣在未進入 WTO 之前就已受到全球政治經濟的影響，國家對通貨管制能力下降，去管制化（deregulation）的要求聲浪高漲，企業要求自由化的呼聲更高，重資本輕勞工的走向越來越明顯，降低勞動條件、彈性化勞動市場，甚至降低福利給付，以防止資本外移，或提高全球競爭力，使社會政策面臨新的挑戰。

五、政府財政困窘化：政府面臨龐大財政赤字，除了中央政府負債外，各地方政府也是負債累累。而國內經濟成長率也在下滑中。沒有穩定的經濟成長率，很難支撐社會福利支出，但是，經濟成長遲滯、失業率升高、所得分配不均，更需要社會福利。所以，當前政府面對社會需求升高，但資源不足的困境，一方面期待健全社會福利體制，另方面卻無財源可支應。

結語

國際所公認的社會政策發揮重要作用的階段，是從二十世紀的 60 年代的二十餘年間，這一階段是費邊社社會福利觀的全盛時代，認為政府應該透過加強財政政策、立法等管道以進行再分配財富和其他的權利，促使人民在平等的基礎上，得以自由地達成實踐自我。為使社會服務不因貧富差別而出現不同的服務標準，所導致的社會分化，社會政策朝向更積極的改善政府提供的福利服務，使之與私營服務的品質沒有差別。

社會福利常被人譏諷為「免費午餐」，究其原因，實與社會人士對「社會政策」的理解有很大的關係。提到社會政策，很多人都會把它等同是公營部門（政府）提供的社會福利服務，例如國民住宅、醫療服務、教育訓練、社會保障等，把資源從社會上富裕階層（主要透過稅收），向低收入階層進行再分配。這種對社會政策的建構，令人以為凡社會福利不是「窮人的專利品」、就是「劫富濟貧」，不但對經濟成長構成負擔，還磨滅了低收入人士的工作精神，甚至鼓勵其對政府產生依賴。前述看法，可以從多個方面進行批評。舉例來說，它誇張了社會福利對個人工作意願的負面影響。然而，並無足夠證據顯示，凡增加社會福利支出，必會損害經濟繁榮等。

對上述問題根本的解決之路，是重新檢視「社會政策」這概念的內涵。若我們不把「社會政策」的範圍限縮於專為低收入階層提供的社會福利服務，而把它看成是現存的一種公共政策；讓政策決定著社會上不同群體之間的利益分配，是則這類政策在向富有階層提供「福利」時，亦應與「窮人的福利」一般，皆能受到社會平等的關注。

第二章　社會立法概述

第一節　法律的意涵

一、法律的意義

法律為人類生活的規範，是經過一定的制定程序，以國家權力而強制實行於人類的生活規範。人類為求生存的必要而有各種活動，因此對於國家或人民彼此間，便發生權利義務的關係，為謀此種關係正常的發展，不能不有一定的規範，以為遵行的途徑，關於人類生活的規範，除法律外，尚有宗教與道德二種，惟其效果不及法律之顯著。法律又為國家權力而強制實行的規範，至於須經過一定的制定程序，則為法律的形式的意義。此種立法機關，在我國為立法院，憲法第一百七十條規定：「本憲法所稱之法律，謂經立法院通過，總統公布之法律。」

二、法律的分類

我們一般人所稱的法律實際上是包括「法律」及「命令」二部分。依據「中央法規標準法」之規定，所謂的法律是指「經過立法程序制定的法條」。而命令則是指「各級行政官署就其職務上之某事項所為之指示」。其內涵為：

（一）法律的類別

依照「中央法規標準法」第二條之規定，法律有四種名稱，分別為：

1. 法——屬於全國法、一般性或長期性事項之規定者，如「區公所法」、「民法」、「藥師法」。
2. 律——屬於戰時軍事機關之特殊事項之規定者，如「戰時軍律」。
3. 條例——屬於地區性、專門性、特殊性或臨時性事項之規定者，如「教育人員任用條例」。
4. 通則——屬於同一事項共通適用的原則或組織之規定者，如「地方稅法通則」。

（二）命令的類別

依據「中央法規標準法」第三條之規定，命令有七種名稱，以下說明各種名稱的用法。

1. 規程——屬於規定機關組織、處務準據者，如「行政院衛生署中醫藥委員會組織規程」。
2. 規則——屬於規定應行遵守或應行照辦之事項者，如「護理人員管理規則」。
3. 細則——屬於規定法規之施行事項或就法規另行補充解釋者，如「大學法施行細則」。
4. 辦法——屬於規定辦理事務之方法、時限或權責者，如「藥劑生資格及管理辦法」。
5. 綱要——屬於規定一定原則或要項者，如「動員戡亂時期國家安全會議組織綱要」。
6. 標準——屬於規定一定程度、規格或條例者，如「化妝品製造工廠設廠標準」。

7. 準則——屬於規定作為之準據、範式或程序者，如「行政院衛生署監督衛生財團法人準則」。

（三）法律與命令的區別

法律與命令雖均具有法定的拘束力，惟其間仍有所差別：

1. 作用不同，法律為國家對某事項所為之意思表示。命令則僅為法律內容之補充規定。
2. 產生不同，法律為國家依照一定立法程序所制定。命令則係由各級行政機關自行發布，並無一定之程序。
3. 內容不同，法律規定多為重大事項。如我中央法規制定標準法第四條規定：「下列事項，應以法律定之：a.憲法或法律有明文規定應以法律定之者。b.關於人民權利義務者。c.關於國家各機關之組織者。d.關於法律之變更或廢止者。」命令則多為於法律所賦予權限之範圍內為之。
4. 效力不同，法律除牴觸憲法外有絕對之效力，命令則除牴觸憲法外，牴觸法律亦為無效。

第二節　法律的內容

法律是人類生活的規範，而人類生活規範的內容，不外是個人、社會，及國家的權利與義務。所以權利與義務實為法律的主要內容。而維護權利與規定義務，又為法律的共同目的。關於權利與義務的有關事項，分別列述如下：

一、關於保護權利方面——法律對權利的保護，重要的有下列各項：

1. 個人的權利包括身體的保護、人格的保護、親族關係的保護、財產權的保護等。

2. 國家的權利如國家的統治權、經濟權等。
3. 社會的權利包括：社會制度的安定、公眾安全、自然力的利用與保存、公益機關的保護等。

二、關於規定義務方面——法律的另一目的，即為義務的規定，其重要的事項有：

1. 公法上的義務與私法上的義務，公法上的義務乃是依照公法所應擔負的義務，如依照兵役法及各種稅法而負服兵役及納稅的義務。私法上的義務，乃是依照私法所應負擔的義務，例如依照民法債務人有清償債務的義務，及親屬間有互負扶養的義務等。
2. 作為或不作為的義務法律上的義務，以作為為內容的，稱為積極義務，如服兵役、納稅等義務是。以不作為為內容的，稱為消極義務，如不妨害公益、不妨害自由等義務。上述作為或不作為的義務，必須由於法律的規定，才受限制。行政機關頒布的作為或不作為的義務，必須由於法律的規定才受限制。行政機關頒布的作為或不作為義務的命令，只要與法律無所牴觸，人民亦應完全服從。

第三節　法律的適用

法律之適用，是指實際上運用法律，也就是將具體事實引用法條，以產生法律的效果。依照不同的單位機能，適用情形也有所差別，一般而言，可分為「司法機關」及「行政機關」之別：

一、司法機關適用法律之原則

(一) 審判獨立，憲法第八十條規定：「法官須超出黨派以外，依據法律獨立審判，不受任何干涉。」即司法官審判案件，應依據法律，獨立審判，不受任何外力干涉，致影響其裁判之正確性。故其所為裁判，僅得於提起上訴或抗告後，由上級法院廢棄、撤銷或變更之。

(二) 不告不理，即司法官非經當事人之請求（刑事公訴案件，檢察官代表國家立於原告地位），不得自行審判。

(三) 不得拒絕審判，即司法官不得藉口法律不明不備，而拒絕當事人審判之請求。然社會事態，錯綜複雜，變動不羈，決非抽象有限的法條所能盡括無遺，此法律之所以於適用時有待解釋。

(四) 除與憲法牴觸之法律外不得拒絕適用法律，即司法官除對與憲法牴觸應屬無效之法律，應拒絕適用外，不得以法律不正不善而拒絕適用。因為立法與司法，各有所司，法律是否正當，屬諸立法問題，倘司法官有權取捨，不惟有背立法與司法分立之體制，且使法律效力，無由確定，流弊之大，不堪想像。

二、行政機關適用法律之原則

(一) 依職權適用法律，行政機關不論人民請求與否，應自動積極的適用法律。此與司法機關適用法律所遵守之「不告不理」之原則不同。惟法令中亦有特別規定，行政機關必符當事人之請求，方能適用法律者。

(二) 有自由裁量法律之權，行政機關於不牴觸法律之範圍內，得於適用法律時自由裁量。此與司法機關僅得依據法律規定而為適用者有別。因法律無論如何審慎周詳，亦難網羅萬象，纖細無遺，於適用時，毫無疑問。若不予行政機關以自由裁量之權，則將無以應付現實貫徹法令。

(三) 必須服從上級機關指揮監督，行政機關適用法律，下級必須服從上級機關指揮監督。此與司法機關適用法律所遵循之「審判獨立」之原則有異，若非如此，不足以推行法令維持行政秩序。

(四) 有制頒命令之權，行政機關於適用法律時有制頒命令之權，此與司法機關僅得依據法律規定而為適用，不能自行制頒命令有別。因法律規定，多為抽象原則，倘不制頒命令，以為適用時之輔助或不補充，即有不切實際，窒礙難行之虞。

第四節　法律的制定

一、法律的制定

法律制定的程序，大致上可分為下列四個步驟：

(一) 提案：提案為制定法律整個程序中的初步階段，制定法律之權，僅以立法院為限。惟法律的提案權，則並不以立法院的立法委員為限，行政院、考試院及監察院，均有向立法院提出法律案之權。法律案提出時，是為法律草案，應以書面為之，並應附具條文，其所以提出該項法律案之理由，或總括的說明或逐條說明。法律案提出後，原提案的立法委員，或提案的各機關，得撤回原提案，惟原提案的立法委員如撤回原提案時，應先徵得連署人的同意。法律案提出後，已進行討論而在該會程序中，在未經議決前，得撤回原案。

(二) 審查：立法院各委員會審議案件，須經初步審查者，由委員若干人輪流審查，必要時得由召集委員推定委員若干人審查，各委員會所議事項，有與其他委員會相關聯者，除由院會決定交付聯席審查者外，得由召集委員報請院會決定與其他有關委員會開聯席會議。立法院各委員會開會時，應邀列席人員，不以原提案機關的人員為限，得就所詢事項說明事實或發表意見，即其他有關機關人員，亦得應邀列席備詢或發表意見。

(三) 討論：立法院各委員會審查議案的經過及決議，應以書面提報立法院會議討論，並由決議時的主席或推定一人向院會說明。所謂討論即是進行該會的程序，第一讀會大抵是將議案朗讀後，即交付有關委員會審查，或議決逕付二讀，或不予審議。第二讀會應將議案朗讀，依次逐條提付討論。第三讀會，除發現議案內容有互相牴觸者外，祇得為文字的修正，因之，第三讀會應將議案全案付表決。

(四) 決議：立法院對於法律案應經三讀會議決定之，法律案既經立法院決議通過後，制定法律的程序，即告完成。但是提出的法律案，在未經決議前，原提案者得提出修正案或撤回原案。

二、法律的公布

法律的公布，乃是國家的法律向外公開表示的行為，國家於法律公布以後，始得適用該法律。總統公布法律，須經行政院長之副署，或行政院院長及有關部會首長的副署，始具備公布法律的要件，否則，未經副署而頒布之法律，自應認為無效，至於此種副署制度的作用，不外是：第一表示行政院代表總統對立法院負責；第二表示行政院所屬的有關部會首長與行政院院長負連帶責任；第三使行政院院長與有關部會首長對於總統頒布的法律，於公布前有知悉明瞭的機會，並得在該法律施行前預為必要的準備工作，如認為有窒礙難行時，得依法報經總統核可，移請立法院審議。

三、法律的修正

國家對於已制定公布或施行的法律，因主義的實行或因政策的變更，或因環境的改變，或因事實的需要，或因法律內容尚欠完全，或因實行發生窒礙或困難時，均得將法律予以修正，以求完善，俾便適用。法律的修正者，亦即為法律案，故關於法律修正的機關與程序，與法律的制定並無不同。易言之：有權提出法律案者，即有提出法律修正之權；有權制定法律者，即有修正法律之權。法律修正案，亦須經立法院之讀會通過，完成立法程序始可，亦須由總統依法公布之，其公布時亦須經行政院院長或有關部會副署。

四、法律的廢止

法律若予以廢止，即喪失其效力，就廢止法律之機關，法律廢止的原因及程序，說明如下：

(一) 法律的廢止，機關有權提出制定法律案之人或機關，即有提出廢止法律之權。法律的廢止，應經立法院決議，並應由總統公布之。故立法院為法律的廢止機關。

(二) 法律的廢止原因，法律有下列情形之一者，應予廢止：1.機關裁撤，其組織法無保留必要時；2.法律規定的事項，已執行完畢或因情勢變遷，無繼續施行的必要者；法律因有關法律的廢止，致失其依據，而無單獨施行的必要者；3.同一事項已有新法規定並公布施行者。

(三) 法律的廢止程序，與法律的制定程序同，但在立法院討論時，無須經過三讀程序而已；但法律若已定有施行期限者，期滿當然廢止，即不須經立法院決議及總統公布，但應由主管機關送經總統府公報公告之。

第五節　行政法概要

一、行政法的意義

行政法是規律行政機關與人民之間，以及各行政機關之間的法律。就行政法之意義，我們可以進一步析理，就其特性如下：

(一) 行政法是關於行政權之法：行政法乃關於行政權之組織及其作用之法，以行政權為其中心觀念，是為國家統治權作用之一種。

(二) 行政法是國內法：凡法規規定一國之內，國家公共團體與人民間之關係，或人民與人民間之關係者，為「國內法」。

(三) 行政法是公法：規定國家與公共團體，或國家公共團體與其所屬人民間關係之法規，稱為「公法」。

(四) 行政法是規範行政作用之法：行政機關所為之行政作用，即指行政機關在何種情形下，始能賦予人民以權利或限制人民之權利，在何種情形下，始能使人民負擔義務或免除人民之義務，如專利法、著作權法、兵役法等是。凡此種種，均在行政作用法規範圍之內。至今民主法治時代，人民應享何種權利，應負何種義務，均由法規定其準則，此種準則，不僅拘束人民，即對行政機關本身，亦同具其拘束之力量。

(五) 行政法是規範行政救濟之法：在行政法關係中，人民之權利或利益，因行政上之違法或不當處分，致受損害時，請求國家救濟，國家乃是一定之處置者，是謂行政救濟。

行政法所規範的對象至為複雜，觸及的範圍又極其廣泛，每因客觀情勢之變遷，時有改變對策之必要，故無統一的法典。所謂「行政法」，即指因各別需要所各別制定之一切有關行政法規之總括名稱而言。行政權的行政範圍，至為廣泛，行政法規的內容，亦包羅甚多，而且行政法規系統紛繁，行政事項常有變動，因之行政法規亦常多修改，並非如民法、刑法有整齊統一的法典，和較為固定的永久性。所以研習行政法，應瞭解國家的行政現狀。

二、行政權的原則

行政權的內容雖廣泛，但並非漫無界限，行政權運作的基本原則為：

(一) 行政權的行使不得與法規相牴觸：法規一方面規定人民的權利義務，同時亦規定國家的權利義務，有拘束國家和人民的效力。因之，行政權的行使，必須遵守法規，不得違反。

(二) 行政權的行使，非有法律根據不得侵害人民權利或使人民負擔義務：以行政作用侵害人民的權利或使人民負擔義務，必須有法規的根據，否則，便是違法的行政行為。

(三) 行政權的行使，非有法規根據，不得為特定人設定權利或為特定人免除義務，否則，便是違法的行政行為。

(四) 行政權的行使，雖可自由裁量，但亦有其裁量界限，行政機關行使國家的行政權，一方面要接受法規的拘束，一方面要適應社會上千變萬化的複雜事態，於是在它的職權行使範圍內，不得不有適應環境的裁量權衡，為行政權的自由裁量。

第六節　社會立法定義

「社會立法」（Social Legislation）首次出現，是在 1881 年德國普魯士威廉一世（William I）國會演說時。就在十九世紀末葉，德國社會政策開始發展之際，社會法規亦配合制定，尤以社會保險相關立法最為完整。因此，當代社會立法以英國 1349 年勞工法為起點，經歷濟貧法案的制定與修正，並因應工業革命，勞工問題的產生，而由德國社會保險法集其大成。參酌社會工作辭典中所列學者張學鶚的見解（2000）認為：社會立法有狹義及廣義的區隔。狹義的社會立法強調的是解決與預防社會問題，用以保護處於弱勢者的生活安全所制定的社會法規，例如我國的社會救助法；廣義的社會立法則是以增進社會大眾福利，以促進社會進步發展而訂定的法規，如國民年金法等。法律體系中所講的「社會立法」，主要是調整勞動關係、社會安全、社會福利和特殊群體權益保障等方面關係的法律規範的總和。而隨著社會的發展，目前的社會立法，在含義上要更寬一些，它還包括：1.社會事業，主要是教育、醫療衛生、人口和計畫生育等方面。2.社會組織，即政府機構和經濟主體以外的各類公益性、互益性組織，也稱民間組織、非營利組織、第三部門等。3.社會管理，包括對各類非經濟性、非政治性事務的管理，對公益性、互益性事務的引導。4.社會問題，包括對社會異常行為和偏差行為的控制。這幾個方面的法律，在法律體系上目前大都歸在「行政法」的範疇下。

由以上的定義可以看出，社會立法的目的在解決或預防社會問題，經由立法程序，制定各種與人民福祉有關的法律，以保障並改善國民的生活，促進全民福利的各種措施。

依據學者江亮演（2004）對於社會立法的原則如下：

一、權威性：立法機關與立法者必須具有合法性，立法所依據的資料最好是有學理的基礎和民意的支持。

二、適切性：法律是社會的產物，立法的基本原理必須與既存的社會文化和法律原則相一致、相連續。

三、規範性：社會立法必須清楚法律要求的性質，以及法律所規範的團體、社區或社會，亦即必須切合實際，而不是空中樓閣。

四、時效性：為了及時反映社會問題，也為了前瞻社會變遷，現代的立法對於法律生效日期常做成彈性規定，以方便相關單位可以調整。

五、約束性：社會立法往往直接關係人民權益，所以執法機關的行為必須絕對受到法律的約束，使其不至於因受到內在及外在壓力，而造成法律的阻礙。

六、積極性：法律不只是制裁的功能，依法採取積極性的鼓勵措施，也可以達成法律的目的。例如身心障礙者保護法對於超額進用身心障礙者的企業，給予獎勵補助。

七、保障性：法律要打擊違法，更應保護守法，尤其攸關人民權益保障的社會立法，更應對於因為他人違法而受害者，以法律規定保護他們權益的有效措施。

結語

社會政策是公共政策的一環，起源為十九世紀以來工業革命產生資方剝奪勞方的情形，引起社會的不安，透過政府的力量，為勞工建立社會保險、社會救助等制度，開啟了社會政策與社會立法的先河。政策藉由立法的手段加以實現，以作為執行的依據，是建構一個完整社會福利制度不可或缺的重要因素。

第三章　社會政策與意識型態

每個社會都有意識型態，作為形成「大眾想法」或共識的基礎，而社會中居於優勢地位的意識型態常以一種「中立」的姿態呈現，其他與這個標準不同的意識型態則常常被視為極端，不論到底真實的情況為何。是以，帕深思（T. Parsons）把意識型態定義為社會群體用來使世界更易於為人所理解的解釋架構。意識是一個包括多種概念的集合名詞，其涵義係指個人運用感覺、知覺、思考、記憶等心理活動，對自己的身心狀態與環境中人、事、物變化的綜合覺察與認識。個人所察覺與認識的經過，就是意識歷程，也就是意識經驗的意思。在意識歷程中，當個人對內在與外在一切變化的覺察與認識時，常隨當時注意程度的不同，而經驗到不同的意識層面。意識型態有人稱之為「主義」，它是一種思想、一種信仰，也是一種力量，它可以操縱人們的行為。哲學家福柯（Michel Foucault）強調於研究中採取意識型態中立的原則。蓋爾茲（Clifford Geertz）從更為中立的觀點把意識型態視為文化符號系統（如宗教、美學或科學）中的一種。意識型態與宗教，有許多相似的地方，因此稱它是「沒有上帝的宗教」，它跟宗教一樣，有聖經，有先知，有教團，強調信仰，甚至殉道，視死如歸，要求人們信仰，不容許人質疑。

第一節　意識型態的意涵

意識型態（Ideology）是指一種觀念的集合，是一組或多或少相互連貫的觀念，不論是在維繫、修正、或推翻既有的權力關係體系，意識型態確實提供了組織社會行動的基礎。每一個人都有意識型態，任何的宗教、政治、科學、哲學團體，都有它自己的信條（doctrine）。一套信條（a set of doctrines），就是意識型態。柏拉圖（Plato, B.C.427-B.C.347）《理想國》的理念可說是意識型態的雛形。其後，有約翰‧洛克（John Locke）於所著《人類理解論》進一步催生了意識型態，認為人的理智能把簡單的觀念組合成複式的觀念。法國學者特斯杜‧德‧托拉西（Destutt de Tracy），他寫了《意識型態的要素》一書，對中世紀以來充斥哲學中的偏見和神學觀點進行理性的批判。他主張以理性作為意識型態的基礎，並以之為所有科學的基礎。托拉西認為意識型態是以理性對思想來源進行剖析，從而揭示社會法則與自然法則相一致，托拉西對意識型態的詮釋對後來各種意識型態學說產生極大影響。

意識型態是研究觀念形成的過程，思想的來源進行理性考察，對社會發展產生巨大影響。意識型態的內涵有：1.提供對既有秩序的一種解釋，通常以世界觀的形式呈現；2.提供一種對未來追求的模型，且對理想社會提出看法；3.闡述政治變遷可能或應該如何發生。現代社會以科學的角度來看，將意識型態視為：一種行動取向的信念體系，它是由一組彼此相關的觀念所匯集而成，並以某些方式來指導行動。意識型態有很多不同的種類，有政治的、社會的、知識論的、倫理的等等。社會意識型態是一組用來解釋社會應當如何運作的觀念與原則，並且提供了某些社會秩序的藍圖。意識型態可以被理解為一種具有理解性的想像，一種觀看事物的方法，存在於共識與一些哲學趨勢中，或者是由社會中的統治階級對所有社會成員提出的一組觀念。某種社會意識型態是某個特定社會存在的反映，並會因其變化而產生變遷。

第二節　意識型態的特質

意識型態的結構基本上可分為兩部分，其一是所謂核心的部分，其二是環繞著核心的實踐性部分，核心部分的內容主要包含一套世界觀、歷史觀，以及用來支撐這套世界觀、歷史觀的方法論，或由這套世界觀、歷史觀延伸出來的一套價值觀、實踐性的部分。主要是提供一套引導人們去認知和判斷周遭世界的認知圖和評估圖，以及由此認知圖和評估圖所延伸出來引導人們實踐行動的策略設計。核心部分主要是影響人的價值理性的運作，而實踐部分則主要影響人的策略理性的運作，指導人的實際行動；意識型態不可能孤立的存在，必須透過一個團體或組織作為載體，從而以導引人從事實踐行動為標的，因此，意識型態是以實踐為取向的，其目的就是要使人成為合乎組織或團體要求和期待的「組織的人」。任何一套能夠引導人們從事實踐的綱領絕不是空穴來風，必須以一套世界觀、歷史觀、價值觀作為其正當性的辯護基礎。

由於意識型態具備共通的特質有：

一、是知識的累積與形式，社會政策自然也依從在特定的歷史時空之間。

二、人類經驗累積所形成的抽象觀念。例如自由主義、保守主義、社會主義等是一套抽象概念，嘗試描繪遠景的社會現象。

三、是一套方案措施（programs）。

四、包含對現在的觀點和對未來的期望。

五、意識型態是行動取向的（action-oriented）。

六、意識型態是針對群眾設計的。

七、意識型態通常以一種非常淺顯的字眼來做號召，使其可以被一般群眾所理解。

在廣義的意識型態概念的系譜上，其可追溯至柏拉圖《理想國》中的「政治意識型態是一個信仰的體系」，它為既存的或構想中的社會，解釋與辯護為人所喜好的政治秩序，並且為其實現提供策略（過程、制度、計畫）。社會意識型態包括一套與人性和社會有關的規範性與經驗性的基本命題。這些命題用來解釋與辯護人類的情況，及指導或維護人們所喜好的社會秩序的發展。意識型態提供了對過去的一種詮釋，對現在的一種解釋，以及對未來的見解。它的原則表明了政治生活與權力的目的、組織與界限。

華爾茲（H. Waltzer）在其合著的《意識型態與現代政治》（Ideologies and Modern Politics, 1975）一書中，列舉社會意識型態的特性如下：

一、意識型態的形成緣起範圍廣泛。

二、意識型態僅及少數菁英的創發。

三、意識型態是對應歷史時代環境。

四、意識型態是簡單而抽象的表達。

五、意識型態堅持具真理且普遍性。

六、意識型態是一套系統性的論證。

七、意識型態具有持續發展的期待。

八、意識型態激盪引發積極的參與。

九、意識型態與集體行動交織一體。

十、意識型態反映社會系統的關係。

十一、意識型態具有因應環境變遷性。

第三節　意識型態的類型

一、自由主義

自由主義（liberalism）為封建主義瓦解後的產物，取而代之的是市場式或資本主義式的社會。十九世紀，古典自由主義的精髓在於，頌揚放任式資本主義的優點，而抨擊任何形式的政府干預。十九世紀以降，一種社會主義式自由主義的形式開始浮現，傾向福利改革和經濟干預，其成為二十世紀現代自由主義的特色。自由主義的要素：個人主義、自由、理性、平等、容忍、同意、憲政。自由主義之父——洛克（John Locke）繼承前人

「天賦人權」說、自然狀態說以及霍布斯（Thomas Hobbes）的「社會契約」（Social Contract）說，而發展出自由主義的理論。認為：人類天生都是自由、平等和獨立的，非經其本人的同意，不能將任何人置於自由平等狀態之外，使其受制於另一個人的政治權力之下。任何人放棄其自然自由並受制於公民社會的各種限制的唯一方法，就是與其他人達成協議，共同組成一個共同體，以謀彼此的安全、舒適與和平的生活，以安享財產，並保障防止侵犯。政府的存在是為了保障國民的生命、自由與財產等基本人權；而國民服從的義務只限於在政府能夠充分保護國民且未濫用權力時才要繼續下去；為了確保能得到保護及停止濫權，國民得起而行動。自由主義是植基於每個人均天賦不可剝奪的權利而沒有任何權力可以侵犯這樣的原理之上，國家的功能是在於保護這些權利，而人們是獨立於國家的，假如國家侵犯到公民的不可剝奪的權利，則它已失去其合法的權威。每個人只服從能自制且其服務能使其他人有平等自由履行其不可剝奪之權利之可能的國家。

自由主義有多個面相（aspect），在經濟方面，它是一種資本主義（capitalism），其本質在於營利企業的積極的精神（acquisitive spirit），以企業的自由競爭、追求利潤來進行調整的國民經濟。在政治方面，它是主張民主政治（democracy），強調選民對政府的控制，以及言論及出版的自由。在經濟方面實踐的結果，就是「自由放任」（laissez-faire）政策，即政府不應該干涉經濟事務，除非為了打破壟斷。這種政策由蘇格蘭的經濟學家亞當・史密斯（Adam Smith）的《國富論》（The Wealth of Nations, 1776）賦予理論辯護。自由放任政策下，「管得越少的政府越好」，政府是「必要之惡」（necessary evil），其結果造成政府事事不管，成為「夜警國家」，只在晚上負責維護治安，其他一概不管，這種狀態，造成既得利益的上層階級尤其資本家大大得利。因為依照自由主義，人人自由，人人的自由權、生命權及財產權神聖，則資本家與工人基於自由意志而訂約，政府即無權管轄。然而工人是經濟上的弱者，無法禁得起長期失業，所以只好接受資本家的低薪，被資本家所剝削，社會因而「富者愈富，貧者愈貧」，財富（土地及貨幣等）集中於少數的資本家，絕大多數工人日益貧窮，這種自由主義政策造成的社會危機，啟社會主義尤其共產主義者以階級鬥爭之機。自由主義缺失嚴重暴露之後，「新自由主義」（neoliberalism）如格林（Thomas Green）乃修正「古典自由主義」（classical liberalism）之偏失，主張政府乃「必要之善」（necessary good）而非必要之惡，人民的痛苦有賴政府的干預，財產權也非神聖，可以由政府加以規範，政府可以限制最低薪資、管制壟斷、規定工業安全標準，以保障工人階級，經此修正，自由主義才得以恢復生機。

二、保守主義

保守主義（conservatism）的基本要素為：傳統文化、實用主義、社會有機論、維持階層、政治權威、私有財產。該主義首先出現於十八世紀末和十九世紀初期，源自於對經濟和政治快速變遷的恐懼，相對程度地望回到舊體制，而維護傳統的社會秩序。在自由主義掀起法國大革命（1789）的時候，英國國會議員柏克（Edmund Burke）頗不以為然，他認為革命領導人行動過於草率，也不認同他們對貴族展開血腥屠殺。他的保守主張見於所著《法國大革命的省思》（Reflections on the Revolution in France, 1790），強調謹慎和紀律兩大要素，及貴族所應承擔的義務，其特徵是相信階層體系的存在，強調傳統，並支持義務說與有機論。使他成為保守主義的奠基人。保守主義者把社會當成會生長之物，主張「有機的成長」（organic growth），因而只贊同改革（reform），反對革命。保守主義者讚美習慣、珍惜傳統，主張「信仰使人團結，理性使人分裂」（Faith unit and reason divide），人性是不完美的，人的理性畢竟有限，理解有史以來千頭萬緒人類生命發展的能力也大有問題，因此反對激進的革命，主張溫和的改革。十九世紀前葉，法國的共和革命政權與拿破崙政府，被全歐洲的保守主義國家圍攻，並在滑鐵盧（Waterloo）戰役，徹底打敗拿破崙，結束法國與歐洲長達廿三年的對抗，並在 1815 年的「維也納會議」（Congress of Vienna），維繫歐洲新秩序達四十年。二十世紀的「新保守主義」（neoconservatism）則為自由經濟辯護，認為政府機構太大，將會破壞自由經濟，無法實現機會均等。主張限制公民對政府的要求，也反對政府響應群眾的要求。菁英統治、新階級統治等均可認為是新保守主義的趨向，它們誇大資本主義社會的進步，堅持資本主義的實質。

三、馬克思主義

馬克思把意識型態理論充分開拓和發展起來，因之形成馬克思主義（Marxism）。他辯證地對待托拉西（Count Destutt de Tracy）和黑格爾（Georg Wilhelm Friedrich Hegel）這兩派學說，兼容並蓄地融會到自己的意識型態學說中。採取歷史唯物論、辯證法的歷程、異化、階級鬥爭、剩餘價值、無產階級革命、共產主義。其最重要的發展是把經濟、政治和社會理論發展為其意識型態的主體內涵。馬克思從經政社會歷史和現實提出唯物史觀，認為歷史演進是循「封建主義→資本主義→社會主義→沒階級的社會」，即到達共產社會戛然而止。

馬克思主張剩餘價值說，認為工廠的利潤皆勞工辛勞所創。預言 1940 年左右因資本家崩潰，國家將凋謝，共產主義的社會即將確立。同時，現代馬克思主義：堅信經濟與政治交互作用，以及生活的物質環境與人類塑造其命運的能力之間，存在相互影響。

四、社會主義

社會主義（socialism）深受馬克思（K. Marx）的影響，強調的是：社群、博愛、社會平等、需求、社會階級、共同所有權。古典自由主義重視財產權，並視為是基本人權之一，與生命權、自由權並列，認為政府無權干預。這種自由放任政策，造成貧富極度懸殊的現象，富者富可敵國，貧者貧無立錐之地，後者生活悽苦無告，有人道關懷的思想家心生憐憫，遂主張經濟上的平等，例如聖西門（S. Simon）、歐文（R. Owen）、傅立葉（C. Fourier），都有悲天憫人的襟懷，為悲慘階級請命。然而這些人的主張，都被馬克思稱為「烏托邦社會主義」（utopian socialism）。

聖西門指責資本主義社會是充滿罪惡和災難，是「是非顛倒的世界」，渴望建立一個平等又幸福的社會。他主張透過宣傳、教育、科學、道德和宗教的進步來實現理想社會，反對使用暴力。

歐文以積極從事社會改革著稱，1800 年他在蘇格蘭的紡織廠試行實驗，諸如：縮短工作時間、提高工資、改善工人勞動及居住條件、開辦托兒所、幼稚園和工人子弟學校，因此博得慈善家美名，名聞歐美。他寫書論述消滅私有財產，建立公有制，權利平等，改造資本主義社會。傅立葉也對資本主義制度進行深刻的批判，指出資產階級的文明就是奴隸制度的復活。他主張建立社會主義的社會，消費品按勞動、資本及才能的比例原則進行分配，並首次提出婦女解放的程度是衡量人民是否徹底解放的看法。

社會主義種類繁多，馬克思主義、共產主義、費邊社社會主義（Fabian Socialism），以及社會主義的修正主義、新馬克思主義……等，都可說是社會主義大家族的成員。這類社會主義派別強調和平、漸進且合法地過渡到社會主義的可能性，其展現方式有二：1.主張暴力革命，由列寧和布爾什維克黨人所奉行自稱為共產主義者；2.主張漸進改革的社會民主主義。

五、社會民主主義

社會民主主義（social democracy）是一種在十九世紀晚期和二十世紀初期開始浮現的政治意識型態，是從馬克思主義分離出來的思維。主張市場與國家間、個人與社群間的均衡，接受資本主義的同時，也希望財富能依道德而非市場原則來分配。此兩者是可以妥協的，其主要特徵是對社會底層人士、弱勢者的關注，擷取社會主義憐憫心和良善人性的信念，以及自由主義積極自由和平等機會的訴求，或如保守主義所形容的父母般的職責和關愛。其通常建立在福利主義、重分配、和社會正義等原則基礎上。現代的社會民主主義強調透過立法過程以改革資本主義體制，使其更公平和人性化。

社會民主主義強調以下原則：第一、「民主」——不只是個人的自由，也同時包含免於被歧視、和被控制了生產工具的資本家濫用政治權力的自由。第二、「平等和社會正義」——不只是在法律前人人平等，也包含在經濟和文化上的平等，同時也要給予身心殘障和其他社會條件不佳的人平等機會。最後，「團結一致」，要團結起來同情那些遭受不公正和不平等待遇的人。實行社會民主主義的典範國家是瑞典，瑞典經濟發展得相當健全，從獨資公司到跨國公司，同時保持世界上最高的平均壽命，低失業率、低通貨膨脹、低國債、低嬰兒死亡率和低生活費用，並擁有極高的經濟增長。

六、法西斯主義

法西斯主義（fascism）強調國家至高無上的地位和國家榮耀，並主張對國家領袖絕對服從，為此，可嚴厲鎮壓異議分子，歌頌戰爭而詆毀自由民主。二十世紀法西斯主義興起的原因，部分是中產階級反對不完美的民主制度（多黨內閣制頻頻倒閣），以及伴隨的資本主義經濟體系的故障（如1929年經濟大恐慌），導致中產階級「背叛」民主，擁護強人政治。另一方面，是出於中上階級對崛起中下層階級勢力的恐懼，為了保護自己的產業與權益，遂主張高壓統治。

法西斯主義反自由主義、反民主政治、反共產主義、反保守主義，它是一種最激進的民族主義，其目標係建立強大的民族主義權威國家，追求該民族的力量及威望。為此而組織群眾（mass party militia），甚至使用暴力，墨索里尼（Benito Mussolini）及希特勒（Adolf Hitler）為代表人物。核心價值在於民族共同體強而有力地團結在一起，個人認同必須臣服於共同體或社會團體之下，強調的是國家主義的極端形式。

七、無政府主義

無政府主義（「anarchism」或安那其主義）是一系列政治哲學思想，英語中的無政府主義「anarchism」源於希臘語，意思是沒有統治者。其是由兩種對立的傳統建立起來的：自由主義式個人主義和社會主義的社群主義，可謂是兩者的交叉點，並以超自由主義和超社會主義的形式出現。所以被翻譯成中文時，根據這一最基本的特徵譯成「無政府主義」。無政府主義包含了眾多哲學體系和社會運動實踐。它的基本立場是反對包括政府在內的一切統治和權威，提倡個體之間的自助關係，關注個體的自由和平等；其政治訴求是消除政府以及社會上或經濟上的任何獨裁統治關係。相信所有形式的政治權威，特別是國家的形式，既是邪惡，也是沒有必要的。其所偏好無國家社會，乃是透過個人自願性的合作和協議。對大多數無政府主義者而言，「無政府」一詞並不代表混亂、虛無、或道德淪喪的狀態，而是一種由自由的個體自願結合，以建立互助、自治、反獨裁主義的和諧社會。一如其他政治哲學思想，無政府主義包含不同的分支和流派。雖然他們都有著反對國家的共同特色，但卻在其他議題上有著不同的立場，包括是否進行武裝鬥爭、或以和平非暴力建立社會的問題上產生分歧，而在經濟的觀點上也有顯著的差異，從主張財產徹底公有化的集體主義流派，至主張私人財產和自由市場的個人主義流派。

八、新右派

「新右派」（the new right）是個概括性的名稱，主要是以海耶克（F. A. Hayek）、費利曼（Milton Friedman）為代表的新自由主義（neoliberalism），和奈思比（Robert Nisbet）、貝爾（Daniel Bell）為代表的新保守主義（neoconservatism）兩股思潮的結合。在社會價值上，新自由主義強調自由、個人主義和不平等的重要性，核心要素為市場與個人，主要目標是在縮小國家的範圍，堅信無干預的資本主義將帶來繁榮，秉持私有是好的，而公有是壞的，相信自助、個人責任心以及企業家精神的重要性。新保守主義則著重於個人與家庭的責任，重視宗教與傳統社會道德。重申十九世紀保守主義的社會原理，保守的新右派想要的是重新塑立權威，回歸傳統的價值，特別是與家庭、宗教、以及國家有關的觀念，反對「只要我喜歡」、自我崇拜……等。

對政府角色的態度上，新自由主義反對國家干涉市場運作與個人自由，認為政府的角色應止於維護社會與經濟秩序，協助私部門幫助弱者；新保守主義傾向以強有力的國家來維護社會秩序與傳統價值。在此我們可看出新右派所結合的兩股思潮在某些主張上是不相容的，他們之所以會放在一起討論主要是因為兩者皆反對社會公民權的擴張。新右派認為政府過度的干預妨礙了人民的自由，包括消費選擇的自由與支配財物的自由等。其次，新右派認為福利國家的政策運作迫使政府必須承受許多利益團體的壓力，最後必然導致以政治力量來分配資源，破壞市場自動調節的功能。第三、福利國家所提供的服務因為缺乏競爭，所以效率較低。第四、政府鉅額的福利支出導致通貨膨脹或高稅率，進而降低投資和工作意願，造成經濟不景氣。第五、福利國家過於優渥的服務使得其他方面的福利系統（包括家庭、社區與志願組織等）萎縮，傳統道德價值喪失，這些對於國家未來的發展將是極大的阻礙（Mishra, 1984; George & Wilding）。新右派與對社會福利主義（social welfarism）的反動，透過英國柴契爾首相（Margaret Hilda Thatcher）的主政成為二十世紀末的主流思潮。

結語

簡單地說，意識型態是某個歷史時期的一種社會思潮，反映一定階級或特定社會集團的利益和要求的系統思想、觀念的總體，也即是政治制度、經濟和社會型態的思想體系。由它形成一定的世界觀和方法論，體現為一種政治主張，亦為其思想的理論基礎。

第四章　社會思潮與社會政策

社會福利所揭示的理想已成為人們思想的主幹；達到全民均富的目標亦形成一股龐大而不可抗拒的社會潮流；1990 年代是福利思潮百家爭鳴的時代，這些色彩鮮明的福利觀伴隨著 1980 年代末以降蓬勃發展的社會運動而興起，它們對社會福利的分析有其特殊的切入角度，進而自成一套看法，由於立場的簡單明確，其訴求也就單刀直入而具備相當程度的洞察力。現代社會多以社會福利推動自期，並作為政府實踐社會正義和落實為民謀福的基本政策。社會福利不論是作為一種政策或制度，都難以脫離其產生的社會文化脈絡，尤其是當地當代的道德與價值判斷架構。因此，每一項社會政策從理論性的觀點來看，都具有它的社會思想脈絡。其次，政策的構成又與社會的發展有著緊密的關聯。是以探討社會政策時，顯然需要對社會思潮有深切的認識。

第一節　女性主義

隨著工業社會的崛起，不僅影響到產業結構的改變，更進一步在政治、文化、社會各方面產生了影響，其中又以女性角色的改變最為引人注目，在平權社會的思維與期盼下，女性合理權利的增進與維護，已經成為今日社會努力的目標。「女性主義」（feminism）是要求女性享有生為人類的完整權力，並且反抗所有造成女性無自主性、附屬性和屈居次要地位的權力結構、法律和習俗。它的中心思想是為婦女在政治上取得與男子一樣的普選權，女權運動不僅爭取在政治，而且爭取在經濟、社會、文教、就業，以及家庭生活方面都和男性一樣享有平等權利。由於台灣社會結構的變遷已經使經濟的訴求從「平等生存」轉變為「生活合理」；在一連串女性主義思維的引進，帶領著我們社會省思既有的女性地位和社會角色。這些思維包括：

一、自由主義：認為男女兩性在先天上是有差異存在，但是反對生物決定論，主張男女性別的差異主要是後天學習的結果。所以解決女性次級地位的策略為透過法律與制度的修正，來提供兩性平等競爭的機會。強調權利、機會平等、處遇（treatment）的重要性。

二、文化主義：男女天生的確有性別差異存在，女性的道德是至善的，因此女性獨特的文化一旦獲得解放，自由、平等、和平的世界就會到來。其策略為婦女解放，透過激進的與政治的手段，來推翻男性霸權。

三、馬克思主義：婦女被壓抑的原因，在於女性逐漸被驅逐出社會生產工作外，而淪為男性之私有財產的一部分。其否定人性與性別差異的生物決定論，主張任何社會不平等形式都是人為的，而階級壓迫是最基本的。此派強調為婦女一定要參與社會生產，並且與階級運動結合，以革命的手段達成結構變遷，才能徹底結束婦女被壓迫的情境。

四、社會主義：認為女性無論在公領域或私領域都是被壓迫者，女性是資本家的廉價勞工，也是男性免費的家庭勞力，同時在父權與資本主義合夥關係下，女性淪為「消費動物」與「性商品」。所以婦女受壓迫是超乎階級的。其主張不只要消除資本主義，更要改變父權性別體制，使婦女無論在公或私領域的角色與勞動內涵有所改變，關注國家福利對女性的影響。

五、激進主義：主張婦女是被壓迫且廣泛的存在於已知的每一個社會中，而且根深柢固。婦女深受壓迫之苦，卻由於婦女與其壓迫者一樣受男人至上的社會偏見所影響，往往不能察覺。因此只有透過生產科技的創新來達到解放婦女，認為女同性戀主義可以對抗父權壓迫。

六、存在主義：認為女人受到身體的拖累而失去自主性，變得因男人而存在，成為被動的接受者。女人的自欺通常表現在否定自己有身為自由創造主體的潛力，有自我放棄，將自己物化的傾向。造成了長久以來女性的第二性地位，討好男性，以尋求照顧、保護，而放棄了自己的真性。

七、生態主義：主要在於挑戰既有的權力關係，企圖打破主從關係下轉化為互惠的局面。它批判自啟蒙運動之後，歐洲文化所衍生出來的男權至上，導致了性別壓迫，為了克服此問題，只有從個人與制度二方面雙管齊下，促使社會全面轉化。

八、後殖民主義：認為以性別抗爭為焦點的做法過於窄化，爭取男女平等的同時，也應該著重種族歧視和經濟壓迫的問題，才能達到全球女性的真正解放。

女性主義幫助我們檢視既存社會價值、制度與政策中明顯或可能潛藏的男性至上主義，也可以提供國家政策形成過程一個新的，也較符合婦女權利與發展的政策價值與觀點。

第二節　反種族主義

反種族主義（anti- racism）是對種族主義的批判態度。種族主義是一種自我中心的態度，認為種族差異決定人類社會歷史和文化發展。根據牛津英語辭典，種族主義（racism）是一種認為一個種族裡的每一個成員都具有某一種特定的品質或者能力，並以此區分人群及種族間優劣的信仰或者觀念。種族主義是一種信仰，認為種族是人類特徵、能力的主要決定因素，且種族差異造成某一特定族群的人傳承其優越地位，而種族主義也指根據此信仰所造成的種族偏見。相信各人類種族具有各自的特徵且這些特徵決定他們的文化的信念，通常帶有認同自己種族優於其他任何種族且有權力支配其他種族的觀念。是一種自我中心的態度，認為種族差異決定人類社會歷史和文化發展，認為自己所屬的團體，例如人種、民族或國家，優越於其他的團體。社會學家卡澤那夫（Noel Cazenave）和瑪登（Darlene Alvarez Maddern）則是這麼定義：「每個社會階層皆運用了這種根據種族所訂的族群特權的高度組織系統，並伴隨著膚色／種族優越的高度發展意識型態。種族主義系統包含了盲從的成分。」（Cazenave and Maddern, 1999）。種族主義者經常提到的觀點是不同的種族存在著智力上的差異。科學家認為，既然不同種族間存在著遺傳體質上的差異，例如膚色、髮色等，因此不同種族的智力也可能由於基因的不同而不同。種族主義的基本內容是：種族歧視，種族隔離，極端的種族滅絕。

「種族主義」是一種自我中心的態度，基本上有三種主張（賴兩陽，2007）：

一、科學的種族主義（scientific racism）：是奠基於某些「種族」天生較其他種族優越的思考基礎上。

二、心理學的種族主義（psychological racism）：人人皆有種族歧視，同時有能力運用這種偏見去歧視不同種族的人。

三、多元文化主義（multiculturalism）：把種族主義擺置在文化差異上。

從社會政策角度來看，為能防杜「種族主義」所帶來的社會特定族群的剝奪，必須要訂定「反種族歧視政策」，對於歧視行為給予嚴格的規範，同時運用教育以引導如何與不同種族、文化的人和平相處，如此，才能漸漸達成族群融合的社會。

第三節　綠色主義

綠色主義（greenism）是以人與環境生態之間的關係為切入點，企圖建立現代社會的環境生態倫理，要求的是對環境的友善性，強調「永續經營」

觀念必須深植於各項社會政策與社會發展之中。由於人類也只是地球上億萬種生物之一，人與萬物是平等的，而不是高高在上或擁有萬物的生殺大權。當這樣的理念轉化應用到社會福利領域時，綠色主義強調普世的平等觀，反對過度強調科層體系與消費的福利國家形式，尤其是伴隨這類福利體系而來的科層（專家）控制與剝削，國際間的貧富差距應該消除，但不是透過永無止境的經濟成長，而是讓人類需求與生態資源更密切契合的永續發展。其內容可以分為兩大思想體系；溫和綠色主義（light green）或稱環境主義（environmentalism）及強硬綠色主義（strong green）或稱生態主義（ecologism）。環境主義建基於人類中心主義（anthropocentrism），關注核心是人類的利益。其支持者基本上是接受現存的經濟及社會結構，認為經濟增長及消費模式在本質上不一定是破壞環境，因此倡議政府應制定有關的社會政策去達致環境保護的目標，例如採用稅賦政策、支持有利環境保護的工業和產品。另一方面，生態主義卻持較激進的觀點，認為環境問題的根源是現行的經濟、政治及社會結構，而工業主義（industralism）是破壞生態環境的主導因素，故必須減緩經濟發展及改變民眾的消費模式。

綠色社會工作模式的目標是透過社會工作者在不同層面的介入，扮演不同的角色，以推動綠色的社會改革。其實踐取向是多元化，包括培養公眾的綠色意識、推動公眾參與綠色運動、發掘及動用社會資源以支援綠色改革的推展、組織及協調各方人士以擴大綠色運動的規模和所影響的層面。綠色社會工作採用整合性的工作手法，當中包括個人層面、團體層面、社區層面及社會層面的介入，而各層面的介入工作是互相配合，務求使綠色運動在微觀及宏觀方面得到更大的推展。各層面介入工作包括：

一、個人層面：培養服務受眾的環保意識，協助他們體會現行生活方式、消費習慣及社會運作模式所帶來的災難性後果，鼓勵他們進行反省及批判。其次是協助他們洞察自己的「真正需要」及生活目標，認識另類的生活模式和社會環境，嘗試關心人類的未來發展及福祉。

二、團體層面：可分成教育性及發展性。教育性工作基本上也是協助服務受眾建立綠色意識。此外，團體工作可以運用團體動力及互動關係，首先讓成員集體地體驗綠色生活，以加強他們對綠色目標的感受，然後要求集體性的行為改變，嘗試實踐綠色的生活目標。在發展性工作方面，可以組織服務受眾成立志工小組，負責推廣綠色運動的工作，在制定政策時必須遵守綠色的原則。

三、社區層面：分成教育性及倡導性。首先，社區教育工作是透過各項的活動推廣綠色的訊息，教育居民關注區內的生態環境問題及建立「可持續發展」的社會共識。其次，倡導性的工作分成三個方向。第一、向區內各居民組織、關注團體推介綠色的分析角度，把他們所面對的問題（例如房屋、貧窮等）與綠色主義對現行社會的批判結連起來，促使他們能從更宏觀、更徹底的角度去看自己的集體問題，最終希望他們加強對綠色主義的認同和對綠色運動的參與。第二、發掘及運用社區資源，推展社區層面的綠色運動。這包括團結區內的社會服務單位、學校、社區領袖及其他團體，合力推行「環境保育」的活動。第三、組織居民要求政府部門，推行以綠色為目標的政策或措施。

四、社會方面：聯繫、統籌及團結各方面支持綠色主義的勢力。其實，社會上已有一些綠色主義的關注團體、主張環保的政黨、支持綠色運動的各類專業人士。社會工作者正可從中發揮其發動者、統籌者及協調者的角色，在需要的情況下組織這群力量。首先協助他們在不同的位置發揮所長，擴大綠色運動的影響。其次促使他們為了朝向某一事務目標而合作，加強在政治、經濟層面改革的效果。最後是推動這些力量，向其他具有影響力的社會組群（例如工商團體、工會、傳媒機構、專業團體等）進行教育及遊說工作，以獲取他們的支持和參與。

綠色運動在西方已是新社會運動（new social movements）的其中一股主要勢力，而社會工作模式亦採納了部分的策略，包括鼓吹新觀念及新生活模式，重視公民社會的力量，強調基層網絡的動員及參與，涉及文化方面的改革及直接的社會行動（Martell, 1994）。促使人們將地球當成一個整體看待，這是一個大家利害與共、福禍一致，生息發展聚居所在，為此其應達成人口控制、資源保留和污染縮小的基本目標。

第四節　現代主義

現代主義（modernism）崇尚科學，透過科學改造和利用世界並控制世界，以證明自己、肯定自己，使自己處於主體地位。鼓勵人們去重新檢視傳統作為及既存事物的每一個面向，找出在裡面有什麼東西是在「阻礙」進步，並且將那些東西替換成新的也因此更好的東西，來達到那些舊有東西原本希望達成的同樣目標。強調由社會分工與生產方式的轉變作為切入點，從過去緊密分工、總體經濟管理、大量生產、大量消費的社會經濟型態，轉變到強調彈性的分工體系、彈性的生產過程、彈性的勞動力、乃至強調研究發展能力的社會經濟型態。每個在社會上活動的人都視為一個經濟人角色。著重結構主義、實在論到行為主義、人道主義。

現代主義者認為，透過拒絕傳統，他們可以從根本上發現新的方法去創造，具有更實用主義（pragmatic）的觀點。簡單來說，亦即從強調大眾一致的需求，轉變為強調小眾多樣而彈性的需求。隨著這樣的社會分工與生產方式的轉變，過去強調穩定供需關係的凱恩斯（J. M. Keynes）式福利國家也必須有所調整，它必須鼓勵勞動力的更新與創新來提昇國家在國際上的競爭力，社會政策因而要配合勞動市場彈性化的需要，這不僅只是工作生涯與福利給付之間的結合而已，更是多方面地讓勞動力可以自由往返流動於家庭、社區、學校、乃至職場之間，協助人的潛能充分發揮，而不是將之固著在退化中的單一領域。

第五節　後現代主義

後現代主義（postmodernism）的興起乃是站在現代主義之上而發生，後現代主義是對現代主義出現一些新風格的萌芽與發展，並對現代主義的反叛。認為現代主義過於強調普遍性的價值與一致性，尤其是對物質力量的崇拜，結果人的本質與自我容易被窄化為工具性的存在，而喪失了其原本擁有的創造性、浪漫性、與美的欣賞。因此後現代主義是站在現代主義的肩膀上挑戰並否認現代主義的風格，著重於在意自我個性與幸福的追求，他們不再單單仰賴或滿足於住宅、健康、就業之類的物質安全，而更關心於生活的品質，所以物質性的再分配不再是議題的全部了，人們更期待解除一切對人的本質的壓迫形式，包括父權主義、結構的不平等、乃至過度強調工作與成長的經濟型態。根據學者李歐塔（J. F. Lyotard）認為人是自然的解釋者，是宇宙的觀察者。後現代主義的特徵有：

一、去中心化（decentralized）；

二、對科學的質疑；

三、反整體性；

四、疆界的泯滅；

五、反人本主義；

六、語言的不確定性；

七、對自我主體性的懷疑。

是以，後現代主義在追求自我的過程中，不確定感與危機會油然而生，同時著重個人差異也與平等的理念之間存在著相當程度的緊張關係，這些正巧是集體式的福利國家亟思克服的部分，所以個人與集體之間的矛盾在後現代社會中尤其強烈。對此，後現代的處方是一個更開放的溝通環境，形塑成人們之間的彼此信任與公共制度的責信（accountability），也就是不論人們對彼此之間的需求、或公共制度對人們呼聲的回應，都應是立即而無障礙的，才能有效降低個人與集體的公共制度之間的隔閡與矛盾。其中的責信指當從事決策或採取行動時，必須考慮之中心價值，或具有向某人報告、解釋之責任。是向權威（higher authority）負責並說明資源去向和效果，強調的是督導與報告的機制，且必須符合被報告者的期望與標準。傳統的責信度概念是以命令與控制來達成，後現代主義則包含了個人道德、專業倫理、組織績效等概念，社工員必須隨時牢記組織的使命（mission），向相關人士（如社區、志工、捐贈人以及服務對象）負責。專業者必須保護及提昇其機構之公共聲譽（reputation）及形象（appearance），從道德來看責任（accountability），它隱含願意接受大眾監督，甚至於請大眾來監督其行為（包括為何做及為何不做）。

第六節　全球化觀點

全球化（globalization）是：世界各民族融合成單一社會的變遷過程，並以一種核心思維與價值來影響不同的地方、國家乃至個人的過程。強調以資本主義經濟的全球性脈動與民族國家權力之間的關係作為切入點。一個新的世界經濟已經逐漸成形了，而它也超越了民族國家的藩籬，透過大量跨疆界的貨物與服務的交換、國際間的資本流動、以及科技迅速而廣泛的擴散，世界各國在經濟面上已被緊密的互賴結合在一起。這個過程孕育著世界各地的文化交流，以前所未有的數量、速度和頻率增加。在人類歷史發展的過程，文化和知識的傳遞與養成，在傳統社會主要是在家庭、學校和教堂或社區中獲得和成長的。現代社會比以前的任何時候都能迅速獲得和接觸到不同來源的各種文化意義。因此將原來社會環境中提煉出來的文化意義傳輸到其他社會中的可能性越來越大。

隨著全球化及知識經濟（knowledge-based economy）時代來臨，全球化的脈動是超越國家疆界的，也因此對傳統之民族國家的權力產生了衝擊，除了改變自己以因應這樣子的發展趨勢之外，各國並無法透過個別的國家政策來修正、控制、或改變這樣的發展趨勢；全球化使國與國間產品、資本與人員流動障礙逐漸降低，使本國企業及人員必須面對全世界的激烈競爭；而知識經濟社會來臨後，掌握知識與資訊的人，競爭力大增，無法跟上時代腳步的人只有被社會所淘汰。在過去相對封閉的社會，人們可以憑藉自身勞力，辛勤工作，一步一步靠著經驗及年資而提昇所得，但是在全球化及知識經濟時代已經不可能，只要擁有的知識過時、技術老舊，馬上就被下一波擁有新知識及技術的人所替代。如同一個全球浪潮不但不會舉昇起所有的船，它可能還會打翻擊沉許多的船，沒有一個國家會期待自己是被擊沉的船，因而更加激化了國際之間的經濟競爭；最後，這樣的趨勢會對福利國家產生不利的影響，一方面它仍然侷限在民族國家的傳統疆域之內，另一方面消費性的福利給付可能會耗損國家的國際經濟競爭力。未來，擁有國際化的知識、能力及所擁有的資源將是主宰個人生存競爭的重要因素，擁有者將會攫取社會絕大部分資源，而未擁有者僅能分配殘餘部分，造成富者愈富，貧者愈貧，也就是日本大前研一教授所提出的「M型社會」的到來。也就是在這種思考底下，英籍學者紀登斯（A. Giddens）乃提出以「社會投資國家」取代「福利國家」，將消費性的福利支出導向具投資意涵的社會領域。

第七節　社會發展觀點

「社會發展」（social development）為麥吉利（James Midgley）所提出，是以福利與經濟之間的關係為切入點，強調這兩者之間不是截然對立的而是互為根本，而且是個有計畫的社會變遷過程。福利是衡量人們此時福祉程度的重要判準之一，在一個福利的社會裡，生活的重點是在於如何生活得像個人，工作與隨之而來的經濟性報酬是讓人活得像人的手段，而不是目的，人的需求受到充分的滿足，人的價值也獲得完整的體現。但為支持這種像人的生活，經濟發展卻是不可或缺的要素，為了達到這個目標，我們必須確保經濟發展以改善人類的福祉，所以經濟應維持適度而均衡的成長，但這是以整體發展作為主要的著眼點，而不是藉由犧牲某一部分以獲得最快速成長的扭曲式發展；同時，我們也必須透過社會福利來促進經濟發展，因此必須更著重於有利於人力資本（如教育與訓練）、社會資本（包括物質面的基礎建設如交通與衛生、與社會面的基礎建設如社區和公民社會的互助支持網絡）、以及促進就業或自行創業的措施。由於經濟活動的日益分化，我們發現某些經濟領域的人們較其他人有著更高的風險；復因政治決策過程未能準確掌握這個變化對社會凝聚的負面影響，致使大家逐漸失去對國家福利的信心，社會秩序的根基因而受到了侵蝕。在這種情況下，我們必須更積極地思考與重新界定各種社會方案，較能重新建構出適應新時代變化的凝聚感。社會發展觀點強調經濟改革與社會福利改革不是各行其是的兩碼事，而必須是互相搭配的緊密結合。目前，我們需要發展新的思維，將社會福利當作一種社會投資，推行積極性的社會福利。

第八節　社會品質取向

社會品質（social quality）取向是在荷蘭政府與學界的支持下，結合其他國家的學者成立一個基金會，推動社會品質概念的建構，作為指引歐洲社會模式的發展方向。在歐盟走向整合的過程之中，維繫各國既有的生活水準，成為民眾認同歐盟發展的重要影響因素。以絕對的角度來說，這意味著生活水準即使無法提昇、至少也不能降低；而以相對的角度來說，這意味著歐盟不能放任各國現存的生活水準差異任意擴大，否則相對剝奪感的產生會損及歐盟整合的可能性。近年來，社會政策及社會工作實務的品質及有效性，已成為實務界及學術界積極面對的課題，一方面是來自社會責信的要求，一方面來自服務對象權益的保障。為了促進社會面最大的整合，社會品質取向發展出「排除／包容」（exclusion/inclusion）的政策取向，而社會品質取向則是進一步地擴大，納入了經濟安全、社會包容、社會團結、與自主性（或充權 empowerment）等多個指標，作為衡量生活水準的依據，亦即立基在互助與危險分攤上所建立起來的凝聚感，將整個社會結合成一個互為保險的社會。

環顧過去，福利或服務的提供，從無到有，從有到好，目前所關注的，已不單純只是「好」的問題，「品質」要求已經是必然的趨勢。社會品質取向是「以實證為基礎的實務與政策（Evidence based practice and policy）」熱潮，便是回應上述問題所發展出來的新工作模式，強調政策的制定與服務方案的規劃，應以科學檢驗為基礎，經由嚴謹的研究方法與運用具體有效的研判指標，才能確保有符合民眾需求的高品質政策，並提供有效能的社會服務。同時也是各國社會政策必須戮力追求的目標。在台灣，我們也經常問：服務方案的本質是否足以證明其效果？許許多多的成本挹注下，能否真正滿足社會或服務對象的需要？這些服務或工作模式、甚或社會政策是否有效？究竟哪些政策、措施或工作模式是經由科學檢證下可以明確宣示為可延續的？因此，如何經由實證研究，提供政策或實務決策者或工作者一個明確、可行的資訊，以確實證明其服務對象的問題是可以獲得改善、生活可以獲得提昇的，已是當今實務與決策者不可不關注的議題。

第九節　「第三條路」的思維

安東尼・紀登斯（Anthony Giddens）所提倡的「第三條路」（third way）政策，是試圖將「新右派」的思潮帶往意識型態光譜的中間，並且擷取左派重視社會正義的傳統，不過，仍有「新右派」的理念，參雜其中，影響了英國甚至其他國家的政策。它強調當代社會的福利概念必須有所轉變，應該導向所謂的「積極的福利」(positive welfare)，致力於消除結構上的不平等，提供人們有尊嚴與自我實現的發展機會，並將這樣的想法歸結成「社會投資國家」(social investment state)的策略。紀登斯在對保守主義的各種形態和歐洲社會主義的發展歷程進行回顧和分析，試圖說明保守主義在它自己的演進過程中已經走向了反面，而向來以激進主義面目出現的社會主義卻走向了只注重社會福利的保守主義。其主張是在經濟面朝向自由化，但在社會福利上維持左派的傳統。從這裡我們可以清楚觀察到「第三條路」取向，企圖整合經濟與福利的特點，首先，它從右派吸取了個人選擇、成就動機、與就業的重要性，但不同於右派的是它主張國家的積極干預；其次，它也從左派吸取了社會福利對減少人生風險與貧窮問題的必要性，但不同於左派的是它不鼓勵直接的經濟資助，而主張導向積極的人力資本投資(如教育與訓練)、社會資本(包括物質面的基礎建設如交通與衛生、與社會面的基礎建設，如社區和公民社會的互助支持網絡)、以及促進就業或自行創業的措施。

第十節　基變社會工作

基變社會工作是企圖省思社會工作於社會中應扮演的角色，以及社會工作所存在的價值，並對經濟再分配、社會控制的社會覺醒，以及彌補任何福利科層體給予其成員的給付，究竟能有什麼重要影響？事實上若不走出並超越社會工作思想的侷限、承認政治的宰制，以促進結構變遷的達成，則社會工作者只是為政治既得利益者作嫁，是中產階級以節儉與自助來教化窮人，以及控制與管理公共與私人的牧民式慈善。基變行動者需要一些方式將社會工作各個層面與外部已經發生的事件連在一起，記住這個根本的命題：「我們不能以社會工作自身的辭語來瞭解社會工作。」資本主義體系下的福利國家有兩種主要的功能：累積與合法化。累積的功能是透過人力訓練、教育、資本形成過程的強化與利潤傾向，以達到私人資本的累積效果。合法化指提供福利給勞工、窮人與無家可歸者，以穩定社會，非生產性卻是必備的。

基變者認為專業關係不斷使用階級分工、拘泥型式化的專家、證照資格等來強化案主和工作者清楚的社會區隔，他們把案主和工作者間的層級關係看成專業社會工作實施的特徵，且認為專業社會工作者會受科層的組織結構的影響，而用有色眼光來確認和判定問題。基變觀點在社會工作取向的共同主張大多在抽象層次上，諸如贊成社會主義、反對資本主義；反對自由化的改革主義；福利國家的設置基本上是支持資本主義社會；不信任專業主義；提醒個人與社會間關係的假設二分法；批判傳統社會工作並非在解決社會問題而是延續問題等。

結語

現代社會發展的目標，無不在追求社會的繁榮富足和公平正義，政策抉擇的管道時，社會福利的擴展曾經是為政者取悅人民或施惠於民的重要措施。然而，面對多樣的理念與思維，正如同凱吉斯（John Kekes）對多元主義的說明，認為多元主義是由四個命題組合而成：一、實現美好生活所必須之價值具有不可通約性；二、這些價值彼此衝突，所以實現某些價值就會排斥一些其他價值；三、這些價值衝突的解決缺乏權威性的標準，因為標準也是多元的；四、在這些不可通約性價值之衝突中，仍然存在合理的解決之道。在百家爭鳴的福利觀中，隨著民主政治的推展，全民擁有更多參與政策制定，責信（accountability）是社會工作專業寶貴的資產，不僅品質、形象要珍惜，行事作為也要符合誠實廉正的原則。是以，我們應該著眼於從這麼多觀點之中獲得什麼見解，尤其這些觀點多賴與現實環境的整合，以證明它們不但是理念上的「可能性」，也具備了現實上的「可行性」。而這些見解如何與我們所處的政治經濟社會發展脈絡結合在一起，進而構成完整的服務網絡。如此，才能合乎長久以來建立本土社會福利體系的期待。

第五章　社會政策與立法的發展脈絡

在二十世紀末，日裔美籍學者福山（Francis Fukuyama）在 1989 年的著作《歷史的終結》，強調這是一個全球化（globalization）的時代，在全球競爭與產業分工（布局）大時代氛圍下，西方的價值，不論是民主政治、市場經濟、商品消費、文化符號……，凌駕整個世界！二十一世紀隨著全球化效應逐漸擴散，貧富差距拉大、失業問題日增、家庭功能式微、社會問題層出不窮。必須以更積極的作為回應時代的需求，建構完整的社會福利制度成為重要的政策議題，新的福利理念、政策與措施不斷出現，並被引入福利服務之中。

隨著時代變遷，社會福利服務在不同年代的人心裡留下不同的記憶。美援時期，記憶裡的是到教會排隊領中美牌的麵粉；解除戒嚴時期，社會福利在激情中向前邁進。社會政策陪伴台灣走過由胼手胝足到逐步發展階段，社會政策不單是專業發展的歷史，更是社會生活史的重要部分，在不同時代中留下難以抹滅的印記。

第一節　我國社會政策的歷史回顧

我國的社會福利政策依歷史演進可分為四個階段，區分階段的判準是政治、經濟與社會福利策形成及其產出。

第一階段：以政治力為主軸，34 年到 53 年。第一階段適值當時國民政府從中國大陸撤退來台，所依循的社會福利政策是 34 年在中國大陸時期由國民黨所通過的四大政策綱領，即民族保育政策綱領、勞工政策綱領、農民政策綱領，以及戰後社會安全初步實施綱領。這一時期主要的社會立法與方案以職業別的軍、公教、勞工保險，以及傳統的社會救助為主。其特色強調以福利案主（welfare clientele）與殘補福利（residual welfare）為社會政策核心，著重以軍人、公教人員、公營事業勞工的照應，同時，善盡保障最弱勢者的國家責任。此階段的社會福利涵蓋的人口群是較少數的特定族群，目的在維護社會的安定及厚植經濟發展的根基。其中的社會立法有：

1. 台灣省勞工保險辦法（39）；
2. 軍人保險計畫綱要（39）；
3. 陸海空軍人保險條例（42）；
4. 勞工保險條例（47）；
5. 公務人員保險法（47）；
6. 台灣省社會救助調查辦法（52）。

第二階段：以經濟力為主軸，54 年到 67 年。此時期開始邁向以製造業生產出口為導向的工業化社會。是以 53 年中國國民黨通過「民生主義現階段社會政策——加強社會福利措施，增進人民生活實施方針」。隔年行政院通過此項政策，成為往後十幾二十年，我國社會政策的主要依據。根據此一政策，政府以土地增值稅作為社會福利基金，推出「省市加強社會福利措施計畫」，積極推動社區發展。其間較受矚目的是 61 年台灣省政府推動的「小康計畫」，及台北市政府推動的「安康計畫」，以建立社會安全制度，增進人民生活為目標，採取社區發展方式，促進民生建設為重點，著重於社區發展及貧民救助。社會立法與方案：

1. 設立社會福利基金（54）；
2. 省市加強社會福利措施第一期計畫（1955-59）、第二期（59-63）、第三期（63-65）；
3. 台灣省社區發展八年計畫（57）、十年計畫（59）、台北市社區發展四年計畫（59）；
4. 社區發展工作綱要（57）；

5. 小康計畫（61）、安康計畫（62）；

6. 兒童福利法（62）；

7. 國民住宅條例（64）；

8. 當前社會福利服務與社會救助業務改進方案（65）。

第三階段：以社會力為主軸，68 年到 78 年。台灣社會受到國內外政治事件的衝擊，如：67 年美國與大陸建交、68 年高雄美麗島事件，以及 76 年解嚴。社會運動迭起，為了穩定人心，68 年中國國民黨通過「復興基地重要建設方案」，70 年重申「貫徹復興基地民生主義經濟建設方案」強調民生主義經濟建設的重要性，並將技能訓練與就業輔導、勞工福利、醫療保健、社會保險、國民住宅及社區發展等六項，作為社會政策推行依據。69 年通過老人福利法、殘障福利法、社會救助法、私立學校教職員保險條例。之後，又通過公務人員眷屬保險條例、職業訓練法、勞動基準法、農民健康保險條例、少年福利法等，使台灣的社會福利立法雛形粗具。也就是從 38 年以降的職業別保險，加上社會救助的政策走向，逐漸擴大及於個人的社會服務與就業政策。社會立法與方案：

1. 當前社會工作改革措施（68）；

2. 加強農村醫療保健四年計畫（68）；

3. 老人福利法、殘障福利法、社會救助法（69）；

4. 私立學校教職員保險條例（69）；

5. 公務人員眷屬保險條例（70）；

6. 加強老人殘障福利專案計畫（71）；

7. 加強結合民間力量推展社會福利實施計畫（72）；

8. 職業訓練法（72）；

9. 勞動基準法（73）；

10.退休公務人員及配偶疾病保險條例（74）；

11.私立學校退休教職員及配偶疾病保險條例（74）；

12.規劃全民健保（75）；

13.農民健康保險條例（78）；

14.少年福利法（78）。

第四階段：以競爭力為主軸，79 年到現今。隨著社會開放，政黨競爭，社會團體紛承，民氣蜂擁，社會資源的分配也跟著變化。80 年的憲法修正案中對社會安全章的修正，已引發社會權的爭辯，81 年老人年金的規劃，民間團體也要求參與。行政院在 83 年通過「社會福利政策綱領」，成為 80 年代中以後，我國社會福利政策的主要根據。在這套政策綱領中強調自助、以家庭為中心、專業化、社會保險取向，以及公私夥伴關係的社會政策。此階段，新立的法與修正的社會立法比過去四十年還多，社會福利支出也大幅成長。社會立法與方案：

1. 殘障福利法修正（79）；
2. 農民健康保險條例修正（81）；
3. 就業服務法（82）；
4. 兒童福利法修正（82）；
5. 民間社會福利研討會（82）；
6. 第一次全國社會福利會議（83）；
7. 全民健康保險法（83）；
8. 殘障福利法修正（84）；
9. 兒童及少年性交易防制條例（84）；
10.老年農民福利津貼暫行條例（84）；
11.公務人員退休法修正（84）；
12.推動社會福利社區化實施要點（85）；
13.性侵害犯罪防治法（86）；
14.社會工作師法（86）；
15.身心障礙者保護法（86）；
16.老人福利法修正（86）；
17.社會救助法修正（86）；
18.推動社會福利民營化實施要點（86）；
19.家庭暴力防治法（87）；

20.第二次全國社會福利會議（87）；
21.行政院成立社會福利推動小組（87）；
22.老年農民福利津貼暫行條例修正（87）；
23.老人長期照護三年計畫（87）；
24.公教人員保險法（88）；
25.勞工保險失業給付實施立法（88）；
26.特殊境遇婦女家庭扶助條例（89）；
27.職業災害勞工保護法（90）；
28.志願服務法（90）；
29.原住民族工作權保障法（90）；
30.兩性工作平等法（91）；
31.就業保險法（91）；
32.大量解僱勞工保護法（92）；
33.敬老福利生活津貼暫行條例（92）；
34.兒童及少年福利法（92）；
35.性別教育平等法（93）；
36.勞工退休金條例（93）；
37.性騷擾防治法（94）；
38.公益勸募條例（95）；
39.國民年金法（96）；
40.勞工保險條例養老給付年金化（97）。

從民國 89 年到 97 年之間，新制定的社會法規有 24 個，重要的法規例如社會救助法、老人福利法、身心障礙者保護法、兒童及少年福利法、家庭暴力防治法、特殊境遇婦女家庭服務條例等均經過修正。社會福利因整體發展型態，原以強調社會救濟為主軸，直到 50 年代之後經濟逐漸發展，工業化所衍生的社會問題越來越嚴重，政府必須正視民眾福利的需求。社會福利發展可以將解嚴前後，劃分出兩個階段：解嚴前後隨著台灣的社會福利的發展形式，由上而下的、德惠式的福利恩庇導向（welfare clientalism），轉而為公義式以人民為導向（people-oriented）的福利國家模式。強調社會政策的方向，透過選舉行為或民意代表反應，制定相關法律加以落實；行政部門因選舉的壓力，必須快速回應民眾的需求，雖然有選舉策略的考量，也帶來了社會政策與立法的應變需求。因此，解嚴之後對台灣社會政策發展的影響，有（賴兩陽，2002）：

一、社會福利運動的蓬勃發展：台灣的社會福利體系，從 80 年代中期以來，無論從資源規模的成長、保障對象的普及程度、福利範圍的涵蓋層面，以及政策立法的制度化來說，都有顯著的發展趨勢。透過運動形式來主張特定人群的權益保障，要求資源的重新分配，帶動起社會福利快速的發展。

二、社會福利決策重心轉移中央：民國 80 年為因應民間社福團體的壓力，大幅增加社會福利預算。依據統計民國 75 年至 85 年十年之間，社會福利預算增長 7.25 倍。同時，修改或增訂社會福利法規，成為政府的主要工作之一。

第二節　台灣社會政策的環境變異

二十一世紀以來，面對政治、經濟、社會的挑戰，這個世紀新衍生的議題，影響社會福利政策最關鍵的有以下課題：

一、風險社會（risk society）

隨著全球化（globalization）的到來，各國之間的互動性及人際的互賴性日益增加，台灣深受到全球政治經濟的影響，國際環境牽一髮而動全身，在世貿組織（WTO）架構下，全球化為當代社會的發展趨勢，此一趨勢使國家的疆界、空間和距離消失，而這種改變使得心理、社會、經濟和政治都無法再偏居於一隅。以 2008 年 10 月的金融風暴為例，隨著區域交流的頻繁，個體常有身陷風險卻不知所從的困窘事實。當人類既有的疆界因工業化、自由化而瓦解卻又要自我承擔其中所有的不確定性時，社會風險的滋生就在社會中展開。甚而國家對通貨管制能力下降，去管制化（deregulation）的要求聲浪高漲，企業要求自由化的呼聲更高，降低勞動條件、彈性化勞動市場，甚至降低福利給付，以提高全球競爭力，已悄然地進行。

二、人口老化

台灣老人人口（六十五歲以上）依經建會的推估，在 2009 年超過 10.41%，2018 年為 14.7%，2030 年接近 25%。也就是說二十年後，台灣人口老化的程度將與當前歐洲工業民主國家的情況相近。人口老化帶來的醫療照顧、年金給付、居家安養、長期照護、瑞齡教育以及社會服務等，是任何國家都不能忽視的。

三、家庭變遷

傳統家庭型態質變，單親、單身、不育、同性、同居、再婚，及跨國形式的家庭增加，使得傳統家庭所肩負的照顧老人、兒童、身心障礙者的能力下降，家庭作為自我依賴的經濟與社會單位的能力相對性趨弱，同時新的家庭問題不斷滋生，如家庭暴力、代溝、文化衝突等。

四、所得不均

以家庭所得五分位差來算，我國的貧富差距越來越大，1980 年是 4.17 倍，2000 年為 5.55 倍，2009 年已升高到 6.15 倍。依主計處的統計，如果未以社會福利政策進行所得重分配，我國的家庭所得差距將高達近七倍。進入知識經濟時代，所得差距將越大，贏者全拿是主因，少數贏家將占有大多數財富，多數人將落入新貧階級。此趨勢是將造成社會與政治的不穩定。

五、經濟遲緩

國內經濟成長率也在下滑中，1991 年是 7.55%，2000 年是 5.86%，2008 年受到全球金融危機為 0.12%。沒有穩定的經濟成長率，很難支撐社會福利支出，但是，經濟成長遲滯、失業率升高、所得分配不均，更需要社會福利。所以，政府面對社會需求升高，但資源不足的困境，一方面期待健全社會福利體制，另方面卻無財源可支應。

六、財政困窘

2000 年，中央政府累積債務未償餘額高達 1 兆 3 千億元，加上承接台灣省政府債務高達 8.257 億，兩者相加已達 2 兆 1 千餘億。2008 年全國（中央政府與地方政府）累計負債預算數計 4.62 兆元，再創新高，短短的時間內即增加全國負債決算數 2.7 兆元，這八年來，足足增加近 2 兆元。這個驚人的國家債務數字，讓國民每人平均負債高達 20 萬元。除了中央政府負債外，各地方政府也是負債累累，少者幾十億，多則數百億。本來就已存在區域資源分配不均的現象，再加上負債，必然直接影響到對於弱勢者的生存照應。

第三節　台灣社會工作面對的挑戰

社會工作是一項貼近民眾需求的專業，必須注意社會的變化及因之帶來新需求。面對台灣社會生活型態、經濟、家庭結構的各項變化及社會工作方法的新趨勢，我們必須要有所因應。隨著社會工作的服務方式趨向多元化，如預防性的服務方案增加；使用者增權的觀念提昇；非營利組織的蓬勃發展；與政府關係轉為委託及伙伴關係；對社會的需求由被動到主動倡導的變化趨勢。台灣社會工作正朝向福利私有化；強調「在地老化」、「在宅服務」等社區化理念；及福利服務的去中心化等趨勢。但是面對科技主導之生活型態，世界移民熱潮，及時空的縮短所造成的家庭、個人及社區的巨大改變，我們社會實務工作者面臨了更大的挑戰，是我們需要思考因應的。

一、隨著價值觀及社會型態的變化，台灣平均每戶人口數正在逐年減少中，婦女生育率的降低也使家庭子女數在不斷的減少當中。多次婚姻的家庭也有增加的趨勢，各種新的家庭組織結構也在變化中，因為工作分居兩地的候鳥家庭，單親的家庭增多形成新的家庭結構與人際關係……等；家庭社會工作傳統評估指標及處置方法是否能回應家庭發展趨勢？

二、台灣人口面臨老化的問題，年長者的照顧責任將落在國家提供的社會福利措施與設備時，關心年長者福利的老年社會實務工作者宜藉由觀察研究提出比較完善，更符合國情的老年照顧系統及務實的工作處置，以利社會需求。

三、自美國社會工作者協會在 1983 年討論「性別主義社會中的社會工作實踐」時，提出進行婦女增權的社會工作起，排除性別歧視就是社會工作倡導的議題之一。兼顧男女性的社會工作理念，如何反映在社會工作的實施上？由於婦女更可能因為失婚、殘病、喪偶、遺棄、受暴等原因造成貧窮；未成年媽媽、受暴婦女、外籍新娘及單身高齡婦女成為貧戶的現象必須要正視；離婚使許多婦女經濟條件降低；女性戶長的單親家庭成為貧窮家庭可能性增加……等。社會工作者如何在服務輸送、工作方法及內容上反映性別無歧視的理念將是專業社會工作者需要思考的。

四、社會經濟轉型造成的貧富差距，貧窮救助的對象趨向多樣。隨著失業率的逐步上升及所得成長的波動，失業的人口數已逐步的攀升，尤其是中壯齡人口肩負家庭經濟的主要來源，隨著知識技能的半衰期縮短，處在失業之虞的風險性增加，這些新的貧窮家庭的困境及需要是要注意的。社會工作如何因應貧戶中新的族群的需求提出比較完善的服務方案是我們的挑戰。

五、由於社會移動隨著經濟全球化的趨勢，多元文化的社會發展，造成婚姻移民的潮流，而且預期數量會持續增加。外籍或大陸新娘來到台灣這個陌生的環境，不論是語言、風俗習慣、生活方式，甚至飲食習慣，都和她們原來生長的國家不同，容易產生生活適應上的問題。子女的教育問題也是外籍配偶的經常的困擾。文化適應；子女教育問題；及隱藏的家暴危機等都是本國的外籍及大陸配偶需要協助及保護的部分。

六、社會工作面對現代資訊化、網路化的社會互動型態，新型態的社會工作方法如何在期待中產生？當我們潛在的案主都在上網的時候，社會工作人員如何接觸案主是現今的挑戰，勢必要更新我們的社會工作方法。需要善用資訊科技，縮短溝通時間，迅速回應社會需要，拓展接觸廣面。同時網路上個案的隱私，個案資料的真實性、技術性等等還待克服的問題，需要審慎研究。

七、實務工作者與學術連結，共同形塑優質的服務品質及網絡，是社會工作專業極為寶貴的。其間，學術界參與實務工作人員的培育、方案的評估以及專業證照發展頗有助益。而實務工作者結合理論與實務，以協助學校實習課程擔任督導，共同訓練培育社會實務工作者，相輔相成相得益彰。面對目前新的趨勢及未來的挑戰，如何集合社會實務工作者的經驗結晶？優質實習經驗的傳承？將成為社會工作專業的努力方向。

第四節　跨世紀社會福利政策取向

法蘭西斯・福山（Francis Fukuyama）在所作《強國論》（State-Building, 2007）一書中指陳：「九一一事件之後，全球政治的當務之急不再是如何削弱國家本質，而是如何增強。我們並不想重演強權爭霸的歷史，但還是要體認權力的不可或缺。」因此，國家並不如新自由主義所言，正在萎縮，影響力在式微當中；相反的，國家在全球化競爭激烈，而貧富差距拉大的情況之下，更必須擔負起更多濟弱扶傾的角色，建構起更為完整的社會福利制度，以達成社會公平正義的目標。在全球化的效應之下，世界各國均面臨來自其他國家的經濟競爭壓力，使社會福利制度受到了嚴峻的考驗。因為，光有強勁的經濟發展，並不表示國家就能長治久安，如果財富往富人集中，中產階級向貧窮靠攏，底層階級無以維生，國家與社會將岌岌可危。隨著社會快速的變化，社會福利政策宜如何開拓？

首先，為因應人口老化，應將現有分歧的老年經濟安全體系整合，各種老年年金保險給付、津貼、救助應重新定位，分工互補，不重複浪費。同時，社會福利不盡都是消費性支出，社會福利除了可回應目前社會服務的需求（如安老、托兒等），同時相關照顧產業的發展亦可創造就業機會，有助於經濟發展。

其次，知識經濟時代所得差距將擴大，贏者全拿是主因，少數贏家將占有大多數財富，多數人將落入新貧階級，屆時，社會與政治不穩定以及經濟成長遲緩等問題將逐漸顯現。同時，區域間資源分配的公平化，現有各縣市社會福利資源分配不均，應透過重新調整財政收支劃分，以拉齊各地的福利水平。政府應配合社會福利政策的修訂、社會立法的通過，同步調整社會福利預算、人力配置、行政體系，以及實施基準等配套，以利執行。

第三、目前福利給付水準以職業別予以分類，但由於政治歷史因素，使得部分特殊人口群給付水準過高，以致造成福利給付水準差異過大。因此，宜調整人口群間的福利給付水平，特別是過當福利的軍、公、教福利給付，如薪資免稅、子女教育補助、五十五歲退休加發五個基數、優惠存款補貼等均應考慮取消，以吻合社會正義。

第四、排除參與經濟活動的障礙，如提供兒童、老人、身心障礙者的公共照護，以及消除不利女性、殘障者的就業歧視，以鼓勵更多人投入勞動力市場。因人口、家庭結構的變遷，就業人口如果無法增加，將形成領取福利給付者多、但貢獻福利給付者少的困境，因此如何提高勞動參與，排除參與經濟活動的障礙，將是積極性社會福利必須回應的重要挑戰。例如社會必須協助家庭分擔老人、兒童、身心障礙者的照護工作，透過推動照顧服務產業，創造就業機會；加強開發彈性且有保障的部分工時、分擔工作、電傳勞動等新型態之工作，以提昇勞動參與率。

第五、強化人力資本的投資，提高職業訓練的效果，連結學校教育投資與社會、經濟發展的關聯。有穩定的經濟成長，才能支撐社會福利支出，但經濟成長遲滯、失業率升高、所得分配不均，更需要社會福利，以維持穩定的經濟成長與社會安定。當前政府社會福利支出的增加，對於經濟成長率、物價上漲率及勞動供給的負面影響，並無明顯證據可資證明，相反的社會福利助人自立，是安定生產關係、提昇人力資本的基礎，所以有助於提供經濟穩定發展的社會條件。

第六、創造就業機會，增強青年的就業能力（employability）、鼓勵創業（entrepreneurship），進行吻合知識經濟時代的工作調整（adaptability）。

一個積極有準備的勞動市場及人力資源政策，正可提供經濟發展所需的勞動力。而台灣自然資源有限，人力資源是我們最大的資本，因此如何藉由積極性的勞動市場政策，降低失業率，強化就業服務，增強職業訓練，增加就業機會，一方面可增進勞工的自立能力，另一方面也可為企業提供有準備的勞動力。

第七、及早因應人口變遷及外籍勞力的引進對我國社會的衝擊。基於人口的遷徙對社會、經濟、健康的影響深遠，政府於引進外籍勞力、制定移民政策時應考量社會、經濟、教育與健康成本，並擬定配套的法令、服務方案與研究措施。

第八、政府宜定期檢討社會福利政策的方向與內涵，以回應社會問題與需求的變遷及經濟環境的調整。當前的社會福利政策應朝向積極性、前瞻性、永續性的方向發展，一方面協助人民自立，另一方面維持人民基本生活。社會福利政策的發展方向，參考英國社會學家紀登斯（A. Giddens）教授所論述的第三條路，朝向兼顧經濟活力、效率與社會正義及自然生態；個人責任與社會連帶；權利與責任；機會與平等；社區、市民社會與國家的角色；中央與地方；國家自主與國際合作間的多元平衡。這也是因應全球化、知識經濟及新個人主義趨勢下我們應有的努力方向。

台灣的社會福利支出與同期已開發國家的福利支出水準相比，屬低社會支出國；而我們的平均國民租稅負擔也低於其他國家。因此，更要積極的在台灣回應我們的社會變遷，採行具開創性、積極性的福利政策，將經濟發展與社會福利同步改造，如此，才能為台灣的永續發展，建立較為穩固的發展基礎。總之，二十一世紀的台灣社會福利應走向更系統整合，積極、社會投資取向，以及永續發展，而不是迴避、停滯，或任其零散化。

結語

早期社會工作在台灣的實務工作多以慈善救濟為大眾提供社會服務，隨著社會工作師法在民國 86 年通過後，社會工作師的專業性證照制度已經建立，社會福利有關的法規也逐年訂定或修訂而日趨完備。社會工作的教育培育也發展極快，目前社會工作相關系幾達三十所。專業制度建立，社會福利相關福利措施與法令頒布，政府社會服務專屬單位的增多，非營利機構的蓬勃建立等的發展，台灣的社會工作已普遍被認定為具有專業服務內容的提供者，社會工作的服務內容與方法也隨不同階段有所更動，以符合階段上的社會需要。今日面對台灣社會在人口結構、家庭型態、經濟政治及科技通訊巨大的轉變，社會工作實務面對許多新的挑戰，我們更需要政府、社會實務工作者與學術界共同攜手合作，以面對社會大眾的需求，提出適切的回應。

第六章　社會政策與社會問題

現代國家為解決層出不窮的社會問題，以保障人民權益，增進社會福祉，都相當重視社會政策與社會立法的工作。有學者即認為「社會政策是國家處理社會問題的一種公共政策，社會立法就是將政策運用法令規範加以落實，以達成政策的執行。」（洪德旋，1997）英國著名的社會行政學者狄姆斯（Richard Titmuss）強調：社會政策是處理人們基本生活需要滿足，消除一切實現正當社會秩序阻礙的公共對策；其內涵包括：維護民眾基本需要，促進社會秩序。由此可知「社會問題——社會政策——社會立法——社會行政」期間的高度關聯性。本章係從現代社會問題的角度以說明社會政策的重要性。

第一節　現代社會問題的剖析

當打開報紙或電視，我們經常可以看到各種駭人聽聞的消息，例如：盜用公款、欺瞞詐騙、搶劫殺人等；還有各種影響民眾生活的現象，例如：通貨膨脹、溫室效應、人際疏離，不禁令人察覺社會出了問題，這種令人感覺不安，而必須結合社會力量共同解決的問題，就是「社會問題」（social problem）。如果社會問題不加以解決或防治，社會進步便遙遙無期，人們也將難有安定的生活。

社會問題是在社會發展過程中，由於某些社會活動和社會關係發生了與現實的社會環境失調，致使社會全體成員或部分成員的正常生活乃至社會進步、社會秩序發生障礙，從而引起了人們的關注，需要以社會的力量來解決的現象。一個社會問題的形成，一般得具備如下條件：第一、這種現象是一種異常狀態；第二、對社會全體或部分人的正常生活有影響；第三、首先由社會上的少數人發現，隨之引起大多數人的注意，並有改善和解決的願望；第四、需要依靠社會的力量才能解決。由於各種社會的道德規範、風俗習慣、社會法規以及宗教信仰等的不同，人們對社會問題認識的標準也不同；在這一社會被看作是正常現象，在另一社會則被人們看作是問題。任何一個社會問題的形成，既有歷史的根源，又有現實的社會背景。現代社會中社會問題產生的根源和背景，不是單一的「經濟原因」或「主觀原因」，而是複雜的多種因素，即人口的、心理的、社會的和文化的。這四種因素當中的任何一種，都可能導致社會問題的產生。社會問題的範圍是非常廣泛的，它的分類也很難依據某一標準。社會問題不同於個人問題，它必然是因集體生活而產生的，也必須透過集體力量才能夠解決，現代法治社會大多以制定社會政策的方式來解決社會問題，探討社會問題成為公共議題，並進而被制定為政策的過程，以協助緩解或解決社會問題。

探究社會問題時，往往會藉助於社會均衡論（social equilibrium）的思維，這是一種把平衡絕對化的社會學學說。它認為平衡是社會的常態，不平衡則是反常的。社會均衡是社會生活在功能上保持一種整合的趨向，社會體系中某一部分的變遷都會給別的部分帶來相應的變遷，其結果是社會趨於平衡。強調社會系統的各種主要特徵的變化是充分的，整個社會系統就將相應地發生變化，以達到一種新的均衡；如果社會系統的某一方面變化不充分，它就要受到來自社會系統其他方面的壓力，以維持社會系統原有的均衡狀態。任何社會系統都有其組成的子系統，這些子系統存在著相互依存和相互交換的關係，使社會系統趨於均衡。而當系統出現偏離常態的現象時，可經由系統本身的自動調節機制，使系統恢復到新的正常狀態，即新的均衡，這種均衡即是社會變遷也是社會系統從一種均衡狀態向另一種均衡狀態的轉變。

第二節　社會運作與社會問題

在社會解體下，人們的權利意識與自由觀念較平日為強烈，容易出現走捷徑以滿足欲求的行為，而彼此在溝通不充分與相互的不信任，將使不安定感增加，導致偏差現象愈為頻繁。另外各種社會團體，因未能有效的組織運作，致喪失了它的統合性，而不能正常的發揮功能。社會一旦喪失統合性，則各種規範對於成員的統制力，便發生減退，成員便容易有異常的行為。當個人無法有效面對及調適新的社會型態即易造成反社會行為，心理疾病問題的日益嚴重，便是其中彰顯的現象之一。專家學者他們往往根據客觀的社會事實做出評斷；也可以調查民眾的看法，揭露受訪者的主觀認知，所以社會問題的存在有其客觀的社會結構因素，也有主觀認知的成分，既呈現出社會發展的困境也反映出民眾的自主性。時風日下，道德淪喪，人心不古。在現今社會下充斥著此仆彼起的社會問題，使人聞諸色變，許多人皆追問何時才能真正享有祥和社群？社會學家孫末楠（William Graham Sumner）所說：「民俗締造了真理，於此同時亦建構了好與壞，對與錯的社會規範。」因此不論在何種時代、地點，都會有社會問題的發生。社會在現代化的潮流衝擊下，歷經了快速的社會變遷，使社會型態與個人生活有著急驟的變化，同時人們的價值及意念也有相當的變異。在變遷的狀況中，社會規範及價值等這些紐帶，顯得鬆弛或者斷絕，因此，有人隨著心之所欲，而自由的採取行動；同時在社會與團體當中，由於它的功能出現障礙，因而，人群的不滿、挫折、緊張、以及相對的缺乏感等特別容易產生，是以造成不擇手段等偏差行為的情況。

社會問題的認定常常出現見仁見智甚至南轅北轍的現象，這也是社會改革經常面臨的棘手問題。現代人生活的主要壓力源，包括：生活的緊湊忙碌，意外事件的威脅，環境中充滿兩難情境，處處面對選擇的困境，知識過分的充塞，過度成就感的期盼，人際關係複雜多元，社群生活中競爭性太高，物質文化過度充斥，日常生活中要做獨立判斷的困難，體力長期透支，環境中缺乏穩定性及安全感……等等，使生活更充滿了迷網與不安。因此一個人要能夠安然接受環境及種種事實，是需要有很大的調適。

第三節　社會政策面臨的挑戰

自有人類以來，就有「社會福利」的概念；遠在洪荒世界，人們必須依賴平日儲糧食以備不時之需。發展至農業時期，大家族的多子多孫觀點，其目的之一也是在「養兒防老」。及至工業社會，受到社會型態的改變，家庭已不再是保障個人藩籬，由政府和社會機構起而代之扮演著社會福利的角色。尤其是自「福利國家」的觀念推廣開來，福利服務成為今日政府責無旁貸的職能。根據以上對於我國社會福利服務的檢視，台灣在社會福利制度上存有一些問題，亟待解決，包括：

一、公教福利過度優厚，影響資源配置：公務人員與公立學校教師退休時所領取的退休金，其所得替代率動輒高達 80%以上，如加上優惠存款利率甚且超過 100%，使公教人員提早退出勞動市場。相對應於中高齡勞工辛苦工作，形成「相對剝奪」的不公平現象。同時因制度的設計將造成「債留子孫」之虞。

二、社會救助制度未顧及新貧與近貧的民眾：全球化效應之下，許多因產業外移或產業結構改變而無法就業者，往往淪為新貧或近貧族，生活落入困境，此現象卻已普遍存在。是以，社會救助對象人口群必須更具彈性，將此類人口納入救助措施。

三、長期照顧體系尚未建構完善：依據行政院主計處普查結果顯示，目前至少有 20 萬餘名老人需要長期照護，另有許多老人因日常生活活動能力（ADLs）的喪失，以致無法自理生活，需長期照顧。隨著醫療科技進步，平均餘命延長，但健康未隨著提昇，民眾長期照顧需求日漸殷切，照顧失能者的責任亦由家族化轉變為社會化，公共部門不可避免地必須擔負起一部分責任，建構普及完善的長期照顧體系已刻不容緩。

四、保母的管理體系仍未完善：保母人力與社會需求存有落差，仍有一部分保母未取得證照，保母的管理體系仍未完善。又因缺乏有給薪的親職假及友善的職場家庭政策，致婦女勞動參與率遲遲無法突破 50%，即可知婦女因生、養育子女、照顧老人而提前離開就業市場者為數不少。以上種種不利條件，對我國生育率的下滑不無影響。

五、兒童教育與照顧體系欠周延：1990 年代中葉，私立幼托機構已超越公立機構。家庭托兒成本負擔也因托幼市場私有化而負擔加重。同時，私立托兒所與幼稚園當道的幼兒照顧市場，亦開始形成兒童照顧階級化的趨勢。復因社區兒童課後照顧服務的缺乏，大量兒童於課後被轉送至補習班或安親班接受夜間延後照顧或才藝補習，造成家長負擔沉重，以及兒童超前學習或學習過度負荷。

六、社會福利行政體系層級偏低：多年來，社會福利團體及專家學者對於提昇位階建議的聲浪始終不斷，先進國家社會福利機關業務大多已專責化，在台灣社區福利工作由內政部社會司主政，且社會福利機構之設置大多以社會福利相關法律為依據，組織相當零散，如社會福利之中央主管機關除內政部（尚包含兒童局、家庭暴力及性侵害防治委員會）外，主要有行政院勞工委員會、行政院衛生署、行政院退除役官兵輔導委員會等。尤其社會福利行政內容在質與量已有大幅增加及變化，茲事體大，且需費時協調與溝通，因而此一修正案從民國 76 年至今，已延宕二十年之久。

七、我國政府福利支出偏重財富重新分配效果不高的社會保險，普及性的福利服務提供不足，再加上社會保險體系的階層化，嚴重限制了我國社會福利的平等化效果。據統計：政府對於社會保險的保費補助每年約 1,200 億元，占社會保險保費收入（約 4,000 億元）

近三成；政府保費補助除對低收入戶等弱勢人口採全額補助外，對其他人口亦有不等幅度的補助，形成國庫的財政負擔。

八、我國政府的福利發展，偏重現金給付的方案，對於福利服務體系的建構努力不夠。現金給付無法直接解決生活需求，民眾仍須到市場中購買服務，結果仍造成人民生活的階層化。而且由於缺乏公共照顧服務的提供，女性仍受困於照顧負擔而無法積極就業，這也是導致我國婦女勞動參與率幾年來一直無法有效提昇的原因。根據福利先進國家如瑞典等國的經驗，政府提供的公共照顧服務不但可減少家庭的照顧負擔，且本身可創造許多婦女的就業機會，並且因此增加國民所得與政府稅收。政府應該重新檢討福利政策的發展方向。

九、社會保險的實施因制度面設計的不足，致增加國庫的龐大負擔。在各項保險的投保身分方面，由於各身分別投保薪資及負擔比率存有顯著差異，且加保資格認定寬鬆，亦使政府保費支出浮增。例如自營作業者投保薪資較高，且須自付全部保費（約為工會會員的 2 倍），因此多以薪資較低之工會會員身分加保；依統計被保險人身分為雇主或自營作業者為 36 萬人，但人力資源調查則達 155 萬人（已扣除農漁業者），由於政府對每一位職業工會會員的保費補助每月至少 614 元，據此估計，全年度政府所增負擔即在 114 億元以上。另因農民投保額較低、政府補助比率又高，被保險人保費負擔較輕，致以農民身分投保者達 177 萬人，為農林漁牧業就業人口 74 萬人的 2.4 倍，亦使政府負擔增加，對健保收支形成扭曲。

十、政府社會福利支出之財源主要來自稅收，故民眾欲享有較多之社會福利，則相對要增加賦稅負擔。目前我國賦稅負擔率（賦稅負擔占 GNP 比率）已降至 13.3%，較歐美國家之平均值顯著為低。另歐美國家亦開徵社會安全捐，以挹注社會福利支出經費，社會保障負擔率（社會安全捐占 GNP 的比率）以法、德近 20%較高，顯示享用社會保障愈多之國家，社會保障負擔率亦高；我國雖未開徵社會安全捐，但政府強制規範民間參與各項社會保險或退撫制度之保費支出，亦具社會安全捐的性質，目前我國社會保障負擔率為 3.9%。併計後之國民負擔率為 17.2%，較歐美國家國民負擔亦相對較輕。

十一、檢視目前各主要國家之健康保險對象多已擴及全體國民；保險費率多在 8%～14%之間，以德、法國的 13.6%較高，我國則僅 4.55%，低於主要國家；各國醫療費用之給付則多採患者部分負擔，以抑制醫療資源的浪費。由於人口高齡化，主要國家健保財務負擔均重，1993 年歐美國家老人使用的健保經費比重均逾三成，日本國民醫療費占 GNP 比重亦由 1960 年的 3%升至目前的 7.2%。為期健康保險之給付與負擔公平、合理化，各國除逐步提高保險費率以健全保險財務，另亦提高患者自己負擔部分，以抑制醫療費用的快速膨脹，在醫療給付持續增加的情形下，健保財務已呈現不足窘況。

第四節　社會問題與社會政策

法國社會學者涂爾幹（E. Durkheim）認為：社會問題是指社群中人們無視規範的一種狀態，這種狀態造成人們希望幻滅、目標喪失、心靈不安、自我疏離。他發現，在經濟快速發展，個人的慾望直線的上升，以往漸進式的提高生活水準方式，已不能讓人群感到滿足，因而指出，此種無限的慾望提高，趨使人群為著能夠得到滿足，而破壞了社會原本具有的社會規範，因而造成社會問題。另外，突然的遇到不景氣、地位、角色的快速變化等，社會對於個人的慾望，所產生的控制力亦會喪失，規範對於社會控制功能顯現不足，皆是形成社會問題的主要原因。同時美國社會學家墨頓

（R. K. Merton）則援用這項觀念認為：由文化所制度化的成功目標，與由社會所結構化的達成手段，兩者之間，產生不和諧的狀態。即某種目標受到多數的人所強調，但與達成此種目標的手段之間，不能夠保持均衡的關係，這種人群漠視社會規範，而使得規範衰敗；所呈現的社會問題。顧里（C. Cooley）認為所謂社會問題產生於人性與社會的諸制度之間，不能夠調和，因此，社會秩序與規範，呈現缺憾的狀態，因此易造成社會結構解體的情形。社會解體的現象是為現存的社會行動基準，對各個成員所產生影響力的減退，成員之間呈現強烈的反社會態度。由於以往所具有的社會結構呈現崩壞，社會對於成員所採取的社會規範的影響力減少，人群具有濃厚的反社會態度，大眾缺乏遵守社會規範的共識。再者，在此種解體的狀況下，社會的種種構成要素，即目標、價值標準或規範、行動模式、社會資源等相互之間，存在著不均衡的關係，全體社會、區域社會、或社會諸團體的功能產生障礙。在解體狀況的社會與團體當中，由於既有社會的整合功能出現障礙，因此，人群的不滿（discontent）、挫折（frustration）、緊張（strain）、以及相對的剝奪感（relative deprivation）等的動機特別容易產生，這是導致社會問題產生的主要因素。

如何解決社會問題是社會政策的目的，借鑑於先進社會，人類針對社會問題進行社會政策所營造的改良工程是從十九世紀中葉開始的，當時的歐洲社會受到工業革命與資本主義盛行的影響，出現了資本家與勞工階級雙方因利益衝突而逐漸形成對立的關係，致使勞工生活陷入貧窮與艱困。為此，1873 年德國學者成立「德國社會政策學會」，促成政府以制定社會政策取代社會革命的方式來解決社會問題，從事社會改良，得到當時德國政府與大多數民眾的支持。德國的勞資問題與勞資關係因而獲得改善並建立積極的合作模式，也成為日後其他國家借鏡的對象。對於民主國家而言，社會問題與社會政策具有相互依存的關係，社會政策透過資源再分配的方式減輕、解決或預防社會問題，而社會政策的主題與內容也會因應社會問題的變化而修改或調整。

面對著日益嚴重的諸多社會問題，雖然各有其原由，然而仔細思索這些現象的產生，與我們社會的變遷有關。社會政策是解決社會問題的有效方法，但是社會政策的制定有其複雜的過程，而每一過程又涉及不同的決策模式。一般而言，社會政策的形成基本上考量三個關鍵性的問題：第一、哪些社會問題應該優先獲得解決？第二、應該由誰來提供資源，解決這些問題？第三、應該提供什麼樣的資源？以什麼樣的方法來解決問題？這三個問題都涉及選擇與決策，哪些因素直接而明顯的影響社會政策的選擇與決策呢？學者提出四種決策模式來說明。第一種是價值取向的決策模式，指社會政策的選擇受到菁英分子的價值觀影響，而非真正考量一般人的意見與需要，菁英分子認為嚴重的社會問題往往獲得優先解決；其次是壓力團體的決策模式，指涉及相關利益的人往往透過組織的活動，經由參與政治的途徑，以遊說或施壓的方式來影響政策的抉擇，所以社會政策很難發揮社會正義，優先解決弱勢團體的社會問題；第三種是政治系統決策模式，認為包括行政與立法機構在內的政治系統才真正掌握政策選擇的權力，政治系統為了維護自身的生存與權益，往往運用各種內在或外在的環境的資源，以協商的方式來推行政策。

第五節　社會政策與社會福利

近年來隨著經濟的高度發展，民主意識的提昇，國民所得的提高，教育知識的普及，導致社會大眾更加重視生活素質的增進與權利的維護。然而在經濟過度競爭下所形成的財富分配不平均，為了追求財富的公正分配，建立完整建全的社會體系，以期縮短所得之間的差距，使社會中現存的弱勢團體獲得正義力量的支持，已經儼然成為社會的主流價值；另外有鑑於小家庭的普遍化，所導致的安全機制不足；皆成為人們期盼經由社會政策的訂定以達成社會福利的落實。自有人類以來，就有「社會福利」的概念；遠在洪荒世界，人們必須依賴平日儲糧食以備不時之需。發展至農業時期，大家族的多子多孫觀點，其目的之一也是在「養兒防老」。及至工業社會，社會型態的改變，家庭已不再是保障個人藩籬，由政府和社會機構起而代之扮演著社會福利的角色。尤其是自「福利國家」的觀念推廣以來，福利服務成為社會政策的重心所在。根據以上理念參酌民眾對社會問題的感受，需要社會政策的擬定具體措施，加以因應：

一、普及幼兒照顧體系

面對新生人口數快速下滑，為減輕年輕夫妻生育子女所帶來的經濟壓力，增加生育給付金額，父母因生育辦理育嬰假應自保險給付中給與津貼；並增進保母與托育機構，建構托嬰（兒）督導機制，保障嬰幼兒托育服務品質；另提供未就業之弱勢家庭臨時托育照顧，紓緩照顧壓力。

二、落實家庭輔導機制

藉由社區中的鄰里、學校、社工人員、醫護人員等，發掘並轉介社區中的高風險家庭，由社政單位提供專業輔導，以預防兒童少年虐待、家庭暴力及性侵害事件的發生。

三、推動新貧扶助政策

面對貧富差距的加劇，貧窮問題日趨嚴重，宜提供針對貧窮家戶提供扶助保護；協助失業者就業，提供失業救助等措施。

四、建構老人福利制度

落實國民年金保險制度，以提供經濟保障；增設老人專科醫院，以增進醫療照護；秉持在地老化，以強化照顧措施；運用既有教育設施普設長青學苑，以增進老人學習；鼓勵老人從事志工，以發揮其人生智慧；保障老人權益，以提供緊急庇護安置或法律協助。

五、健全社會保險機制

社會保險的實施因現行制度面設計的不足，致增加國庫的龐大負擔；且各項保險的財源主要來自保費，惟由於投保薪資偏低，使得保費收入無法提昇，致潛藏負債過高，政府負擔相當沉重，已背離社會保險自助、互助之精神。加上在各項保險的投保身分方面，由於各身分別投保薪資及負擔比率存有顯著差異，且加保資格認定寬鬆，亦使政府保費支出浮增。爰宜有通盤檢視規劃的必要。

六、完備福利服務體系

我國政府的福利發展，偏重現金給付的方案，對於福利服務體系的建構尚有不足。現金給付無法直接解決生活需求，民眾仍須到市場中購買服務，結果仍造成人民生活的階層化。是以政府應該重新檢討福利政策，以完備福利服務體系。

第六節　社會控制與社會政策

社會控制原意是指社會經由各種規範來控制人的偏差行為，限制人們發生不利於社會的行為。現在通常把運用社會力量使人們從社會規範，維持社會秩序的過程，都稱為社會控制。社會問題的擴大會影響社會機能失去功能（dysfunctional）。功能是指一個有機制或社會系統內作用的過程，該機制如果能滿足這一有機體或社會系統的利益、要求、目的和意圖時，便是有功能。如果這一機制無法達成原先設定的目標，便是失去功能。社會控制是整個社會或社會中的群體和組織，對其成員行為是否符合社會規範進行指導、約束或制裁；社會成員之間的相互影響、相互監督和相互批評，也是社會的控制過程。沒有社會控制，就沒有正常的社會秩序和穩定的社會局面。社會控制的形式很多，概括起來說，有強制性的社會控制形式，如社會政策的執行等；觀念性的社會控制形式，如習俗、道德、宗教等，以及自我控制形式，即自覺地運用社會規範來引導和約束自己的行為；社會性的社會控制形式，如社會輿論。各種形式的控制，構成了社會規範體系，也是社會運作不可或缺的因素。每一種控制形式在社會發展中都居於一定機能，產生不同的作用，一切社會控制方式，都是由該社會的狀況即社會制度的性質所決定的。

社會問題是在社會發展過程中，由於某些社會活動和社會關係發生了與現實的社會環境失調，致使社會全體成員或部分成員的正常生活乃至社會進步、社會秩序發生障礙，從而引起了人們的關注，需要以社會的力量來解決的現象。社會問題不同於個人問題，它必須透過社會的力量才可能加以改善或解決。許多透過社會政策這種直接而有效的管道解決問題外，也會嘗試以社會運動的方式，舉辦遊行或集會，企圖引發社會共鳴，並對政策資源分配者施壓。社會運動通常以正式的科層組織作為抗爭的對象，可以說是一種以體制外的手段解決社會問題的方式，所以它通常很容易和利益團體產生連結，而逐步變成正式的組織，進而影響社會政策的制定。與社會問題關係最密切的是改革運動，參與者通常對於特定的不平等或不正義的社會現象深度關懷，並期望透過社會的力量加以改變，而這些發展的終極目的仍在透過社會政策或民眾自覺的方式，解決社會問題。

柏克萊大學教授吉哈・羅蘭（Gerard Roland）對前共黨國家的社會轉型做了深刻的研究，他即指出「社會轉型」乃是一組複雜且需政治長期支持的過程，否則即難免失控倒退。不論個人或社會，如果推翻舊有規範、從禁錮中解放的目的，是為追求個人的自主，則這種重新尋求定位的過程，必然涉及深刻的自省及嚴格的自律。如果只是一味地鼓吹解放，卻沒有同時教導人們成熟、理性的態度；亦即只是懂得開放而不懂得認真，只是追求享樂而忘卻後果，結果造就了放縱與不負責。面對整個社群環境，亟需建立新的行為標準、道德價值、規範律法，並且自心靈的改革做起，經由道德重整、心靈教育，發展人心本有的良善，認清生存的價值和生命的意義，匡除社會亂象。當然，我們亦必須承認，傳統禮教對於今日社會的秩序及人心教化，確有力所未逮之處，因此期望運用過往的章法、標準，作為生活的規範，甚難產生積極的作用。因此，除經由個人產生深刻的自省、嚴格的自律以更為崇高的目標作為人生發展的標竿，經由家庭、法治、教育、文化、宗教、媒體、輿論等社會政策機制的共建，以重新形塑符合今日社會的規範、律法、社會風氣等的社會立法，則的確是整體社會亟待共同努力的方向。

結語

在全球化的推波助瀾下，各種社會問題日益複雜，面對許多長期居於弱勢與邊緣的族群，體貼照顧弱勢者是政府責無旁貸的任務，透過社會福利的政策及作為，以「全民安居樂業、實現公平正義」為願景，以「保障弱勢者生存、就業、健康、教育等基本權益，並提昇其社會地位」為總目標，建構更具可近性的完善社會福利服務輸送網絡，落實保障老人、兒童、婦女及身心障礙者等弱勢民眾的基本安全與權益，除了延續往年各項施政措施外，並規劃針對「近貧」及「新貧」者，對於這些過去比較少被照顧到的人，優先提供積極的、立即的、務實的協助。

第七章　社會政策與社會福利

福利國家理論的建構已逐漸成為社會福利學界重要的研究議題，這個概念至少包括五個重點，即：一、福利國家是基於市場經濟脈絡，二、福利國家的給付在滿足一定的基本需求，三、直接滿足人民需求，四、以政府力量解決社會事故所導致的家庭與個人危機與服務需求滿足，五、範圍隨時代變遷而改變。

由於受到全球化對工業國家所帶來負向效應，例如犯罪、失業、健康、環境及社會秩序等等。因此，各國都必須發展出有效的社會政策加以因應，促使國家必須重新正視自己的福利角色。

第一節　福利國家的發展類型

福利國家係起源於西方的理念與經驗，從福利人權意識的喚起，到福利制度所彰顯的功能，「福利國家」的確反映人類追尋最大幸福境界的突破。福利服務不僅促使政府實踐「從搖籃到墳墓」的福利取向，也成為現代國家的主流思潮和責無旁貸的責任。各項福利服務所建立的服務網路，因為需要結合龐大的資源與人力，因此在福利服務的國家，政府與民眾所形成的互動關係愈為密切。二次大戰之後，歐陸「福利國家」（welfare state）的發展，被視為是人類文明的重要表徵。「福利國家」，最簡單的概念莫過於威廉斯基（H. Wilensky）的說法，他認為：政府應保障每一個國民的最低所得、營養、健康、住宅、教育之基本水準，對國民來說這是一種社會權利，而非慈善。這個定義中有兩個重點，一個是保障民國生活的最低需求，一個是福利是權利，不是當權者的施捨。福利國家的核心概念可以包括以下五個重點（林萬億，1994）：

一、福利國家是基於市場經濟的運作脈絡。

二、福利國家的給付在滿足一定的基本需求。

三、直接滿足人民需求，而較不是間接滿足。

四、以政府力量解決社會事故所導致的家庭與個人危機。

五、服務需求滿足範圍隨時代的變遷而改變。

即使福利國家有一些共同的核心概念，但因每個國家的歷史背景、政治、經濟、社會環境的差異，使福利國家形成不一樣的類型。艾斯平・安德森（G. Esping-Andersen）在 1990 年出版的《福利資本主義的三個世界》一書的分類，他認為福利國家體制分為三類：北歐的社會民主體制（social democratic regime），北美的自由主義體制（liberal regime）和歐陸的保守主義體制（conservative regime）。他以「去商品化」（decommodification）作為核心概念，以比較先進國家社會福利的充實程度。然而無論是何種制度皆與生存權（living right）有關，「權利」（right）在西方政治哲學中，一般指涉及三種不同的意義：第一、法律明文的保障；第二、合乎社會正義的需求；第三、評析社會正義的標準。而「權利」的本質也從過去的「道德權利」（normal right）發展成現在的「合法權利」（legal right），顯示社會對人性尊嚴的保障已愈加重視。而人權的內涵則以「生存權」為第一優先，意指個人的生命不容任何一個人（包括自己）予以剝奪，雖然人們對「生存權」的範圍仍有所爭議，例如自己剝奪自己的生命（自殺）是否侵害到「生存權」？但對人類生命尊重的認知，則已逐漸趨於一致，並且透過各種方法與社會制度來維繫人們的「生存權」。最明顯的例子，即是司法制度與社會福利制度，前者防止個人的「生存權」受到他人侵害；後者則是預防社會不義（injustice）或社會結構的缺陷，而致使人們喪失其所賴以為生的必要資源，因此，西方福利國家的道德基礎，乃至「福利權」（welfare right）的產生，都與「生存權」密切相關。

社會福利的建構是社會發展的基礎，近年來，社會福利需求日益殷切，政府乃採逐步擴展方式推動多項社會福利措施，致社會福利負擔節節攀升。睽諸先進國家短期間內社會福利支出的急遽增加，已造成政府財政沉重負擔，且社福資源未能有效配置，不僅社會不均的現象未見改善，並影響了民眾的就業意願，英國工黨於 1998 年公布之社會福利綠皮書（Green paper）即指出，當前英國社會的安全制度，正面臨著三大問題：第一、不平等的增加和社會排除（social exclusion）：儘管多數國民的生活漸趨充裕，仍有些弱勢人口、家庭和社區停滯不前；第二、福利陷阱（the benefit trap）：現行的福利體系提供了許多誘因，使得被救助者在自食其力時，工作所獲得的酬勞，低於失業時領取的津貼，降低其工作意願；第三、福利詐欺（welfare fraud）：福利服務的對象過於浮濫，大家分食有限的資源，使得弱勢人口未能獲得妥善的照顧；而這些問題也正普遍困擾著其他福利先進國家。就社會福利資源之規模及配置現況加以探討，期使未來社會福利之釐訂及有限資源之配置，更趨合理並符合公義。這些論點所提到的顯示，福利國家並沒有「終結」（not end），而是面對變化快速的社會當中，不斷的在「轉型」（transformation）當中。尤其是二十世紀末葉「全球化」（globalization）的浪潮席捲而來，福利國家必須以更敏銳的方式加以因應。

西方福利先進國家的經驗，提醒人們對福利服務的規則必須有序漸進，否則極易產生對經濟發展的阻礙，在邁向福利國家之際，若能有效掌握這些經驗，並考量社會的背景、結構、文化特質，將能為邁向健全的福利國家做出最適切的規劃。

第二節　福利政策與經濟發展

社會福利的產生，可以說是在工業社會由於生產型態和家庭關係的變化，使原有依賴家庭、宗族所提供的生存保障，轉而為政府和社會機構所取代，運用制度化的規劃以滿足民眾生存的基本需求。這種由政府有負大部分責任的社會福利，對經濟發展至少可提供下列數端的功能：

一、促進社會的穩定和諧發展，裨益經濟的提昇：社會福利制度源於工業革命後的社會結構改變，以期保障工人的最低生活水準。由此穩定勞工的工作情緒，並以此激發勞工的生產效能。這種舉措無疑地帶來整體經濟力量的提昇。

二、由於生產力的提高和勞動力素質的提昇促成了經濟的成長：經由福利措施，自然有助於人力資源的開發與提昇，有助於經濟的升級與發展。

三、社會福利增進勞資關係，促進經濟發展：社會福利措施中的疾病殘障、失業及老年保險等不僅可以提高勞工的生活水準、免除疾病、失業及退休後的經濟問題，而使勞工能夠十分放心地積極從事生產工作，這也就能使經濟發展成為可期。

四、社會福利因為具有縮短貧富之間差距的功能，使經濟資源有效分配，有利於經濟發展：社會福利中的社會保險採用「危險共擔」的原則，不同職業與經濟階層的共同參與社會保險計畫，因而產生經濟資源的再分配效果，產生經濟資源的垂直再分配，除了具有縮短貧富之間的差距的功能外，也能夠達到「均富」的理想目標。

五、有利於資本的形成，以帶動經濟的發展：經濟發展所必須具備的要素之一就是資本的形成，資本愈充裕，則愈有助於經濟的投資與成長。大部分的社會保險都能夠累積數額相當龐大的社會保險基金，所以社會保險基金往往是資本原形成的一個重要來源。

六、社會保險採用「危險共擔」的原則，能激勵生產意願有助於經濟發展的效果：由於社會保險採用危險共擔的原則，有助於勞動生產者的工作安全保障，自然提昇勞工的工作意願。

社會福利的主要目的是要藉集體的力量來保障個人的經濟安全，以防止在自由市場的制度下，因為重大疾病、失業等意外而遭遇到經濟的困難。但是，這些制度也剝奪了許多個人選擇的自由，而且由於人性的弱點，制度的設計如果不夠嚴謹，極有可能被濫用，以致造成虧損累累，負債越來越大，社會福利最大的隱憂，就是政府往往為了順應民意的要求，使得受益範圍不斷擴大，受益條件日趨寬鬆，成為人人有獎的福利津貼，完全失去了原來的意義。然而整個社會資源是有限的，如全用在不能增加生產的福利上，就不能用在其他有高效益的支出上；就長期看，必然會造成經濟結構的僵化，進而使經濟成長率下降。社會福利推展還有二個後遺症，一個是為了執行社會福利措施，政府機構及人員會急速膨脹，且因缺乏競爭，致行政效率低落，這與精簡政府機構、公辦民營等世界潮流正好背道而馳；另一個後遺症是社會安全支出不斷增加，政府赤字會持續擴大，為了支持龐大的支出，遲早要增稅，以歐美先進國家為例，中高所得者往往要繳納一半所得的稅負給政府，是以努力工作者不能得到相對的報酬，社會大眾努力工作的意願就會大為降低。

第三節　社會政策的努力方向

由各先進國家近年推動社會福利政策改革可以窺知，唯有經濟持續成長及政府財政健全，才能維繫社會福利制度永續發展，有效保障國民生活福祉。鑑於各國社會福利制度多已面臨嚴苛挑戰，過度的社會福利支出，不僅造成政府財政預算赤字的快速累積，亦會經由資源錯置對當代及跨代經濟產生負面影響；衡諸未來，我國社會福利需求仍將持續擴增，惟在政府財政困窘之際，更應持審慎態度，通盤規劃各項社會福利政策，俾使有限社福資源更有效的應用。

一、量力推動社福措施：西方國家社會福利的困境，主因是過於強調政府的責任，以擴大政府支出及增加企業負擔，來挹注不斷膨脹的社會福利經費，終致傷害經濟的長期發展；惟晚近各國皆已調整政府萬能的觀念，轉而強調個人的責任與風險的分擔。例如，在老人年金的設計上，即採取保險或公積金制，達到「強迫儲蓄」的目的，政府及企業的責任則相對減少。近年來我國隨政治民主化的加速推行，各部門競用資源的現象更為普遍，但又不斷要求降低賦稅負擔，導致政府預算籌編愈感困難，因此宜在兼顧社會公平正義與政府財政穩健的原則下，量力來推動社會福利措施，避免政府負擔過重影響正常的施政。

二、健全社會保險財務：社會保險係屬風險分攤事業，費用應由受益者及使用者負擔，財務力求自給自足，透過權利與義務對等關係，達到公平與效率的要求。就各國保險財源觀之，多以勞資雙方共同負擔方式最為普遍，由政府與勞資三方負擔者次之，保險費率的訂定，雖因保險制度的類型、適用範圍、給付項目的不同，而相當分歧，惟與各國一般費率相較，我國勞、公保及健保費率均屬偏低。如果國人繼續以低費率享受服務，容易造成過度使用資源，加重政府財政負擔，因此有必要審慎規劃及執行，使社會保險制度可長可久。

三、適度擴增福利規模，惟須力避過度之給付：我國人口結構已邁向高齡化，適度增長福利確有必要，惟目前社會救助與福利服務措施多採取現金補助方式，現金補助一旦發放後，給付水準易升難降，給付條件易放難收，不但未能有效解決弱勢人口的真正需求，並會影響就業意願；因此福利規模之擴大，必須力避過度之給付，且應由過去濃厚之濟助色彩，逐漸轉以健全社會保險制度、提昇謀生技能及以激勵工作代替依賴救助等積極措施，亦即社會福利應有幫助弱勢人口「由底層爬升」的機制，俾營造穩固的社福環境。

四、以激勵工作代替依賴救助：健全的社會福利制度除消極性的解決弱勢人口目前的困境外，更應積極的提昇弱勢人口的謀生技能，使能自力更生、脫離貧困；西方國家中，智利是少數社福政策推行較為成功者，其係以激發自助意識及加強職業訓練，來提昇弱勢者自力謀生的能力與意願，頗堪借鏡。近年來政府在輔導殘障者就業方面，除辦理職業訓練外，更全面實施定額進用殘障者措施，為協助殘障者提昇生活水準的積極措施，因此對於老、貧等弱勢人口，亦應由過去濃厚之濟助色彩，逐漸轉變為維護其自尊與自助、互助的綜合福利制度，倘能由政府、民間機構與家庭共同建立好的扶助環境，助其自立發展空間、貢獻社會，將更符社會福利所追求的目標。

在國際經濟合作發展組織（OECD）2008 年發布的「社會安全保障的未來」報告中指出，「我們過去五十年以來所得到的一個寶貴教訓，就是要重視社會政策與經濟政策之間整合的重要性，社會政策的制定是為了提高人民的福祉，在快速變動的社會環境下，社會政策亦不可削弱或阻礙經濟體系調整適應新環境的能力，當然經濟政策亦應考慮其對社會所造成的後果。」台灣在快速邁向福利社會的過程中，上述的教訓值得大家省思。因此任何福利措施的實施必須審慎、理性的評估，絕不容許任意揮霍屬於後代子孫的資源。

第四節　福利國家的努力方向

第二次世界大戰結束以後，西方發達資本主義國家的政府權力藉由戰爭而得到普遍加強，加之戰後其國民也希望休養生息，渴望社會福利，從而使政府能夠在社會福利方面有較大作為。福利國家逐漸成為西方國家標榜和追求的一種理想制度，福利開支多由中央政府統籌，政府幾乎包攬了所有的社會福利責任。其結果，福利範圍越來越廣，可以說是「從搖籃到墳墓」無所不包，福利水平越來越高，福利開支越來越大，福利開支的增長可以說到了缺乏理性的程度，造成了政府沉重的財政負擔。到了二十世紀 70 年代末、80 年代初，終於釀成了福利國家危機（張學泰，2000）。人們普遍對於社會福利經費的擴張與服務效果之間的關係開始產生懷疑和反省。常見的批評意見有：1.道德危機；2.缺乏效率；3.不具公平；4.只能治本；5.合法化危機；6.財政危機。

為了解決福利國家危機，於是有許多改革措施出現，主要內容包括：1.政府財政緊縮；2.分權化與社區化；3.福利科層體系的削減；4.管制的開放；5.社會福利供給的民營化、社區化、小型化與家庭化。這些措施背後所隱藏的價值來自兩股思潮：一個是新保守主義，強調市場的自由機能、個人主義、反對政府干預、強調家庭責任、削減福利支出；另一個是福利多元主義，主張社會福利可由法定部門、志願部門、商業部門以及非正式部門來提供。總之，這些改革措施的中心思想就是自由化、解除管制，使以往以政府為福利供給的主要角色逐漸撤離，讓民間有更多參與福利提供的機會，以強化服務提供的效率並增加民眾使用上的便捷性與選擇性（謝美娥，1995）。社會福利民營化的想法由此產生，並逐漸成為福利國家福利供給的主要模式。

所謂社會福利民營化是指政府將社會福利的供給，完全或部分轉移到民營部門，同時引入市場經營原則，如利潤導向、以價格機制調解供需、重視成本回收，並強調使用服務者的購買力和受益者付費等措施，以分配並利用服務資源（陳武雄，1997）。美國學者 Paul Starr（1989）將社會福利民營化的意義分成三個層次：

第一、將民營化視為一種理念（idea）——在這個概念之下，民營化被視為是公私部門混合的福利供給方式，由政府與民間機制共同合作，對福利需求者提供服務。

第二、將民營化視為一種理論（theory）——在這個概念之下，民營化被視為一種所有權的重新分配，經濟資源的再分配，並通過社區發展的方式將權利下放給民間，以減少政府福利的過度負擔。

第三、將民營化視為一種政策措施（political practice）——在這個概念之下，民營化被視為對民眾申請福利給付的重新安排，將以往由政府扮演服務供給者的主要角色，逐步轉移給民間。

綜上所述，社會福利民營化的涵義從理念到理論，到最後的政策措施，環環相扣，其內容不僅僅只是指政府活動轉移給非政府部門（如家庭、雇主、商業市場、社會團體等），而且包括了由民間部門擴大參與社會服務，以及將市場原則運用到社會服務的供給。

西方福利國家為了達到社會福利民營化，基本上是朝著三個方向發展：一是逐漸減低對政府補助的依賴，回歸到以民營機構為福利服務提供的主體；二是慈善事業逐漸加入商業色彩，以一種較新及更具經營性的福利機構漸漸增加；三是強調使用服務者需要付費，使社會福利原有的利他動機逐漸被取代。上述發展方向，使社會福利的發展在趨勢上具有了過多的商業化色彩，儘管可以提昇效率，但明顯的與社會福利理念有所差異，亦引起西方福利學者的質疑。服務承包與出售公共資產；服務承包是民營化的最普遍做法，即將社會福利服務通過訂立契約的方式委託給民間營利或非營利機構，由它們來提供社會福利服務。這種方法通常被稱之為「購買服務」。而出售公有資產是指政府部門將一些經營不善的福利服務機構的所有權出售給私人機構，由他們自主經營。至於社會福利民營化的主要運作方式，包括：

一、補貼制度：政府為保障公民獲得一些最基本的生活需求服務，往往透過補助制度以減低其服務收費。如美國醫療機構長期接受政府的巨額財政補助，以便使低收入者也能享受較低價格的醫療服務。

二、市場經營：消費者自行從民間市場選擇服務，政府完全不參與，但是，政府需要制定法律或規定來進行管理，以保護社會上的低收入者。

三、抵用券制：發放帶有現金性質的兌換券，讓接受公共服務的人在指定金額內購買所需要的服務，其目的是鼓勵他們對特定物品和服務的消費，並且能夠控制政府所補助資金的用途。

四、提高申請福利服務資格的標準與使用者付費：為了緊縮社會福利資金，政府需要提高申請標準，使申請福利服務的人數下降，以減少福利服務的開支。另一方面，也實行對福利服務使用者收取部分或全部費用，如果需要，也可提高收費標準。

五、相對補助方式與解除管制：所謂相對補助方式指政府為了鼓勵民間機構參與社會福利服務，而設立福利服務配套資金，當民間機構自行籌措到一定資金後，政府可與民間按一定的比例共同負擔經費。而解除管制是指政府在保留提供服務的責任同時，盡量減少對民間參與社會福利供給的限制。鼓勵私營機構參與社會福利領域的競爭，促進社會服務效率和品質的提昇。

六、自助服務與志願服務：自助服務旨在鼓勵家庭、鄰里和朋友組成支持性網絡，恢復傳統及最有效率的自助方式。而志願服務是由志願者透過慈善或志願機構，提供原本由政府提供的服務。

社會福利民營化之所以成為福利國家現行福利服務供給的主要模式，是與其所能夠產生的積極效果有關。一是提昇了效率；透過各自委託方案的競爭，選取較為有效率的方案實施，能夠提高服務供給的效率。二是增加了私人投資；即將公共部門的支出轉移給私人自行儲蓄或投資，有助於資本形成。三是民間提供的服務成本較低且較具彈性，可以配合不同群體的需求。四是有助於限制政府科層體制的過分龐大。五是有助於增加福利消費者的選擇自由。六是可以激發社區居民的參與意識。社會福利民營化儘管取得了相當的成效，但也存在著許多缺失：一是由於重視成本回收，強調使用者付費，導致無力付費者得不到服務；二是由於付費能力分級，使廉價服務者烙上貧窮標籤，造成階級對立；三是由於社會福利服務的商品化，使傳統利他、互助與關懷的情操，逐漸受到腐蝕，等等。

第五節　建構完善的社會體系

現代國家無不積極以提高國民生活水準，促進國民生活幸福為主要目的，一般學者將之稱為：福利國家。並認為透過社會福利制度的實施，不僅能解決人類所面臨的貧、愚、懶、髒、病等問題，同時也能有效達到社會安全，增進福祉的功能。因此，今天各先進國家均以福利政策為施政重心，更在憲法中規定福利綱目，用以保障民眾的權益，而政府的角色亦由「權力國家」的觀念，轉為「福利國家」。當前的社會福利政策應朝向積極性、前瞻性、永續性的方向發展，並定期檢討社會福利政策的方向與內涵，研修社會福利政策綱領，且確立社會福利取向、範疇、經費來源及服務分工等原則，研訂中長程計畫，以回應社會問題與需求的變遷及經濟環境的調整。社會福利有助於社會資本的累積、人力資本的提昇、社會基礎的穩定及社會安定的維持，不應視為只是消費性的支出與負擔。是以政府應配合社會福利政策的修訂、社會立法的通過，同步調整社會福利預算、人力配置、行政體系及實施基準等。同時各級政府主管社會福利相關業務部門應積極進行政策與方案的整合與協調，以免福利提供發生片段、不一致、不連續、本位主義的弊病，進而提昇整體施政效能。將各種年金保險給付、津貼、救助重新定位，並調和所得維持與社會服務的功能。促進區域間資源分配的公平化，重新調整財政收支劃分或其他配套措施，解決各縣、市社會福利資源分配不均的問題。合理調整人口群間的福利給付水平，社會福利資源之分配不宜因社會人口特質不同而有所差異，同時兼顧特殊人口群的福利需求，以求社會公平與正義。政府於引進外籍勞力、制定移民政策時應考量社會、經濟、教育與健康成本，並擬定配套的法令、服務方案與研究措施。排除參與經濟活動的障礙，如提供兒童、老人、身心障礙者照護，及消除女性、中高齡者、身心障礙者、原住民的就業歧視，以鼓勵更多人投入勞動力市場。強化人力資本的投資，提高職業訓練的效果，連結學校教育投資與社會、經濟發展的關聯。創造就業機會，提昇青年、中高齡人口群的就業能力、鼓勵創業，進行吻合知識經濟時代的工作調整。尊重多元家庭價值，確立家庭、社會、市場、國家的福利分工，尊重兩性平權，建構以家庭為中心之福利輸送體系，整合各項福利措施，促進服務輸送的有效性及普遍性。具體作為：

一、為明確權利義務歸屬，社會經濟安全體系之建構，建議以社會保險為核心，以社會津貼為輔助，以社會救助為最後一道防線，而對於就業者之失業風險，則應以就業安全制度（創造就業機會、職業訓練、就業服務、失業保險）作為其安全防護機制。

二、配合經社發展實況，檢討修正社會救助法，依地區別合理調整最低生活費用標準，以合理反映各地區的最低生活需求。

三、檢討各項福利措施的資產調查相關規定，調整已不符社會實況需求的過時條件。

四、儘速為尚未有經濟安全保障之國民建立基本生活保障機制。

五、國民年金制度應充分考量政府應保障國民基本生活的職責、世代公平性、風險分擔、整體社會財政承擔能力、基本生活保障水準、人口老化的衝擊等因素，以制度的永續發展為原則。

六、逐步漸進整合各項保險給付，於過渡期間，建立年資轉換或保留機制。基金投資管理規範應透明公開。

七、各項社會保險應建立保險財務調整機制，並定期精算，以維持長期財務健全。各項社會保險基金，應建立透明化的財務管理機制，讓民眾充分瞭解其營運管理情形。

八、應儘速檢討軍公教之老年經濟安全體系，其年金給付開始年齡及老年所得替代率應合理調整。

九、建議教育體系，包括學校教育與社會教育，增加自助、社會互助與風險管理等觀念的培養，以及未來生活的規劃，應讓民眾具備保險觀念。

結語

在我國社會已逐步邁向「高齡化」的時刻，社會福利體系的建構，成為多數民眾對政府的共同期待。至於社會福利的建構必須根植於下述兩項基本精神。第一是免於匱乏的精神：社會福利起源於人類互助的概念，其出發點在尋求免於匱乏，使人人可得到生活上的基本滿足，並具備公允的社會競爭規則，以實踐自我。第二是自助人助的精神：建立社會福利體系的目的，是經由團體的力量以協助個體，使其得到自立自強的結果。是以社會安全的運作應本諸於「取諸於社會，用諸於社會」，方能使整個體系穩健、良性的運作。如能本諸此些精神，將可促使我國漸次邁向福利國家的目標。

第八章　社會政策與社會安全

「社會安全」(Social Security)的概念，最早是由德國的俾斯麥(Otto von Bismarck, 1815-1898)所提出，該名詞於1941年由羅斯福(Franklin Delano Roosevelt, 1882-1945)，與邱吉爾(Sir Winston Leonard Spencer Churchill, 1874-1965)，所擬定的「大西洋憲章」(Atlantic Charter)及1945年的「聯合國憲章」(Charter of United Nations)被強調。認為在今日的先進國家的職能中，提供民眾必要的安全保障已成為福利國家最基本的一種機制。因為，國家的機能應該是從事於全體人民福利的增進，這不但是為了顧及經濟的與社會的正義，而且攸關著整個國家的發展；一個真正的福利國家，必須所有人民都能自由發展其才能，都能獲得其所應得的報酬，都能為幸福的追尋，而不致為疾病、無知、污穢、怠惰、貧窮等等所招致之災患所困擾；人民有了這樣的保障，而後國家的安全、社會的經濟才能穩固發展。

社會福利資源有限，又以再分配原則運作，因此常涉及到道德的議題，而道德的議題又反映了社會的價值，這些社會價值當中包括社會正義、基本權益、福利權力與公民身分等議題，這些議題也常有不同的見解及爭議。但是，如無法建立具有共識的價值體系，社會福利制度勢必無法建立，會產生社會排除的現象，使弱勢群族被阻隔在主流社會之外。因此，透過社會福利措施改善弱勢者被排除的現象，是社會福利政策努力的目標。社會安全的運作與推行，在1935年美國的《社會安全法》中即有所規範，其中明載對老年、死亡、殘病和失業等保障內容，並由聯邦政府承擔義務，這種理念為戰後美國社會保障制度的發展奠定了基礎。以此為依據也形成了美國人對社會安全制度的一般理解，社會安全是對國民可能遭遇的各種危險，如疾病、年老、失業等加以防護的社會保障系統。它的價值在於：確切地表達了人民一種最深切、最廣泛及最根本的願望。

第一節　社會安全的主要意涵

「社會安全」(Social Security)係指由政府提供的一系列方案，以保障國民遭逢生活危機，如老年、殘廢、疾病、失業、死亡等，而致收入有中斷之虞時，能夠保障其與家屬的生活。我國憲法第十三章基本國策第四節以「社會安全」為名，其規範包括：工作權的保障，保護勞工政策，扶助農民政策，勞資合作增進，社會保險制度，社會救助措施，婦女兒童福利，衛生保健事業及實施公醫制度等。但中央政府總預算編列並非以社會安全為預算政事別，而是以「社會福利」為名。「社會安全」與「社會福利」的概念差異何在呢？經驗上，世人多以國際勞工組織的定義為範本，國際勞工組織(ILO)對「社會安全」一詞下的定義是：「社會透過一系列的公共設施，為其成員提供保護，以防止因疾病、產期、職災、失業、年老和死亡致使停止或大量減少收入造成的經濟和社會困難，提供醫療和為有子女的家庭提供補助金。內容包括：社會保險(social insurance)；社會救助(social assistance)；由國家財政收入資助的補助金(benefits)；家屬補助金(family benefits)；儲備基金(providents funds)；還有雇主規定的補充年金以及圍繞社會保障發展的輔助性或補充性計畫。」這一定義包含了以下幾層涵義：

一、社會安全的實施對象與範疇是社會全體成員。

二、社會安全經由建立一系列的公共設施來實現。

三、社會安全的目標是防止個人經濟和社會困難。

四、社會安全是為社會成員提供一持續穩定機制。

由於給付方式的不同，社會安全方案可分為下面三種類型：

第一、納費給付（contributory benefits），一般慣稱社會保險，須固定繳納一定比率的費用，始有接受給付的資格，適用於有工作能力者，如失業保險、老年年金等。

第二、非納費給付（non-contributory benefits），稱之社會津貼。本身並未繳費且不必經資產調查（means-tested）即有接受給付的資格，如兒童給付、殘障津貼等。

第三、資產調查給付（means-tested benefits），即所謂的社會救助，雖未繳費，但在接受給付前須經過資產調查的程序，以確定是否合乎給付的資格（古允文，2007）。

影響我國社會安全制度之發展願景、理念、目標、政策原則與策略，是為政府落實的「新世紀第二期（民國 94 至 97 年）國家建設計畫暨十年展望」，其中對於社會安全的內容則為：

第一、關懷性社會安全制度：主要包含社會救助、福利服務以及就業促進；

第二、防備性社會安全制度：主要含括涉公勞農軍健等各式社會保險、國民年金制建構與勞退金改革等；

第三、發展性社會安全制度：主要與母性保護、家庭保障、教育福利、勞動促進、住宅政策以及勞工財產形成有關。雖然，社會安全保障的產生已經有了相當長的歷史，而且在今天已經成為世界主要國家社會福利體制運行中不可或缺的環節。但是，社會安全制度的涵義是什麼，在世界範圍內至今並未形成一個統一的、被普遍接受的界說。由於各國之間的政治、經濟、文化背景、民族傳統的巨大差異和經濟發展的極不平衡，各國只能根據自己的需要、發展水準和承受能力，來規定社會安全保障制度的涵義、政策和措施。

英國對社會安全保障制度的建制深受「貝弗裏奇報告」中所揭示社會福利規劃的影響。早在第二次世界大戰期間，英國政府就已開始制定戰後重建計畫，其中包括委託貝弗裏奇爵士（Willian Henry Beveridge, 1879-1963）

制定社會安全的重建計畫。1942 年 11 月，貝弗裏奇在所提出的《社會保險及其相關福利服務》報告，指出英國存在五大弊病，即貧困、疾病、無知、髒亂和懶惰。社會保險制度的改革主要是針對貧困的，改革的方向是擴大社會保險範圍、目標，並藉由提高津貼以改善弱勢團體的生活保障。報告把社會安全作為一項社會責任確定下來，並把有關救濟貧困的含意由以往的救濟貧民改為保障國民的最低生活標準，規定凡達不到國民最低生活標準的公民，都有權從社會安全制度下獲得相應的救濟，以使自己的生活能達到這一標準。以此為目標，「貝弗裏奇報告」提出戰後社會安全制度應以社會保險為核心內容。這一主張，成為戰後英國建立社會安全制度的主要依據。所以在英國，社會安全自然地被理解為一種公共保障計畫，一種國家的經濟扶助制度，即當國民在失業、疾病、傷殘、老年或死亡、薪資中斷時，國家給予生活照應，並藉助於公共服務和家庭補助提高國民生活安全的一種保障制度。

綜上可知，社會安全制度的建立是一種社會政策，目的在追求社會正義，因為工業資本主義的發展才有社會安全制度的建立，社會經濟結構的變遷影響社會安全制度的發展。西方的三種社會安全制度模式，包括偏重資產調查採社會救濟的自由主義模式、偏重以職業為基礎採社會保險的保守組合主義模式，以及偏重普及式福利由政府稅收支付的社會民主模式。各國的制度設計不一，有的以社會保險為主，亦有兼採社會保險和基礎年金並行者。因此，社會安全體系可概分成三大類，分別為：社會保險；社會救助；社會津貼。

第二節　社會安全的實施範疇

在研究社會福利問題時，還應該注意區分社會福利與社會安全。兩者的分別表現為：第一、社會安全是屬於社會福利的一種範疇，社會安全不能取代社會福利。社會安全與社會福利相比，屬基礎層次的，以為滿足民眾基本生活需要；而社會福利既可以是基礎層次的基本生活需要，也可以是較寬裕層次的生活享領，它包括社會安全和由國家、地方、企業、國際社會提供的福利。第二、社會安全為一種特殊的分配形式，只能針對一部分特殊的社會成員，而社會福利則是針對全體公民。社會安全主要是「扶貧」與「救濟」，產生社會穩定的作用。社會福利主要是「脫貧」與「致富」，產生促進社會發展的作用。第三、政府只是社會福利的組織者和提供者之一，社會安全是國家社會福利制度的組成部分，是社會福利體系的一個子體系。爰此，社會安全範疇包括：老人年金、殘障年金、遺屬年金、疾病及生育照顧、職業災害補助、失業補償、家庭津貼、社會救助等事項；歸結為包括社會保險、社會津貼、社會救助三大項，社會福利則可區分為殘餘式社會福利、工業成就模式社會福利、制度式社會福利。社會福利概念較社會安全為寬廣，社會安全是由國家透過立法和行政措施設立的，旨在保障社會成員的基本生活需要，促進社會經濟發展的一系列制度的總稱。其領域一般包括兩層涵義：第一、社會安全是以立法形式確立由國家對社會成員的最低生活水準、基本生活權利予以保障，並在其成員生、老、病、死、婚、育時提供補償的經濟保障。第二、社會安全是透過人民收入的分配和再分配，而直接或間接實施的一種社會保障。

一、社會保險

社會保險是根據國家和各級政府立法，由勞動者、企業或社區及國家三方共同籌資，在勞動者及其家屬遭受職災、死亡、疾病、年老、失業、生育等風險導致收入減少、中斷或喪失時，提供幫助以保障其基本生活需求的一種社會保障形式。其基本功能在於保障勞動者維持正常生活。在自由保險中，最早發展的一種，普通是疾病保險，因此很容易使政府把疾病保險變成強制的制度，或者政府因鑑於疾病保險事故，已經有了因應的辦法，轉而注意到年金保險。在各國社會安全體系中，社會保險是整體的核心部分，社會保險支付的資金往往占據社會安全資金的絕大部分。也正因為如此，一些人常常把社會安全的內容視為僅僅只有社會保險。其實，社會安全和社會保險是不同的，主要的有區別為：社會安全包括社會保險，但不只是社會保險。社會保險的基本特徵是：第一、強制性。在立法確定範圍內的每一個社會成員都必須參加社會保險，這是與自願投保的商業保險的本質區別。第二、非營利性。社會保險由國家舉辦，不具有營利性。第三、資金多元性。保險資金的籌措來源於勞動者個人、企業和社會、國家等多種管道。第四、自助性。享受保險者必須先盡繳納個人分擔費用的義務，然後才可能獲得相應的保險權利。

保險之成立必須具備下列各條件：

第一、損害基於偶然事故的發生。偶然事故的發生，無非人的能力所能預知，事故發生，無論屬於生命或屬於財產，蒙受其損害者，從保險學上觀察，均可視為是一種財物的損失，得以金錢代表其損害情況，其所發生的事故，有稱為危險者，亦有稱為災禍者。

第二、要有多數人員的結合而分擔同一危險，由於承襲原始互助組織的社會團結精神，社會保險的本質仍器重於互助方面，因此更加強了集合危險事故，共同分擔責任的基本原則。保險即應用這種原理，結合多數人員，以達成損害分擔減輕的目的。

第三、要集合體各成員共同出資。一般保險制度，各成員既是以共同利害一致為基礎的結合，各成員遭遇損害時，救濟的方法，多以財產補償之，因此需要按照危險程度，根據精確計算，使各人預先醵集相當之資金，組成共同的基金，各成員有遭受危險損害者，即以此基金填補其損害。各成員醵出之資金，即稱為保險費，亦即保險成立的要件。

社會保險是以國家為主體，經由立法手段，設立保險基金，當勞動者在年老、患病、生育、傷殘、死亡等暫時或永久失去勞動能力，以及失業中斷勞動而失去收入來源時，由社會給予物資幫助和補償的一種社會保障制度。社會保險的目的在於保障當勞動者遭受勞動風險，即當勞動者暫時或永久失去勞動能力以及失業喪失生活的收入來源時，從社會得到基本的物質幫助和補償。社會保險透過保險基金補償收入損失，藉以分散勞動風險，是社會保險的主要功能，其實質是保證勞動者在特殊情況下參與社會分配。社會保險是社會安全體制的一個核心部分。

二、社會救助

社會救助是社會安全體系中的重要內容之一。各個國家都實行過諸如賑災、濟貧等社會救助，並已成為社會安全中基本的、必不可少的部分。社會救助是國家及社會團體運用資金和食物、服務設施等，透過一定的機構和專門人員（包括志願者），提供無收入、無生活來源、無家庭依靠、失去工作能力者，以及生活在「貧困線」或最低生活標準以下的個人和家庭，一時遭受自然災害和不幸事故遇難者實行的救助。社會救助的顯著特點是：只強調國家和社會對需要進行社會救助成員的單向責任和義務；只強調保障最低生活需求。

社會救助依據需要救助的原因大致可劃分為四類：自然災害救助、失業破產救助、孤寡病殘救助、生活貧困救助。社會救助的對象是貧困者，或是慘遭不幸者，或是有殘疾者，容易引起普遍的憐憫和同情。這部分救濟金除來自政府和專門機構外，還可向社會團體、企業、個人募捐。在既有生活條件下，低於平均生活水準的貧困者，是絕對存在的，至於偶發性的天災人禍，更是任何時候、任何社會都不可避免的，先進國家同樣要預防和救助這種意外。社會救助並不是慈善事業，它是政府的一種職能。被救助者並不是接受施捨及恩賜，而是享有一國公民的基本權利。社會救助的方式，並不單純是直接的物質和貨幣的資助，也包括「以工代賑」等方式。社會救助既淵源於貧窮救濟，在若干本質方面，兩者還保存許多相同的地方，(一)貧窮救濟的財源是由募捐或由政府負擔，並不需受救濟人負擔任何費用，這在社會救助也是同樣的；(二)貧窮救濟在救濟方式，分為院內救濟與院外救濟，而在院外救濟中，又分為現金救濟、實物救濟，或借貸救濟；在社會救助，也是大致相同的；(三)較後的貧窮救濟，援用個案方法，將各類貧苦的人，分別加以研究，尋求其所以陷入貧困的原因，也有各種專業化的設施，如醫藥治療、職業訓練、安置就業等分別予以特殊的救濟，這在社會救助方面，不僅是相同的，而且更有逐漸加強的趨勢；(四)有些貧窮救濟早就有了立法作為實施的根據，這在社會救助，不僅並無兩樣，而且在法律規定方面，反更為具體，益臻明確，因此實施起來，乃更易於收效。以上各點，都是貧窮救濟制度，在本質方面，值得保存的地方，所以社會救助，不但都予接受了，並且為之發揚光大，使制度的本身，亦可臻於完美無缺。

社會救助既是由國家和社會按照法定的標準，協助不能保持最低限度生活水平的公民，提供滿足其最低生活水平的物質援助的一種社會安全制度。社會救濟的目標是克服貧困，包括自然災害救濟、孤寡病殘救濟、貧窮住戶救濟、失業破產救濟。具體救助要件大致有：

(一) 強調國家和社會對公民的責任和義務，在權利和義務方面具有單向性。
(二) 由國家財政提供救濟資金，資金來源單一，屬於非個人繳費制度。
(三) 只有公民陷入所定的困境標準後，即能取得協助。
(四) 必須經過家庭經濟調查，確實證明公民不能維持最低生活之需時，才給予救濟。
(五) 個人申請是發放救濟的必要條件。
(六) 強調保障最低生活水準。所謂最低生活水準，可以從絕對意義上理解和界定，及保有維持生命所必需的最低限度的飲食、衣物和居住條件，而不致受凍挨餓。這也就是常說的絕對貧困。也可以從相對意義上理解和界定，即享有在當時、當地生產力條件下相對屬於數量最少的消費資源和服務。實際上是已脫離絕對貧困，而屬於一種相對貧困。

三、社會津貼

社會津貼是對於所認可的特定對象提供定期性或一次性的現金給付。社會津貼的顯著特點是普遍性。只要符合享領社會福利待遇條件規定者，不分性別、年齡、職業、信仰、財產狀況，都可以獲得社會福利的保障待遇。社會福利是普遍實施，往往與個人的勞動力付出無直接關聯。公民享受社會福利措施和義務，或是免費的，或是廉價優惠的，等於一項額外收益，也正因此，社會福利有「社會薪資」之稱。當前，西方國家的社會安全開支龐大，占國家預算支出的很大比例，而且多呈現升高的趨勢。不少國家為實現「福利國家」的目標，財政開支日增，甚至出現龐大的財政赤字。社會救助是依法律規定，對於社會上財力薄弱的人，基於生活上的需要，所設定的「免費受益權利」，此種受益權利，只有在個人財力經過確實調查以後，確認其超過足以維持一定標準生活需要時，始能予以削減或與剔除，至於社會津貼，乃係社會救助更進一步的發展結果，其異於社會救助者，乃在無論其服務對象為一般國民或國民中某種範圍以內的人，其各種受益的權利，均不因個人財力的大小而受影響。觀察先進國家為維護其國民之健康與生活及照顧殘障、老年、幼童及低收入者，多採社會保險與社會救助這兩項措施，鮮少採津貼方式，這是因為考量社會安全政策需符合成本效益原則，並朝向永續性的方向發展。針對社會安全政策的永續性，宜加強保障弱勢者參與社會保險，本受益者付費原則，建立自給自足機制，定期精算，以維持長期財務健全。政府應建構以社會保險為主，酌加社會津貼，而以社會救助為最後一道防線的社會安全體系，明定社會保險、社會津貼、社會救助三者之功能區分，避免發生保障重複、過當、片斷、不公等情事。津貼應該只是一種短期過渡性質措施，須以保險和救助為主要推動方式，透過財務精算制度，使財政負擔合理，能提供弱勢族群老年更健全且可長可久的經濟安全保障。

社會安全主要的三種形式，即社會救助、社會津貼、社會保險。國際勞工組織（ILO）強調社會安全的主要內涵為：「所謂社會安全，乃社會在其組成分子所可能遭遇的若干危險事故方面，經過適當的組織，給予安全之謂，這些危險事故主要是財力薄弱的個人，單憑其自己的能力或其他人私相結合，都不能有效預防的意外事件，這些意外事件將損及維持本人及其他家屬健康與適當生活的能力，因為國家是國民的一種結合，目的在增進國民的一般幸福，故促進社會安全應為國家的一種根本的職責，在國家政策中將提供予國民給付，藉以預防或醫疾療病，於不能工作時維持其生活，並使其恢復工作的措施，視為社會安全。」隨著社會發展，如全球普遍的是「M 型社會」趨勢，代表富裕與安定的中產階級，正在快速消失中，人們的生活方式，從∩型變異為 M 型社會。失業的結構也有所變動，以往「就業不安全」主要集中在中高齡與低學歷，目前已開始有轉往高學歷與青年族群。這些弱勢經濟體系中的失業者、新貧或近貧人口，都面臨「所得不安全」的危機，進而造成社會不安、治安敗壞、民眾痛苦指數增加、社會整體幸福感下降等嚴重後果。於對應社會變動時，社會安全措施將朝向兩種趨勢，易言之即是兩種有一定方向的運作，社會救助是由貧窮救濟朝向社會保險的方向進展的，而社會保險則是由民營保險朝向社會救助的方向進展的，兩種進展的趨勢正在不斷的互相接近著。

第三節　社會安全的主要功能

從歷史發展角度檢視，社會安全可被用在預防、減輕或解決社會問題，增進民眾福祉，同時亦可舒緩社會的不安。這使得社會安全受到政治的高度關注及民眾的普遍期待。社會安全增進個人、家庭、團體及社會之福祉，並促進國家整體發展。其主要的功能可區分為：

一、避免社會的動盪不安

英國是實行社會福利政策的先驅國家之一，它在解決窮人問題方面，尤其有悠久的歷史。促使社會安全發展的主要動機是，希冀避免社會的動盪不安。英女王伊莉莎白一世（Elizabeth I, 1533-1603）在位期間，建立了濟貧法（Poor Law）的規範，揭示從 1601 年政府正式負起濟貧責任，到 1834 年新濟貧法（The New Poor Law）頒布，是根據以下三項原則所建立的：第一、救助是國家的責任。第二、國家的救助責任只限於那些無能力照顧自己者，而非身體完好的行乞者。第三、社會福利的行政事務及管理主要是由地方層級的政府負責。區別那些無法照顧自己的人，也就是「值得救助的窮人」（deserving poor）。因此，施以賑濟是讓貧民安靜的方法。

二、社會發展的預防對策

社會安全方案亦為政府施政的預防性的對策，因為某一個團體的潛在政治力量極大，而促使政府採行「預防性」或「安撫性」的福利方案。例如：1215 年時，英國貴族脅迫國王簽署「大憲章」（The Great Charter），使國王在國家事務必須多少聽聽子民心聲。又如，數量龐大的貧民也曾在 1960 年代的美國政治上，成為一股強勢的力量。其中「黑權運動」（the black power movement）是許多非裔美國人處在劣勢且貧窮的環境下，受到壓制而有的共同感受，進而發展出來的反抗力量，為窮人的權益而奮戰。均引發政府的正面積極回應，以維持社會的穩定發展。

三、社會政策的衍生措施

社會安全方案的推動，有時是其他的政策的副產品。因為政府一旦承攬某種行動，則必然會設定一連串的步驟，這些行動積累了自身的生存力量，最終也許是福利方案的出現，但卻不是預期的。一旦方案設立後，會趨於容納愈來愈多的參與者，由於牽涉各方龐大的利益，政府也就不太可能縮腿。例如：老人津貼的發放所帶來的衝擊。因此，一旦政府進人某一社會福利領域，福利方案的目標與方法就容易成為政治過程中的「標的物」，藉此聲明其政黨的社會安全主張，而博取人民的支持。政治結構會影響社會福利內涵的型塑。一項福利方案的存在與否，有時是各政治團體之間為權力分配爭執之後的結果，而非是一種理性思辯後的決策。

四、維繫社會的安定力量

在福利國家（welfare state）的多種功能（functions）中，除政府本身特有的政策干預功能外，其典型代表的社會安全制度具有兩種很特別的功能：第一、為羅賓漢式的劫富濟貧功能（the Robin Hood function）——係指福利國家所代表的社會安全制度，其意涵具有俠盜羅賓漢劫富濟貧的功能，例如提供濟貧措施、所得與財富的再分配，以及減少社會弱勢的社會排除（social exclusion）等措施。第二、為存錢筒式的儲蓄保障功能（the piggy-bank function）——則強調福利國家如同存錢筒一樣具有自助、互助的儲蓄保障功能，例如提供保險與個人終身再分配的保護機制（ensuring mechanisms）等措施。

綜觀各國的現況顯示著：目前在社會安全制度的功能角色上已有交替的現象，由原先的團體責任為主的濟貧功能逐漸轉變成個人責任為主的保障功能；而在制度屬性上，也已由福利（救助）型的稅收方式轉為保險型的納費型態趨勢，個人主義思想再度崛起，福利國家的功能交替亦再起風雲。因此，個人對其生涯規劃在財產及所得的分配上有其自主性與理財規劃，其中具有儲蓄保障功能的可攜式年金（portable pension）將成為未來老年經濟保障制度中的主要類型。尤其在面臨二十一世紀走向全球化趨勢下，更突顯其重要性。

第四節　全球化與社會安全

隨著世界貿易組織（WHO）的建制與運作，「全球化」現象正逐漸的滲透進入我們的日常生活之中。吃的是 McDonald 漢堡，喝的是可口可樂，穿的是 Nike T 恤，到了辦公室先打開電腦上網，與跨國公司總部聯繫，收看華爾街股市新聞，下班關心的是洋基的季後賽，這種生活情境的描述，我們應該頗為熟悉。「全球化」的概念自 1990 年代以來延用迄今，已逐漸成為社會科學中的顯學，並且大量的被人們所使用，作為政策思維的基礎。縱使對全球化的看法有許多的不同，大部分的學者相信從一些全球化的過程中，確實為今日的世界帶來了不少嶄新的事物，像是國際化或現代化等。全球互賴關係是最近社會變遷理論的新方向，討論主題則包括經濟、政治、文化與生態各個層面，這就是所謂的全球變遷（global change）或全球化（globalization）觀點。全球變遷蘊含體系觀點與生態觀點，不僅關注世界成為一個體系及其關聯的問題，也涉及人類社會活動與地球支持生命存活的關係。無疑的，全球化發展趨勢會對既有體制造成衝擊，其中，又以國家的形式、權限、自主性與權威的正當性等方面特別引起注意。60 年代後期全球意識增強；全球性機構和互動量大大增加；全球交流迅速增加。各社會日益面臨多元文化和多種族問題，公民權成為一個全球性問題；全球傳媒體系更加鞏固，思想、移民、價值觀、時尚等都不斷沿著全球化的方向流動著，國際化已是任何追求現代社會所無法迴避的問題。社會政策學者密敘拉（Mishra，1999）歸納認為，全球化對社會安全政策造成的影響，有以下七個重點（賴兩陽，2007）：

一、全球化使立基於凱恩斯（Keynes）理論所追求的充分就業與經濟成長的現象受到質疑。

二、全球化經由加大勞動市場的彈性、後福特主義的勞動方式與分散化的集體協商，產生薪資與工作狀況的不平等。全球化的競爭與資本流動產生「社會傾倒」（social dumping）及薪資與工作條件不斷下降。所謂的「社會傾倒」係指社會福利制度大幅倒退，預算減少，給付降低，弱勢階層的保障不足的現象。

三、全球化藉由社會保障與社會支出的減少，以達成降低政府赤字、負債與稅率的目標。

四、全球化弱化了社會安全的意識型態，特別是對最低生活標準的保障。

五、全球化弱化了社會伙伴的基礎與勞方、資方及國家三者平衡的三方主義（tripartism）。

六、全球化限制了政策上選擇「中間偏左」的可能，形成福利國家「意識型態的終結」。

七、全球化的邏輯與國家社群與民主政治的邏輯相衝突，社會政策成為全球資本主義與民主國家之間主要的議題。

全球化雖為人類帶來更多的便捷，但也形成更多的困擾，許多經濟學家和政府官員關注著經濟全球化導致了貧富懸殊。這一行為導致了全球化收益在不同主體之間的分配出現較大的落差，即所謂的貧富差距擴大。聯合國的報告就指出了全球化的收益絕大部分都流入了發達國家富裕階層裡。另外一方面，全球化的金融流動不僅使得銀行和跨國公司從開放的部門中獲利，也使國與國、民與民之間的貧富差距擴大。全球化在新自由主義意識型態的主導之下，社會安全制度首當其衝，修正若干社會濟助及保險給與措施，其重要的策略包括：第一、緊縮請領資格；第二、擴大資產調查的範圍；第三、降低所得替代率；第四、財務移轉的責任由雇主轉到個人與國家；第五、以更積極的勞動政策取代單純的失業給付。

全球化使得全世界的政治、經濟、文化必須重新訂定規則，直接衝擊的是人們的日常生活的各個領域，因此反對全球化的運動以及以全球連結為主軸的社會運動日趨興盛。近年來在有關世界自由貿易的會議召開的城市，總有來自各地的反全球化的示威遊行，反全球化運動隨之聲名日盛，認為全球化帶來的負面作用：本地政府權利的削弱、使發達國家居民喪失工作機會同時奴役發展中國家居民，擔心是全球化帶來了移民潮，湧入發達國家的移民從事低收入沒有健康保險的工作，承受剝削。全球化促成了財務資本的快速流動，利之所趨，熱錢蜂擁而至，無利可圖時，則席捲而逃，對於開發中國家財務金融的穩定，造成很大的威脅。同時，外資公司往往因人力成本低廉或天然資源豐富而到開發中國家投資，卻造成人力的剝奪與自然環境的破壞，對開發中國家而言，顯然弊多於利。而大部分開發中國家仍然面對貧窮人口比例偏高、貧富不均，而社會福利制度缺乏的窘境。因此，全球化之下，不管工業先進國家與開發中國家均面臨經濟發展的壓力，希望能保持原有的生產能力與經濟規模，以維持原有的生活水準。但是，日益競爭的市場壓力，卻又不得不在降低成本的前提下裁員減薪，致使勞動階級的權益受到剝奪。在失業率居高不下，威脅人民的勞動權、生存權時，社會福利制度的保障更形重要。所以，這是一個「經濟優先，社福更不能緩」的時代，如何權衡輕重，顯然考驗執政者的智慧。當全球化社會已經幡然降臨，關乎人們生存保障的社會安全機制如何對應？藉由 T. W. Deacon（1997）所析理：「會有一個全球社會政策以創造重新分配、規範的機制、全球社會政策提供的要件及國際社會政策未來的全球論述。聯合國的社會政策是依不同專業性質分為世界衛生組織、聯合國兒童基金會、國際勞工組織與聯合國難民組織等，各依其專業推動不同活動。然而，現在不可避免的發展是，並非所有社會政策策略都是符合自由化的經濟計畫，因此需要對全球社會政策的形貌、機會和限制進行討論，為將來發展預先準備。」（Deacon, 1997）

結語

人類遭遇任何災難，必不免於身體方面或經濟方面招致種種損害，此種損害，必須設法予以填補，方可使當事人免於困厄，例如因生育疾病及傷害而致暫時失能，收入中斷者，一面既需醫藥治療，以恢復其健康，一面並需補償其收入，始能繼續維持生活；因衰老殘廢而致長期失能，收入斷絕；及因家長早亡，而致孤寡失依無以為生者，均分別予以扶養；因失業而致收入中斷，陷於困厄者；或須為其安置就業，並須在其失業期間，設法維持其生活；因家庭負擔過重，而致原有收入不足維持生活者，須設法予以必要之資助。總括的說，就是要在罹難者的健康失常時期，能有醫藥護理的供應，在因失能失依失業而致收入來源斷絕，及家庭負擔增重時期，能有現金給與的供應；在失業者受領失業給付時期，同時能有就業服務的供應。凡此，都是每一個人於遭遇以上各種災難以後所不可免的共同需要，這些共同需要，都是要由社會憑藉共同力量，分別適時而充足的予以供應的，這就是社群所追求的社會安全制度。

第九章　全球化下的社會政策

第一節　全球化的興起

我們正在進入一個經濟全球化時代。在這樣的時代背景下，當我們選擇了市場經濟並經由加入 WTO 來融入國際經濟主流體系時，也就選擇了自由競爭並需要接受相關規則的約束。WTO 和經濟全球化在要求自由競爭的同時，也對各民族國家維護和促進世界政治體系的共同標準如民主、平等、人權等等提出了內在的要求。Thomas Friedman 在 2005 年寫了一本書，名叫《世界是平的》(The World is Flat)，作者在這本書寫到：「現在只要有寬頻，只要有雄心，不管你在哪裡，都不會被邊緣化。因為競爭的立足點變平等了，拜科技之賜，即使在家裡開一個工作室，一個人也可以和大企業搶生意。同樣的，大企業也可以比小公司更靈活，更細膩。從前做夢都沒想到的，今天不只變可能，甚至是必要了。抹平的世界，使競爭的立足點平等，是商機無限的世界。」「世界是平的」使得競爭的立足點平等，也使競爭來自世界各地。

全球化（Globalization）是由泰爾多爾・萊維（Theodore Levitt）於 1985 年提出的，用全球化這個詞來形容此前二十年間國際經濟發生的巨大變化，即「商品、服務、資本和技術在世界性生產、消費和投資領域中的擴散」。冷戰結束後，經濟全球化的趨勢迅速地加強，貨物、人員、資金和資訊，穿透國家的界線和地理的分隔，沿著各種通路跨國流動，一直擴張到全球性的規模。全球化指的是多種結合與聯繫，超越民族國家（nation states）並創造出現代的世界系統，也就是說，在世界的某一部分所下的決定、策略或行動，對地球另一端的個人及社群具有明顯的重要影響特徵；連帶地，商品、資本、人群、知識、影像、訊息、犯罪、文化、污染、藥物、時尚及信仰，很容易地跨越領土界線的地理藩籬，乃甚至於從抽象的學術研究到具體的兩性關係，都被跨國傳播網絡、社會運動、人際和層級關係所影響，因此，「相依性」(interconnections)、「網絡」(networks) 以及「交流」(flows)，經常成為用以描述、解讀全球化的關鍵字 (key words)(陳慧慈，2001)。而所謂的全球貿易、金融與生產系統，正以一種相當複雜的方式與全球的家庭、社群和國家的繁榮、命運聯繫在一起 (McGrew, 1992)。全球化的通路帶來了巨大的利益，對於世界上所有的工業國家卻也隱含著巨大的風險。這一波的全球化，不只威脅到工業先進國家，甚至對工業後進國家，也帶來了嚴苛的挑戰。今天，不管是在東半球或西半球，全球化經濟所帶來的挑戰都不可避免。

第二節　全球化的影響

全球互賴關係是最近社會變遷理論的新方向，討論主題則包括經濟、政治、文化與生態各個層面。全球變遷蘊含體系理論與生態觀點，不僅關注世界成為一個體系及其關聯的問題，也涉及人類社會活動與地球支持生命存活的關係。從 J. Habermas 對於全球化五個面向的討論中，可以瞭解全球化的內涵：

一、意識景觀

1. 民主與資本主義的倡行。
2. 道德淪為相對性的角色。

二、族群景觀

1. 回到民族國家（nation states）：在全球化運作下成為國家難題的是族群認同下的民族自決訴求。
2. 走出民族國家：新興的國際性難題，即是人口移動後的新族群，從人權（the human right）到公民資格（citizenship）的訴求。

三、科技景觀

1. 國家競爭力的危機：已開發國家、開發中國家與未開發國家的不同挑戰，多來自於依賴對外貿易的消長。
2. 尋求資訊能力人才：人口的自由移動不只是族群認同的問題，尚且包含了人力資本（human capital）流動以及網際網路、資訊高速公路運用的理想。

四、金融景觀

1. 邊陲國家的冒險：來自於金融財務的投機作為、專業經理人的興起以及大型資本基金的操弄。
2. 西方資本家的樂園：主要的金融管控均來自西方國家，以作為保護資本的形式主義。

五、媒體景觀

1. 文化產業（cultural industry）的商業意義：是一種與媒體的共構結構所造成的新興事業。
2. 媒體文化霸權（mass cultural hegemony）的充斥：在於媒體行動主義型態（type of actionalism of media mass），操弄著社會運作的機能。

無疑的，全球化發展趨勢會對既有體制造成衝擊，其中，又以國家的形式、權限、自主性與權威等方面特別引起注意，大致可以把所有有關概念概括為五類：

(一) 本質擴張說。這種看法認為，全球化是某種本質因素向全球範圍的延伸或擴張。這裡的本質因素包括：資本、資訊、資源、分工、生產、市場等。使政治、經濟、文化、軍事、技術、能源等自區域朝向全球擴張。

(二) 時空壓縮說。這種看法強調全球化就是超越民族國家的疆界，消除各種壁壘限制的過程。在這個過程中人類不斷跨越空間障礙和制度文化等社會障礙，在全球範圍內實現充分溝通。

(三) 全球依賴說。這種理論強調，全球化趨勢下，組成地球的各部分之間的關聯性加強了，全球化就是趨同化、同質化，就是人類的一種「大同」境界。

(四) 強權干預說。強調全球化的共同性、普遍性，忽視了世界各國發展水平的不平衡性。而且，過分強調全球化趨勢就會忽視主權國家對全球化進程的控制，造成發達國家逼迫發展中國家開放市場和政治上干預內政的現象。

(五) 全球意識說：這種觀點認為，全球化就是一種自覺超越狹隘階級、民族、國家界限的意識。是從全人類和全球的角度出發考慮問題，形成人類共同的認識、共同的價值和共同的實踐。

全球化雖為人類帶來更多的便捷，但也形成更多的困擾，諸如導致了貧富差距擴大。全球化的收益絕大部分都流入了發達國家富裕階層的口袋。另外一方面，全球化的金融流動不僅使得銀行和跨國公司從開放的部門中獲利，也使跨國犯罪機會大增。伴隨它們的「反全球化」公眾抗議令世人注目、震驚、沮喪與反思。

全球化未必會帶來普遍的經濟成長，成長緩慢、不平等增加、南北半球間的貧富差距擴大似乎變成世界經濟的特色。未來，全球化可能帶來倒退衝擊，必須嚴肅面對的問題包括（葉肅科，2001）：

(一) 失業率可能上升：若包含隱藏的失業、低估的失業，以及兼職工與臨時工在內，實際失業率可能會高出官方統計的許多倍。未來，年輕人的失業率，在某些地區會較高，即使是鄉村地區，失業情形也會陷於蕭條水準。

(二) 兼職工作的轉變：兼職工作的增加，會經歷勞動力的根本變遷。兼職工作所以吸引雇主，主要是因為薪資比率低、成本費用低，而且彈性增加、專職工作被取代。

(三) 貧富差距的擴大：勞動人口的根本變遷一直持續著：上層經濟地位者約有三分之一獲得改善，底層的20%稍微的改善（由於福利支持的增加），而中產階級的生活水準則明顯的下降，社會也日益面臨貧富差距擴大的窘困。

(四) 農業與製造業衰退：產業結構發生重大改變，三級產業比率增加，一級與二級產業明顯減少，加上農業不斷萎縮，製造業紛紛移往開發中國家，未來面臨的將是另一種就業市場結構轉變，服務業一枝獨秀，但農業與產業卻持續衰退，失業人數勢必再創歷史新高。

第三節　全球化對社會政策的影響

全球化所為人熟悉的表現於近年世界貿易組織為首的經濟全球化面向上，事實上，全球化對現代社會發展的意涵與影響絕不只是在經濟面向，全球化的因素涵蓋了政治、經濟、科技、勞動、文化工業、媒體、生態環境和社會認同等面向，這些因素之間互為系統性的影響。不過，全球化對工業國家是否都是好處，也不盡然，全球化顯然也帶來許多社會問題的惡化，例如犯罪、失業、健康、環境及社會秩序等，均需透過國家的政策加以適當的處理。

一、法制性挑戰政策性：經濟全球化的基礎，強調市場經濟與自由競爭的同時，更要求健全的法制環境，因為只有健全法律才能使整個經濟與社會生活擺脫單一偶然性和任意性羈絆。社會安全制度對法制性的要求更高，周延法制是一項基本作為，即任何一項社會保障制度的建立和改革，通常都以立法機關制定或修訂相關法律、法規為先導，然後才是具體組織實施社會保障項目。因為社會保障是涉及千萬國民切身利益的社會公共事業，沒有立法的規範和強制的約束，便不可能得到有效推進，立法的意義不僅在於對社會保障制度的權威規範，更在於實現社會保障責任與權益的合理配置。

二、公平性挑戰不平等：在社會政策的實踐中，社會保障的公平性通常表現在社會安全責任與社會保障費用的公平分攤和社會成員公平地享有社會保障權益等方面，社會保障制度安排及其實踐是否具有公平性，不僅直接影響著政府、企業與公民個人的利益分配格局，更直接影響著分攤者的現實成本及效益核算，進而直接影響著市場經濟的競爭環境。因此，社會政策的公平性不僅是這種制度自身的本質要求，其實也是市場經濟所要求的公平競爭環境的一個重要部分，是 WTO 公平競爭和追求效率規則的現實基礎，不僅是對社會安全制度公平性的挑戰，同時也牽動著市場經濟公平競爭環境。

三、風險性挑戰穩定性：全球性競爭同時亦將造成勞動力市場的變化，再也沒有任何一種職業是具有充分保證的了。同時，加入 WTO 必然導致產生結構重組，其直接後果就是廣大勞動者的就業空間將被重構。勞動市場普遍存在短期、臨時、部分工時的工作環境，甚至需要常更換工作，另外，薪資收入也逐漸減少。因此，加入 WTO 所帶來的顯著風險，將是失業率持續攀升，並將呈現出從發達地區到落後地區、從傳統農業和傳統工業到現代產業、從城市到鄉村的型態衝擊。經濟全球化帶來的風險，還包括可能直接激化資方與勞方的矛盾，並對社會保障制度的穩定性提出挑戰。隨著經濟全球化的發展，資本跨國流動的能力愈來愈強，在競爭日益激烈的世界裡，資本流向哪裡，哪裡就會出現經濟增長、就業增加，而政府為了吸引與留住資本亦不得不採取各種優惠措施和降低勞工福利保障，從而以犧牲勞工的利益為代價，社會風險必然擴張，對社會保障制度形成直接的挑戰。

四、市場性挑戰公共性：在經濟全球化背景下，經濟競爭成為國家或地區之間競爭的主要領域，市場機制已經成為各國經濟發展的共同取向，效率觀念被持續放大。作為社會政策的社會保障在許多國家或地區也開始引入市場機制，一些國家或地區用強制儲蓄型養老制度替代公共養老金制度，並由私營機構管理養老基金，以及將部分過去由官方機構承擔的社會服務轉由民營機構來經辦，均表明了社會保障領域的經濟效率取向被強化。但過度的市場性取向，勢必會損害社會保障制度的公平性和周延性。

五、統整性挑戰個別性：新公共管理是全球化的產物，它與傳統官僚式管理是全然不同的，強調私部門的管理能力及技巧，藉由效率而提昇競爭力。員工都是因為具備某項技能而被短期僱用，公部門則需要與私人或志願服務組織競爭。新公共管理是全球化的一個運動，它強調特定的、競爭的與市場取向的活動模式廣泛的影響社會福利各個領域，成為新的全球管理典範。就像麥當勞、肯德基、星巴克等等，用一樣的政策處理全球的事務、統一的工作流程等等。

六、預期性挑戰侷限性：在工業先進國家中，社會安全制度的現金給付主要提供給未得到薪資的勞動者，例如失業者、身心障礙者與退休人員；但是在開發中國家很少人可以得到給付，即使是年金給付，給付金額亦不高。全球化對社會安全體系有負面影響，但另一方面卻增加了許多弱勢的民眾，增加非正式勞動市場當中許多部分工時的就業者、減少許多政府的僱用人員，大量的失業人口產生經濟生活的危機。

七、個人責任挑戰公民權利：經濟全球化的進程中，是自由主義力量在不斷地揚升，而保守主義和集體主義在逐漸褪色。社會安全領域，便是回歸到個人責任。如果沒有由政府主導的其他社會保障措施的支撐，個人遭遇的風險也就不可能在社會機制中得到必要保障。在這種主張中，公民的義務與其享受的社會保障權益走向分離，享受社會保障待遇成了公民單純的權利，而政府與納稅人卻需要承擔支撐社會保障制度的全部義務。結果卻因經濟發展的停滯和公民責任感的弱化，最終並未真正實現預定的社會目標。如果我們對各國社會保障制度加以考察，可以發現工業化國家似乎在由以往強調公民的社會保障權益轉向公民的個人責任，而許多發展中國家限於經濟實力，社會保障制度大多並不健全，客觀上只能傾向個人負責，但也在期盼達成公民的社會保障權益，並努力改善著自己的福利制度。從強調個人責任到突出公民權益，顯然都不利於在融入經濟全球化的進程，為能維護經濟社會的健康發展，顯然有調整的必要。

第四節　全球化與社會安全制度

社會政策學者密敘拉（Mishra, 1999）認為，形成福利國家「意識型態的變動」。全球化持續傳達的意識型態就是新自由主義，並已影響社會政策，強調個人責任，而非社會權利。邱特（Scholte, 1997）認為新自由主義已經影響政府保證發放的實質福利。幾個重要的國際組織，例如：國際貨幣基金會、世界貿易組織及世界銀行，也都倡議限制削減社會支出，限制社會福利的發展。當全球普遍納入 WTO 的系統時，對社會安全制度改革與制度建設而言，必然會受到市場經濟和這種制度自身所要求的系統性的挑戰，需要避免有礙社會保障的觀點，使社會安全制度得與全球化發展接軌。經濟全球化帶來的私有化浪潮影響整個世界。由於新自由主義反對政府增稅，並明顯的影響政府的政策。全球化使許多國家所得稅減少，其原因為：第一、高收入、高技術性的人力為了避免要繳高額的稅金，他們可能會想移民到其他地方工作，而損害到國家的經濟。第二、減稅可吸引國際性、機動性的商業投資，藉此增加國家經濟競爭力。

全球化在經濟上所帶來的影響主要有：第一、它對經濟生活的許多面向產生一致化（convergence）的壓力。此一壓力特別反映在貨物、金融商品價格與利率的一致上。第二、它增加全球經濟的連動性，因此對經濟危機或繁榮產生擴大與加速的效果。第三、全球化使得全球市場的規模擴大。第四、全球化對不同國家或團體帶來不同的成本與利得。全球化對社會安全制度的衝擊和影響包括：1.緊縮請領資格；2.擴大資產調查的範圍；3.減少所得替代率；4.財務移轉的責任由雇主轉到個人與國家；5.以更積極的勞動政策取代單純的失業給付。從年金制度的改革來看，延長年金給付的繳費期間，降低給付金額，由確定給付制（defined benefit）改為確定提撥制（defined contribution），鼓勵個人年金；在失業給付方面，縮小給付資格、減少所得替代率、失業給付課稅及延長等待天數。因此，縮減給付，限制請領資格，幾乎是歐洲國家共同的做法。隨著私有化可能強化競爭、增進效率的同時使社會保障制度產生衝擊，必然失去社會保障本源意義以及其內生的責任共擔、互助互濟機制，這種改革不僅需要特殊的政治、經濟條件，而且隱含著犧牲公平、潛伏危機的社會風險，並使一些社會問題得不到解決。因此，雖然社會保障改革中可以透過個人責任的擴張來減輕政府責任，經由部分保障領域的私有化來促使運行效率提高，但如果走向個人負責的極端和轉變為完全私有化，並由自由市場來調控，則是一種有違社會安全的思維。

結語

在二十世紀末全球化過程加速發展，許多開發中國家併入全球經濟、政治與文化的體系中，然而，全球化在這些開發中國家間呈現不同的現象，有些國家全球化程度高，其他國家則低，彼此之間的歧異性頗大。單是全球化並不能視為決定日益不平等模式的唯一因素。反之，無論在加深或減少經濟全球化的衝擊上，政府政策及其決策過程均扮演一種重要的中介角色（Hamnett, 1996）。社會政策學者密敘拉（Ramesh Mishra, 1999）認為，雖然先進工業國家的經濟變遷方式可能有很大的不同，但是，它們的確可介入並決定用怎樣的經濟重建方式來影響國民生活，亦即受到全球化所帶來經濟、科技與社會的深遠影響，將導致社會政策的調整，以應社會發展及民眾的期待。

第十章　社會政策的執行作為

社會政策的執行是將政策目標轉化為實際行動的重要程序，政策執行的成效勢必影響政策的成敗，因此，政策的執行是社會工作推展的重要環節。

第一節　社會政策執行的涵義

一、意義

社會政策與立法的執行有廣義、狹義之分。狹義的執行專指某項社會政策與法規、方案、決議、意見等的具體貫策、推行和實施，不包括監督與反饋。廣義的執行則是指執行者為貫徹、落實社會政策與法規指令，以達到預期目標的全部活動和整個過程。廣義的執行涉及許多步驟和環節，並且各要素、環節之間是有內在聯繫的。社會政策與立法的目標是在實踐中所需把握的對象和方向。偏離了社會政策的目標的政策法規執行，無論其本身的組織綿密性有多高，都是沒有意義。同時，要執行社會政策就要有相應的執行手段，包括人力、物力、財力、訊息、時間、技術、規章制度等等。

(一) 執行者：社會政策執行者，即肩負社會政策執行責任的行為主體，或為個人，或為團體。他們的專業素養、工作能力、品質風格等，直接影響著政策法規執行的效果。

(二) 受益者：分析、把握社會政策與法規受益者的情況，是社會政策與法規得以貫徹執行的一個必要條件，也是評論及檢驗社會政策的根本途徑。

(三) 外部環境：政策執行自始至終要受到環境因素的影響和制約。因此，在政策法規執行過程中，一定要隨時瞭解和把握環境的態勢，一方面順其自然，因勢利導，同時又要不斷排除外來因素的干擾，將社會政策貫徹到底。

二、特點

(一) 務實性：社會政策的目的是透過其執行實現實際的效益，而執行階段著重的是「如何達成」、「效果如何」的議題，社會政策是否科學、正確、合理，也只有在執行過程中才能得到檢驗。因此，執行具有務實性的特質，社會政策只有在達成預定目標時才具有意義。

(二) 綜合性：社會政策執行是個複雜的活動過程，牽涉到許多動態因素，人員、財務、物質、時間、訊息、管理、技術、規章、制度等，都是執行中必然涉及的要素。執行是否順利有效，既受主觀因素影響，也會受客觀因素的影響。執行過程就是將各種因素加以系統綜合，使其處在一種有序狀態下，發揮出最大的整體效應。

(三) 具體性：社會政策是針對普遍情形，以整體的面貌呈現，必須使整體目標具體化，這樣才能落實到各個具體實施部門，使社會政策的實際效益體現出來。可見，社會政策的執行是一種十分細緻的工作，必須明確、具體，講求條理性和規範性。

(四) 活絡性：社會是複雜的，不斷變動的，新問題、新情況每日每時都在發生。各種利益的衝撞以及大量特殊問題的湧現，向社會政策的制定者和執行者們提出了越來越高的要求。社會政策執行者不可能用一個固定不變的模式把社會政策套進現實生活中去。隨著時間的推移、執行活動的進展和環境的變化，政策的執行還會遇到一些新情況和新問題。因此，領導者必須因地制宜，因時制宜，適應各種現實情況的變化，活絡地使政策得到實現與貫徹。

三、作用

(一) 政策的執行影響政策的訂定：政策的目的不是研究問題而是解決問題。政策的執行才是直接的、實際的、具體的解決問題的過程。認為一項政策法規在確定之後就會自動地成為現實的想法是一種天真的幻想。即使是正確的、科學的、合理的政策法規，如未經過實際執行過程予以實施，它也將沒有任何意義。

(二) 政策的執行決定方案的品質：政策執行落實，就可以圓滿地完成政策法規目標，甚至還可以由執行人員的創造性活動彌補政策規劃的不足，提高政策法規的效益。

(三) 執行效果檢驗政策的周延性：檢視政策背景，不但存在於政策規劃之前，而且存在於政策執行之後。當執行某一計畫時，從開始執行起到終結止，這是又一個新的情況。此時，過程與成效是否符合於實況，需要重新加以審查。政策法規目標只有在執行過程中得到完備實現，才能證明新正確法規是正確的，否則就是錯誤的。

(四) 政策執行是補充方案的途徑：在執行中，或者新政策法規本身有錯誤，要透過執行給予修正，形成新的決策，要形成某項合理周密的政策法規，需經過政策法規制定者和政策法規執行者之間內容廣泛的頻繁交涉和協商；或者當一個小規模的實驗方案逐漸發展為一項重大法規性改革時，必須不斷總結執行的經驗，根據執行情況的規律性要求，對將要實行的政策訂定基本原則。從這個意義上說，政策執行過程是使新政策法規得到不斷調整、修正，使之更明確、更具體的過程。

(五) 政策執行是政策修正的重要依據：一項政策的執行情況不論優劣，不論是否達到政策法規目標的要求，它都會形成一定的成果。從某種意義上講，我們面臨的社會現狀，就是過去無數項政策法規和現行政策法規實際發揮影響所形成的結果。制定政策要以事實為依據，特別要以前一項政策實施後的各種反饋的訊息為依據，才能使後續的政策法規的制定更科學、更正確，減少失誤。

(六) 執行是現代領導者的一項主要責任：現代政府的主要責任一是決策，二是執行。公布一項政策法規，只是決定政策法規成效的開端，更重要的是政策法規宣布後各個執行階段的進展。執行是為了實現政策目標，並為政策法規的修正、完善提供事實的根據。所以決策是政府的根本性工作，執行是經常性工作。

第二節　社會政策執行的原則

要達到執行的最佳效果，必須遵守一定的原則，執行的根本目的是實現社會政策的目標。因此，執行者必須明確，政策目標是什麼，怎樣以最快的速度、最小的代價、最理想的方式去接近和實現政策法規目標。理解和把握政策目標的最基本要求是正確，即要確切的理解和把握政策目標的涵義是什麼？承擔落實政策目標任務的人是誰或應該是誰？什麼時候開始落實政策目標？在什麼時間內完成政策目標？實現政策目標涉及的範圍有多大？實現政策目標約束的條件有哪些？等等。如果對政策法規目標理解、掌握得不明確、不準確、含含糊糊、模擬兩可，就會使執行方向不明，無所適從，甚至走入歧途。在沒有準確理解和把握政策目標之前，就匆忙行動，必然會陷入盲目性。準確的理解和掌握政策目標，就要考慮實現政策執行的方法。方法的選用，表現為執行者對各種現有條件的搭配組合。方法是靈活的，需要執行者發揮彈性及創意。執行者必須確實把握政策目標，根據政策目標的要求去選用執行方案，手段與目標在本質上應該相一致。龐大的政策目標往往是一個由多層次的系統，組織人力、物力、財貨、理念、價值而成的標的。為把握這些目標，執行者就不能只看到局部目標，忘了整體目標；只注意到了當前目標，忽視了長遠目標；掌握了小目標，遺漏了大目標。執行者應該把握政策方案根本性、全面性的目標，然後再全盤理解、周延協同其他的目標。

一、把握原則個別彈性

社會工作和管理常常遇到的一個問題是，一般來說，政策總是為了解決一定背景條件下的某些問題而制定的，反映了事物發展的客觀規律和現實要求，是人們行動的普遍準則和規範。但具體到每一個政策的實施對象來說，情況又是多元複雜的，有自己的特殊性。如果不分析這種特殊性並從其特殊情況出發，就不能取得政策的預期效益。所以為了更好的貫徹執行政策，使政策的原則性在各個地區、部門及各種情況下都能具體落到實處，就需要在不離開政策原則性的前提下，盡可能的從各地區、各部門的具體條件及實際情況出發，靈活的加以貫徹。根據各種不同的具體情況，貫徹落實政策法規，使政策法規在各種不同的對象身上得到生動的體現。其次，要根據實際情況，看政策的規定有無闕漏。政策的規定往往只描繪出一個大致的輪廓，很多細節則需要透過實際作為，實事求是的相應調整，並在執行時給以彈性補充。例如，一項旨在保護野生動物資源的政策，雖然列舉了若干種類野生動物屬於保護之列，但仍難免遺漏。執行中遇到特殊情況就需要執行者彈性掌握。再次，要特別注意對「例外」情況的處理。凡事都有例外，有的是政策法規制定者事先沒有考慮到的，有的是執行過程中隨機出現的，還有些是臨時發生了新變化的，等等。對這些政策範圍內沒有明確規定的「例外」，執行者可採用類推方法，給以變通處理。但解決的辦法和結果，不能與政策的原則要求相矛盾或相牴觸，破壞、否定政策的原則。

二、實事求是與開拓創新

執行是一種社會政策的實踐活動，是經由對人員、財務、物質、時間、資訊等基本要素的管理和組織去實現政策的目標。執行對象、執行活動本身和執行的結果等都是現實的，只有從實際出發，遵循事物本身固有的規律去行動，才能收到預期的效果。因此，執行政策，必須實事求是。實事求是去積極地發揮主觀性，主動作為，一切從實際出發，按客觀規律辦事，創造性地執行政策、法規。創造性的貫徹執行，當然也不可離開政策實質，隨心所欲地各取所需，而是要求執行中有創新，創新是為了更好的執行。

三、及時果斷與效益實現

社會政策與法規方案一經做出，就必須及時果斷付諸實施。因為政策法規都有實現問題，都是決策者在一定時期內為解決特定問題而制定的政策法規。超越時限，錯過時機，就很可能使政策因條件、環境等的變化而無法順利實施，從而影響乃至破壞政策的效果，使政策法規失去意義。因此，執行政策法規要求及時果斷、雷厲風行，解決問題不能推遲，不能積壓，要在規定的時間內完滿地實現政策目標。在現代社會，經濟、科技發展迅速，社會轉型各個領域風雲變化、競爭激烈，決策執行更要及時應變，並且要迅速、及時的發現和糾正執行的問題，使政策得到不斷調整和完善。

第三節　政策執行的準備階段

從社會工作和管理的程序來說，執行是從政策形成起到政策實現為止的全部活動。這一過程要經過準備、實施、總結三個階段。在執行的準備階段，又包括了制定計畫、組織落實、政策宣傳、相應準備、先期試辦等幾方面內容。

一、制定計畫

計畫是實現政策的必經及首要步驟。一般說來，一項政策法規方案，往往只能提出確定目標和實現目標的基本原則和大致輪廓。據此，有學者把計畫的一般內容，概括為「五 W 一 H」。「五 W」指，What：達成政策法規的目標是什麼？Why：為什麼要採取這些行動？When：何時開始完成這些行動？Who：何人負責執行這些行動？受何人領導？可指揮何人？Where：在何處或由何部門實施這些行動？自何處得到配合？「一 H」指 How：如何實施這些行動？通過這「五 W 一 H」，可以把政策法規執行規劃成有序的連續工作過程。

計畫的類型很多。按時間來劃分，可分為長期計畫、中期計畫、短期計畫和及時計畫；按層次分，可分中央計畫、地區計畫和基層計畫；按內容分，可分為社會保險計畫、社會救助計畫和社會福利計畫等等。制定行動計畫，必須遵循以下程序：首先，要對政策法規目標有一個正確地瞭解，把握政策法規方案內部各個要素之間的聯繫，分清主次，確定主要方向。

其次，要進行深入的調查研究，在弄清政策法規的基礎上，把有充分根據證明能夠在預定時間內完成的事項列入計畫。再次，進行總體設計和具體設計，決定具體的政策法規實施步驟、制度、規則等。

制定行動計畫必須遵循下列原則：第一、確實可行原則。制定計畫必須切合實際，排除主觀臆斷性。第二、保有餘地原則。計畫中的任務指標不可太高，不可滿打滿算，要估計到可能出現事先預想不到的困難條件對完成任務的負面效應，使計畫具有適應未來變化的能力和機動靈活性。第三、統籌安排原則。在制定計畫時，一定要全面考慮到計畫對象這個系統中所有的各個構成部分及其相互關係，按照他們的關聯，進行統一規劃。

二、組織落實

要有成效地進行管理，必須善於實際的進行組織工作。組織工作就是通過建立一定的機構和人員配備，把已經擬定的計畫，轉化為具體的執行活動。各項計畫、指標的貫徹執行，整體目標的實現，都離不開組織和組織活動。組織落實不是單純地解決組織形式問題，而主要是指在實施政策法規過程中，通過建立精幹高效的組織機構，配備勝任的負責人和工作人員，確定職位、職責、職權，將組織內各個環節、各個要素連結成一個有機整體，制定必要、合理的規章制度，使人力、物力、財力得到最合理的利用，為一個共同的目標而努力。對於一般性問題，可由原來的執行機構具體負責執行，不必另行建立機構。對於特殊性問題，可抽調適當的人員建立臨時辦事機構，負責實施某項政策法規。再次，要合理授權，責權統一。有責就應有權，有權必負其責。最後，要建立健全各種相關的管理法規制度，尤其應該圍繞政策總目標的實現，建立崗位責任制，確保每個政策執行部門和個人都能明確且有機地、科學的組織起來。

三、政策宣傳

對政策法規的宣傳、說明，就是透過各種方式，向政策實施對象和社會各個方面，傳播政策的適法性、合理性、必要性和效益性等方面的訊息，以獲得對政策法規的理解、支持和接受，並形成有利於政策執行的社會輿論環境。因為，政策制定後並不能自動地被執行，也不能自發的被人們所接受。要促使和引導人們的行為向著實現政策目標所希望的方向發展，就必須把政策意圖灌輸到人們的意識中去。因此，政策離不開政策法規宣傳。不論執行什麼政策，不僅本身要符合群眾的利益，而且要透過宣傳使群眾認識到政策和他們的切身利益之間的緊密關係，使他們自覺自願的、積極的接受。只有這樣，政策法規的執行才能獲得堅實的基礎。

政策法規宣導以政策法規為中心，為了取得宣傳的良好效果，進行時需要遵循以下幾條原則：1.說明原則，即政策宣傳必須具有說服力，通過擇事實、講道理，對政策實施對象進行正面引導，使他們信服。2.適時原則，即政策法規宣傳要隨著執行過程的發展變化，適時的進行，以收到更好的配合效果。3.個別原則，即宣傳應針對每個政策接受對象的特點進行。

四、相應準備

在執行的準備階段，一項很重要的工作就是根據執行活動的需要，在制定計畫時編制預算，事先計算各個項目所需開支的經費數目。執行的準備工作，一是表現在經費上，要編制預算，落實活動經費。預算只有報請有關機關批准後，才能執行，才算最後落實。二是表現在物質上，包括辦公用品、文書檔案及設備等，都要做好準備。做好物質準備工作必須堅持以最小的投入獲取最大的產出的原則。既要經濟，又要適用；既要保證執行活動正常開展，又要避免浪費。

五、先期試辦

先期試辦是指透過選取較小的場所，在較短的時間內，使用較少的人力、物力、和其他社會成本，把那些變化明顯、關係重大的非常規性決策方案付諸實施，進行檢驗，以便證實或補充、修改、發展原來設想的一種實踐活動。因為政策，一方面涉及到的政治、經濟、文化、心理等社會因素的制約作用十分複雜；另一方面，政策後果的影響深遠，難以預料，類似的政策經驗又十分缺乏，風險性大，一著不慎，很可能產生連鎖的負效應。在這樣的情況下，為減小損失，政策法規實驗就成了一個必不可少的環節。政策試辦本身也是一個精心準備的政策法規執行過程，是政策法規執行活動的重要內容。目的之一是為了解決推廣的問題，即執行的問題。政策法規的推廣、執行，要從實際出發，因時因地制宜。要注意事物間的差別，經由反覆試驗，逐步擴展。

第四節　政策執行的實施階段

準備工作就緒之後，下一步就要具體實施。在執行過程的實施階段，就是要做好指揮、協調、監督、控制四個方面的工作。

一、指揮

指揮就是領導者對組織內人員的活動進行分派和指導。就是指社會工作和管理者把已經確定的目標、實施方案組織機構，透過命令、引導、溝通、監督的過程，切實落實到行動中去，使執行系統運行起來，從而實現既定的目標。指揮職能的作用，就在於保證所有下屬工作人員步驟的協調一致。要實現正確、有效的指揮，必須滿足以下幾點要求：

(一) 指揮必須集中統一，不能政出多門。

(二) 指揮者必須擁有一定的權力和責任。

(三) 指揮必須按照一定的層級體系進行。

指揮者從事指揮活動的具體方式，從其內容來看主要有三種：第一、命令。第二、引導。第三、溝通。指揮活動的具體方式，從形式上看也有三種：第一種是口頭指揮，第二種是書面指揮，第三種是會議指揮。指揮者應根據不同的情況，選用不同的指揮方式，以收到指揮的最佳效果。

二、協調

協調就是引導組織之間、執行人員之間建立良好的互相協同、互相配合的關係，使組織內部各部門、各環節的各種活動不發生牴觸、失控、重複，有效的達到共同目標的行為。協調也是一種把所有組織和個人的活動同步化與和諧化，使大家同心同德一致行動的技巧。許多重大政策法規的執行，需要透過許多部門和工作人員的密切配合，經過多種層級、多道程序才能完成，這少不了協調。因為在政策法規的實施過程中，計畫本身難免有不周密、不符合實際之處，只有經由協調，才能使各部分與實際情況相符。更為常見的是，由於各單位有自己的職責，單位內部由於所處地位、所負責任的不同，各類人員之間知識、經驗、智力、性格和觀察問題的角度也有差別，因而在執行中出現不同意見和利益矛盾是很自然的。這些內部關係矛盾，都是執行中的障礙，必須通過協調來解決，以減少各方面摩擦和衝突，從而保證整個組織系統正常運轉。協調有以下三種類型：

(一) 縱向協調。是時態協調，即前後相繼的若干過程或同一過程中的若干階段之間的協調。

(二) 橫向協調。屬同時協調，即在同一時間內同時處理各種不同因素、不同方面之間的問題；從空間來看，橫向協調又是一種左右之間水平式的協調，是同一層次之間的協調，不存在上下隸屬關係。

(三) 縱橫交叉的綜合協調。包括組織內部縱橫交叉的協調和組織外部與環境的協調。

做好協調工作，有以下幾項基本要求：第一、要自覺協調。要提高對協調工作重要性的認識，設法使組織內每個成員對所做工作的方針、政策法規、目標都有充分的瞭解，自覺服從政策和法令，自覺地處理好各方面的關係。第二、要及時協調。在制定計畫時就預先注意哪些關係需要協調和怎樣協調，及早提出措施，防患於未然；在計畫實施的過程中，要注意發展變化，及時發現組織內部的部門之間、人與人之間的矛盾和問題，及時進行協調。第三、要全面地有重點地協調。要從全局考慮，注意各方面因素的連結，全面地解決問題；同時又要把握關鍵部位、關鍵階段、關鍵環節。要認識協調的核心內容是對人的協調，是人與人之間相關聯的協調，重視對人的心理需求、社會需要。

三、監督

政策執行過程中的監督，是指一定的監督者按照一定的標準和規範，運用適當的手段，對社會政策的行動進行檢查、控制和矯正，目的在發現和糾正違反政策目標的行為。具體說來，對政策法規執行情況的監督，主要有以下四種：

(一) 預防性作用。對政策法規執行情況的監督，可以預防一些違反政策法規活動的滋長與蔓延。

(二) 保證性作用。對政策法規執行情況的監督，可以及時發現和糾正執行中發生的偏差，保證正確的政策法規得以具體貫徹和實現，並保證後續的政策法規執行活動順利進行和開展。

(三) 補救性作用。及時發現政策法規失誤或執行活動的偏差，可以儘早採取措施加以補救，消除不良後果，在一定程度上減少損失，並改進工作。

(四) 評價性作用。對政策法規制定和政策法規執行做出比較符合實際的評價，從而有助於提高政策水準。

對政策法規執行情況的監督，一般是循著下列情況進行的：

(一) 明確各執行部門的工作計畫和各個執行者的工作任務，建立起評價執行情況和執行者完成任務情況的客觀標準。同時，根據標準對各類人員實行目標管理。應指出的是，沒有具體任務要求，就無法對執行者的工作進行評價和監督。

(二) 及時地發現問題。要及時地發現和察覺政策法規執行中的問題和偏差，就要深入實際，進行瞭解。

(三) 準確辨明問題的性質以及執行者應負責任的大小。如果執行者在其執行範圍內出了問題，就應由其負責；如果屬於政策本身出了問題，就應由政策制定者負責。

四、控制

對政策法規執行過程實施控制，作用就在於執行過程中隨時糾正偏離目標的行為，使各項活動確保素質按時完成，達到預期的目的。控制的方式可分為四種：

(一) 預先控制。就是在制定執行計畫時，已經做好產生偏差的充分準備，使計畫在實施過程中，偏差盡量減少到最後程度。預先控制是面向未來的控制，具有防患於未來的作用。

(二) 事後控制，也稱「過後行為控制」。就是在行動和任務完成之後，用實際結果與原定執行計畫標準進行比較，找出差距，作為以後工作的借鑑。

(三) 動態控制，又稱現場控制。是在政策法規執行過程中不停頓地進行的控制，隨時發現問題隨時解決，使計畫的實施與原執行計畫本身在動態中達到協調。

(四) 目標控制，也叫目標管理。這是透過相互銜接、相互制約的目標體系所實現的控制。其主要內容是：把工作任務轉化為目標，圍繞各項目標進行管理；經由具體目標的實現來確保總目標的實現。

目標控制的過程，及目標的制定、實施和檢驗的過程，實行有效的控制，必須把握控制的原則和要求：

(一) 要圍繞政策目標進行控制。

(二) 要按照執行計畫進行控制。

(三) 要有組織周全地進行控制。

(四) 要系統地、動態地進行控制，使控制貫穿於政策法規實施的全過程、各方面、各環節。

結語

當前的社會福利政策應朝向積極性、前瞻性、永續性的方向發展，並定期檢討社會福利政策的方向與內涵，研修社會福利政策綱領，且確立社會福利取向、範疇、經費來源及服務分工等原則，研訂中長程計畫，以回應社會問題與需求的變遷及經濟環境的調整。社會福利有助於社會資本的累積、人力資本的提昇、社會基礎的穩定及社會安定的維持，不應視為只是消費性的支出與負擔。以目前實施情況，政府應配合社會福利政策的修訂、社會立法的通過，同步調整社會福利預算、人力配置、行政體系及實施基準等。同時，各級政府主管社會福利相關業務部門應積極進行政策與方案的整合與協調，以免福利提供發生片段、不一致、不連續、本位主義的弊病，進而提昇整體施政效能。將組織、經費、人員密切整合定位，並調和與社會服務的功能。促進區域間資源分配的公平化，重新調整財政收支劃分或其他配套措施，解決各縣、市社會福利資源分配不均的問題。合理調整人口群間的福利作為，同時兼顧特殊人口群的福利需求，及未來發展特質，以達成社會公平與正義。

第十一章　人口政策

一個地區的人口組成與人口特徵並不僅僅是字面上的統計數字而已，而是含括社會的因素，並且影響到社會的發展。由於人口所具備的動態性，是以，當我們說「世界人口已經突破六十五億大關」，或是「某某地區老年人口已超過總人口的十分之一」、「某年度的新生兒減少了十萬名，出生率創歷史新低」等等人口統計數字時，這些數字事實上都已經過時了；因為我們必須要瞭解到人口數字或是組成結構具有動態的特質，因為出生、死亡、移動都持續在進行當中。然而，除非有特殊的因素，例如：戰爭中短時間內的人員死亡，否則人口不會是大規模的消長。掌握人口的發展與變遷方向是現代社會發展上重要的要素，包括：經濟、政治、教育、軍事、建設等皆受人口變遷的影響，若將之置於社會結構的脈絡中檢視，則又與社會階層、教育水準、職業結構、城鄉差別、婚姻狀態、族群背景等產生關聯的效應，是以研究人口及行政規劃與制定決策有高度的相關性；在人口議題中其重要的面向包括：人口數量的增減、人口結構的改變、人口分布的特徵、人口移動的方向、以及人口品質的變化。

隨著我們社會所面臨的人口結構與經濟發展的變遷，形成人口老化、少子女化、生育率下降、離婚率增加、家庭型態改變、跨國婚姻增加等現象，均是我國必須面對的問題，並應提出因應對策與作為，因此，政府必要在人口政策上有所著力以揭示努力方向。

第一節　台灣社會的人口現象

人口為國家組成的基本要素之一，其組織、素質、分布、發展及遷徙等面向，關係國家發展與社會福祉。因此，「人口政策」是指國家為解決社會經濟及人口問題，對人口的生育、教養、素質與分布等所採取的一種方針與對策。其目的在促進經濟發展、增進國民健康、促進社會福利、促使人口與產業活動均衡分布。所以，人口政策制定應以合乎人權及人民福利為原則，追求環境保護之永續發展及萬物共生之願景，並配合國家發展之目標，增進國民生活福祉。足見人口消長平均素養與社會興頹息息相關。

表：台灣社會人口變化統計

單位：‰

年別	粗出生率	粗死亡率	自然增加率	總生育力
民國 40 年	49.97	11.57	38.40	7,040
民國 45 年	44.84	8.02	36.82	6,505
民國 50 年	38.32	6.74	31.58	5,585
民國 55 年	32.47	5.46	27.02	4,815
民國 60 年	25.67	4.79	20.88	3,705
民國 65 年	25.92	4.70	21.22	3,085
民國 70 年	22.96	4.84	18.13	2,455
民國 75 年	15.93	4.90	11.03	1,680
民國 80 年	15.70	5.18	10.52	1,720
民國 85 年	15.18	5.71	9.47	1,760
民國 90 年	11.65	5.71	5.94	1,400
民國 95 年	8.96	5.95	3.01	1,115

資料來源：內政部歷年人口統計。

檢視我們社會的人口實況呈現著下列現象：

一、新生人數的快速下滑

根據主計處 2008 年引用聯合國最新資料，再加計台灣數據比較後發現，過去三十年間，國內生育率衰退幅度高達六成，高於全球平均衰退幅度，位居全球第十六高、亞洲第六。根據聯合國統計，最近五年內，全球一百九十五個人口超過百萬人的國家中，約有三成五、六十八個國家的平均總生育率低於人口替代水準的 2.1 人；而台灣在民國 73 年，就已經低於 2.1 人，顯見國內生育年齡婦女不願生育的情形遠比世界其他國家嚴重。而近年來國內生育率每況愈下，2008 年的數據是新生兒人數僅十九萬四千人，連續第五年改寫歷史新低；比起二十年前的四十萬人，整整少了一半。此外世界各國的總生育率也在不斷下降，根據聯合國的最新資料顯示，近三十年來，全球育齡婦女的總生育率，由 1970 到 1975 年的 4.5 人，降至 2008 年的 2.7 人，減少 40.7%。而台灣在 2008 年平均每一位女性終生只生育 1.1 個小孩，生育率更屬世界敬陪末座，值得正視。

二、非婚生子女數的增加

由於社會風氣愈趨開放，國內婦女婚前懷孕及墮胎的比率始終居高不下，台灣省家庭計畫研究所完成的一項調查發現，婚前懷孕的比率高達三成八，也就是說，每十對結婚的男女中，將近四對的新娘是挺著大肚子走進禮堂；至於墮胎比率則隨著懷孕次數水漲船高，隨著社會的變遷，國內未婚生子比例創新高，每百個新生兒，就有四個非婚生；成年女子選擇孩子卻拒絕婚姻，已是台灣社會的新趨勢。種種跡象都顯示，成年女性選擇「可以同居生小孩，但不要婚姻」的態勢愈趨明顯。

三、年輕不婚的現象明顯

每四個台灣人，就有一人終生不婚；每八個嬰兒，就有一個是外籍配偶所生；每兩個失業人口，就有一個屬於青壯族群。這些數字所描繪的台灣，顯然不是一幅快樂社會的圖像。再隔十年，台灣人口將進入負成長，又十年，每五人就有一位是老人。年輕一代「不婚、不生、不立」的現象，以及從而衍生的社會隱憂。「三不」現象的形成，固然牽涉社會觀念的演變及個人價值的選擇；但不可否認，這與社會經濟的主客觀環境，乃至於國家制度的設計導引，均有密切關聯。撇開個人的價值選擇不談，台灣在短短幾年間，婚育率降到全球之末；當每個家庭所生的子女數愈來愈少，甚至獨生子女愈來愈普遍時，在家庭中和同輩團體練習協調溝通的生活經驗就有限得多，在未來進入其他社會團體的互動特質就顯現出與過去的差異。依目前這種低生育率及人口變遷的趨勢，年輕人減少，意味著未來老人，愈來愈少有機會和親人子女共住，安享晚年。同時因為子女稀少，將來形成一個沒有兄弟姐妹、伯叔姑嫂的社會 ，是一種「舉目無親」的社會。屆時年輕人也將非常辛苦，老人將成為年輕人無法承受的重擔。

四、老年人口的快速攀升

台灣地區由於醫藥衛生之進步及社會的發展，已由高死亡率的型態轉變至低死亡率之型態，亦即由民國 40 年之 11.57‰，降至現在的 5.5‰。因為平均餘命的延長，人口老化也愈來愈明顯了，三十年後老人人數也會超出兒童的兩倍，屆時台灣人口數會減少兩百萬左右，是一個勞動力緊縮的社會，需先面對許多立即的挑戰。舉凡軍事、國防、教育、交通、社福……等所有的制度，其主體都是「人」。台灣經歷五十年生育率下降，不僅現在仍在持續，還得面對即將進入快速老化的年代。雖然，許多先進國家也都曾經歷過少子化與高齡化，在台灣卻是因為變化速度過快，所衍生的挑戰也將特別嚴峻！高齡人口迅速增加，這不單是影響到「老人數量」的問題，還牽涉到「安養品質」的問題，其過程所伴隨而來的老人居住與生活照顧問題，對家庭已經造成極大的衝擊，社會必須有因應的策略和措施來調節。當老年人口成為依賴人口群時，其生活、安養、醫療、照護、育樂等的需求，自然成為社會的重大議題。

第二節　人口政策意義與內涵

一、定義

人口政策（population policy）係指政府用以直接或間接影響人口數量、素質及分布等的策略。所謂直接的政策係直接影響國民出生、死亡、移動、保健、婚姻、婦女地位、老人及兒童福利等各項政策措施；而間接的政策係指國家或社會以促進經社發展及提昇環境品質，而後間接改變人口變動的措施。人口政策的範圍主要包括：增減數量、改變結構、改變分布、增減出生率、降低死亡率、改善健康及提昇素質等，其中又可為生育政策、保健政策、分布政策、移民政策及人口素質政策等。人口問題因時代與環境的變遷而不同，因此，必須衡查當時人口變遷趨勢及社經發展情況，而制定適當的人口政策。我國當前推行人口政策目標為：維持人口合理成長、提高人口素質、增進老人福利、均衡人口分布、規範移民業務及推行人口教育。

二、階段

我國人口政策之發展，依其制定過程、社會發展背景、目標願景等面向分析可分成三階段：

第一階段：合理成長人口

1. 民國 30 年，執政黨擬定「人口政策綱領」，對於人口數量的合理增加、人口素質的普遍提高、人口分布的調整均有原則性規範。
2. 民國 42 年，人口政策依循的是民生主義育樂兩篇補述，所列：質量並重、均衡分布、均衡發展與利用、城市與鄉村均衡發展。
3. 民國 57年，政府頒布「台灣地區家庭計畫實施辦法」，揭示人口合理成長及健康保育的人口政策。
4. 民國 58 年，政府訂定「中華民國人口政策綱領」，揭示提高人口素質、人口合理成長及均衡人口分布之政策目標。

第二階段：緩和人口成長

1. 民國 69 年，政府提出「復興基地重要建設方針案」，其中列有：「加強推動人口政策，降低人口成長率，提高人口素質，均衡人口分布。積極宣導推動人口政策，貫徹家庭計畫，力求在十年內使人口增加率遞減至 1.25%；制定法令實施優生保健，健全兒童教育制度，改善國民營養，並配合教育與訓練，持續提高勞動力之素質；配合綜合開發計畫，誘導北部人口移向東部及中部。」

2. 民國 72 年，政府訂定「加強推行人口政策方案」，緩和台灣地區人口成長，以配合我國經濟建設長期展望及適應未來人口成長與結構之演變和社會經濟的發展。

第三階段：維持合理人口

1. 民國 81 年，政府所修正「中華民國人口政策綱領」重點為：(1) 將人口成長目標訂為「維持人口合理成長」；(2) 將移民政策納入；(3) 增加辦理老人福利措施及增進高齡社會人力資源運用項目；(4) 有效規劃土地使用，促使人口與產業活動的合理分布。
2. 民國 95 年，政府所強調的「中華民國人口政策綱領」，強調強化生育保健，建立完整社會安全網，訂定適宜的移民政策，推動嬰幼兒照顧及保護責任，為人口老化為必要因應措施。以對應社會經濟發展，維持我國的競爭力。

三、內涵

近幾年，我國婦女總生育率快速下降，早已邁入「少子女化」的社會。因此，為緩和我國人口結構因人口老化、少子女化及移入人口所產生的急遽改變，維持我國在全球化社會的競爭優勢，政府於最近一次即民國 95 年修正的「中華民國人口政策綱領」，其重點包括人口組成、素質、分布、發展及遷徙等面向，及著眼於當今人口結構、性別角色、家庭型態、社會資源、經濟發展、族群和諧及生態環保，以合乎人民福利為原則。

（一）基本理念

1. 實施人口教育，培養尊重生命情操，促進家庭功能，營造有利生育、養育之環境，推動嬰幼兒照顧及保護責任。
2. 強化生育保健，提昇國民體能，改善國民營養，推動身心健康，提昇國民教育及品德水準，加強文化建設，並發展多元教育，提昇國民就業能力。
3. 建立完整社會安全網，提供兒童、少年、婦女、老人、身心障礙者、原住民族及其他弱勢者之完善社會福利。
4. 推動環境保護及永續發展，落實生活、生態、生產之平衡，並實施國土規劃，促進人口合理分布。
5. 衡量國內人口、經濟、社會發展所需，訂定適宜之移民政策。

（二）政策內涵

1. 尊重婚姻、家庭及養育子女之多元價值觀，並將之納入教育內涵。
2. 建構生育及養育優質環境，開創友善家庭、兼顧育兒與就業之工作條件，並健全收養、出養制度，落實支持家庭照顧能力。
3. 建構平等普及之育兒制度，及完整之兒童教育與照顧服務體系，落實整合托兒、學前教育及學齡兒童課後服務，並降低家庭負擔成本。
4. 建構性別平等環境，防止嬰兒性別比例失衡。
5. 加強生育保健服務，預防遺傳性、傳染性及精神性疾病，以增進國民健康及家庭幸福。
6. 倡導全民健康之生活型態，鼓勵運動，改善營養，加強心理衛生，以促進國民身心健康。
7. 創造友善及尊重多元之教育內容及環境，積極推廣性別平等及終生學習觀念。

8. 重視國民品德，落實法治教育，建立平等及相互尊重之社會。
9. 尊重及肯定多元勞動形式，使不同類型勞動者有充分發展機會。
10.增進兒童及少年福利，加強親職教育，維護其身心健康及正常發展。
11.促進身心障礙者福利，創造無障礙就業環境，使其享有尊嚴生活及發展機會。
12.建構完善老年經濟安全體系及老人照顧服務體系。
13.加強弱勢性別福利措施，建立性別平等參與及共治共決機制。
14.尊重各族群之語言、文化，創造合理教育及工作環境，促進族群平等。
15.建立健康導向之衛生及醫療體系，落實健康平等，提昇醫療保健服務品質，並完善全民健康保險。
16.保護自然環境，維護生態平衡，以求自然資源世代永續利用，並建立健康、安全、舒適之生活環境。
17.有效規劃土地使用，促進人口與教育、人文、產業活動之合理分布，及各區域之均衡發展。
18.均衡基礎公共設施，建立區域合作機制，以提高各生活圈居民生活品質。
19.規劃經濟性及專業人才之移入，以配合國內經濟、教育、科技及文化發展需要，開發新人力資源，並開創多元文化新社會。
20.強化協助移入人口融入本地社會機制，提昇移入人口對國家社會之貢獻。
21.落實移入人口照顧輔導及工作權保障，協助其語言訓練及生活適應。
22.對有意移居國外之國人，提供必要之資訊與協助。

第三節　我國的人口政策執行

人口為國家基本要素之一，其組成、素質、分布、發展及遷徙等面向，關係國家之發展與社會之福祉。基於國家對社會各年齡、性別、族群之人口及自然環境之關懷，人口政策應以合乎人權及人民福利為原則。為追求環境保護的永續發展及萬物共生的願景，並配合國家發展的目標，增進國民生活福祉，而有人口政策，以為致力提高人口的總體素質，達到發展成為知識型經濟體系和世界級社會的目標。為此，要有效處理人口老化問題，建立積極、健康老年的新觀念，推動新來人口融入社會，更重要的是，確保我們的經濟能夠長遠持續發展。為因應我國人口結構的演變、高齡化社會的來臨，及外籍與大陸配偶生活適應，與家庭可能衍生的社會問題，目前以維持人口合理成長、提高人口素質、增進老人福利、均衡人口分布及規範移民業務等為工作重點。為社會制定人口政策時，不能簡單地在數量和結構上設定一個所謂理想人口。較為可行的，是確保日後在制定和推行政策時保持靈活，讓社會能夠因應不斷轉變的人口及市場情況，迅速採取對策。就其重要服務措施說明如下：

一、維持合理成長

根據目前人口結構的狀態，出生率將由民國 97 年的 8.96‰，降至 107 年的 7.60‰，而死亡率同期間將由 5.95‰逐年上升至 7.50‰。換言之，出生數將自民國 95 年的 20.4 萬，減少至 107 年的 17.7 萬左右，與死亡數的 17.5 萬人接近後持續下降，至 140 年降為 8.6 萬人，而人口成長率預計將由 95 年 3.01‰，逐年下降至 107 年的零成長以後將轉為負成長，總人口數將由 95 年 2,288 萬人，增至 107 年 2,331 萬人高峰後開始減少，至 140 年降為 1,862 萬人。為促使人口合理成長具體的作為有：

1. 切實執行家庭計畫工作，將青少年、低收入與低教育階層、不孕症夫婦、身心障礙者與精神病患暨家屬及偏遠與高生育率地區列為優先服務指導對象。
2. 寬籌經費、補助或減免民眾接受人工流產、結紮手術及其他避孕方法，並將久婚不孕夫婦之一般治療酌予納入政府辦理之各種保險業務醫療給付範圍。
3. 加強推行家庭生活教育與性教育，倡導國人於二十二歲至三十歲結婚、生育，避免高齡婚育。提供質優量足的幼托服務體系，普設公、私立幼托園所及辦理社區保母支持系統。
4. 提供兒童及少年經濟安全措施：包括生活扶助及托育補助等。
5. 加強督導僱用從事特別危害健康作業員工之廠礦事業單位，應對勞工提供家庭計畫服務工作。

二、提高人口品質

社會學家對人口品質的關注，是因為該項人口現象，將影響到社會整體的發展。人口品質係指人口單位的生理和心理的特質。亦即，全體人口認識和改造自然、社會及自身而使生產力發展的綜合能力。其內容包括人的生理健康、文化素質和道德素質三個方面。生理健康是人口品質的基礎，為文化素養、道德素質又促進了身體素養的根本，人口品質的良莠不但影響個人的生存，同時也可以影響社會、經濟、政治、軍事等等的表現以及國家民族的前途。人口品質對社會和經濟的發展具有決定性意義，人口數量和素質之間的不協調是人口問題的核心。在一定生產力水準下，過快的人口增長，過多的人口數量，會使人口素質下降，所以必須實行計畫生育，使人口適度增長，以保證人口素質不斷提高。人口品質的影響既然是多方面的，它的來源當然也不止一個，普通分為遺傳與環境兩者。現今世界各國為提昇其人口素質，無不採行優生保健的方法，以保護婦女健康、防止因先天性或遺傳性疾病所致的敗兒死亡與殘障。目前台灣地區人口因出生率降低，人口淨繁殖率已低於替代水準，為防止三、四十年後的人口結構嚴重老化，應促使生育率回升到替換水準；除繼續加強宣導「兩個孩子恰恰好」的措施、倡導適婚年齡結婚和防止離婚率上升以提高有偶生育率，期能維持未來台灣地區人口之合理成長。工業化的結果，導致鄉村人口大量移入都市；為緩和都市人口過度成長，並促進人口與產業活動合理分布，應加強基層建設、開闢新市鎮以及分散各項重大經濟建設，期使人口均衡分布，並促使人口都市化現象趨於緩慢。具體作為有：

1. 增進兒童及少年福利，強化家庭倫理觀念，加強親職教育及辦理少年福利措施，維護其身心健康。
2. 加強辦理全民保健工作，並擴大舉辦社會救助事業。
3. 輔導身心障礙者就業及調適其工作，以扶助其自立更生。
4. 保障婦女權益及安全，以促進社會平等及維護婦女身心健康。
5. 實施優生保健措施，建立優生保健醫療服務網。
6. 保護自然環境，維護生態平衡，並辦理環境影響評估及加強公害防治、文化資產維護與自然保育工作，以保障國民生存。
7. 改善國民營養，發展國民體育，加強心理衛生，以增進國民健康。
8. 加強身心障礙者職能復健，增加老人適當工作機會，提昇婦女就業能力，獎勵低收入戶子女繼續升學或參加職訓，以提昇老人、婦女、身心障礙者及低收入者之服務社會能力。
9. 推廣成人教育與職業訓練，實施德智體群美五育並重之國民教育及加強文化建設，以提高人口素質。
10. 重整國民道德，培養守法重紀精神，並加強社會教育及強化倫理道德，以建立富而好禮之社會。

三、增進老人福利

在我國社會已逐步邁向「少子化」及「高齡化」的時刻，社會安全體系的建構，成為多數民眾對政府的共同期待。誠然，不論是從當前的經驗或是未來的推估，都已指陳出來台灣的人口結構已經加速地少子化及老化；連帶地，相與因應而來的扶養、奉養與療養等等的人身負擔，就不單單只是高齡人口比率增加多少的量化意義，而是要更進一步地思索眼前以及未來各種服務措施的運作限制與可能選擇。之於「人口變遷」的問題聚焦所在就不僅在於數量，亦應遍及於品質，理當要將醫療照護、家庭社福、勞動經濟等等相關的政策制度做通盤的結構性整合。

1. 規定辦理老人福利措施、安養體系與衛生保健及醫療體系，以維護老人身心健康。
2. 輔導及協助有老人共同生活之家庭，倡導子女奉養制度。
3. 增設或獎勵民間團體辦理老人安養中心及休養中心。
4. 為因應我國邁向高齡化社會與家庭結構轉變所可能產生之老人福利相關需求，研修老人福利法。
5. 為保障老人經濟安全，並基於全人照顧、在地老化、多元連續服務等原則，積極提供居家、社區及機構式各項照顧服務措施。
6. 為保障老人基本之經濟安全，提供中低收入老人生活津貼、敬老福利生活津貼、老農津貼、榮民就養給與、軍公教退休金等。
7. 規劃長期照顧制度，整合各項照顧服務資源，建立長期照顧服務網絡，審慎規劃財務處理制度，以因應高齡化社會的長期照顧需求。

四、均衡人口分布

由於經濟發展的因素及社會資源的分布的差異，長期以來所導致城鄉建設差距，形成中部、南部、東部區域人口仍呈外流現象，影響人口均衡發展。政府積極推動「台灣地區綜合開發計畫」、「區域計畫」及國家建設計畫，加強基層建設，開闢新市鎮，分散各項重大經濟建設，以促進人口與產業活動在區域間均衡分布，以使得人口都市化之現象能夠趨於緩慢。

1. 依據國家建設計畫、區域計畫及都市計畫，合理有效規劃土地使用，促進人口與產業活動合理分布。
2. 依據各生活圈的人口規模、面積、產業發展等，建立社會服務設施體系及便捷運輸與通信系統，以提高民眾生活品質。
3. 推動國家建設六年計畫，緩和人口向大都市集中。
4. 推動新市鎮、新社區之開發，以改善都市生活環境品質。

五、規範移民業務

人口遷移（population migration）是人口動態的一種，普通限於涉及有較長期居住變更的人口遷徒，並非指任何一種人口移動。例如甲地人口移往乙地從事較長期的居留，這才叫做遷移。從甲地的立場來說，這種人口移動稱為人口外移（emigration）；從乙地的立場來說，則稱為人口內移（immigration）。人口遷移受自然、經濟、政治、軍事和宗教等因素的制約，是一定社會生產方式下的產物，同時，它又對遷出地和遷入地的社會經濟和文化發展產生巨大影響。人口遷移貫穿人類歷史，越到近代，人口遷移頻率越高，規模越大，遷移過程也大大縮短。人口遷徙會對一個社會造成影響，移民，為那些由一個國家或區域，移動到並長期居留於另外一個國家或區域，在移居地從事生計性的經濟活動，並被課以當地社會義務的個人或人群。由於交通工具的進步（客觀條件），以及不同國家之間經濟發展程度差距的擴大（主觀誘因），國際間的人口遷徙漸趨頻繁，各國乃陸續開始立法規範移民。例如加拿大移民種類就包括：經濟移民、獨立技術移民與家庭團聚類移民。其中的經濟移民又分為投資移民、企業家移民及自僱移民三種。針對移民我國的政策面強調的是：

1. 訂定適當的移民政策，以配合產業活動及人口成長趨勢。
2. 研訂相關規定，以規範大陸地區、港澳地區及僑居國外地區人民來台居留、工作或定居。
3. 依據勞動力供需狀況、產業發展政策及人口成長趨勢，訂定聘僱外國人之人數。
4. 正視外籍配偶已成為台灣一新興族群，不論台灣人的心理是接受或排斥，都已是既定的事實，如果台灣社會能正視這群新住民、並提供能顧及女性移民的環境，則她們的文化及年輕人口的活力，將可成為台灣生命力的資產，台灣社會就能更成熟、更圓融也更多元化。

六、推行人口教育

一個地區的人口組成與人口特徵並不僅僅是字面上的統計數字而已，而是含括社會的因素，並且影響到社會的發展。掌握人口的發展與變遷方向是現代社會發展上重要的要素，包括：經濟、政治、教育、軍事、建設等皆受人口變遷的影響，若將之置於社會結構的脈絡中檢視，則又與社會階層、教育水準、職業結構、城鄉差別、婚姻狀態、族群背景等產生關聯的效應，是以研究人口與行政規劃與制定決策有高度的相關性；在人口議題中其重要的面向包括：人口數量的增減、人口結構的改變、人口分布的特徵、人口移動的方向、以及人口品質的變化。

1. 研究改進各級學校有關人口教育之課程編排及教材、教學方法，加強師資培育機構有關人口教育之課程、教學及教師在職訓練。
2. 加強對各級學校學生、公司及工廠員工、農漁民、國軍官兵學員及後備軍人，以及各級政府機關員工等實施人口教育工作。
3. 製作人口政策宣導影片、廣播宣導、宣導單張，並利用大眾傳播媒體加強人口教育之宣導工作。
4. 辦理各級推行人口教育相關人員講習會，加強其人口教育之相關知識。
5. 研究國內人口之出生、死亡、移動，以研擬合理的人口成長及分布政策與措施。
6. 蒐集世界各國人口政策法令規章及有關人口問題之著述，作為決策之參考。
7. 加強與國際人口研究機構進行學術交流與合作。

第四節　人口政策的未來展望

我國由於土地面積及自然資源極為有限，但是人口成長卻極為快速，以致面臨沉重的人口壓力，諸如居住擁擠、升學競爭激烈、犯罪率增加、能源缺乏、環境污染、公共設施不足、交通紊亂等問題，不但影響國家經濟發展，亦阻礙國人生活水準之提昇。因此，緩和人口成長壓力係過去政府積極推展人口政策之首要目標。近年來，為因應高齡化社會及國家未來持續發展之需，政府於民國 81 年重新調整推行人口政策之方向，並將移民政策納入人口政策中，希望達到維持人口合理成長、提高人口素質及均衡人口分布等目標。未來的人口政策目標應著重於維持人口的合理成長及提高人口素質，促使生育率做適度的回升，著重於實施人口教育，培養尊重生命，促進家庭功能，營造有利生育、養育環境，推動嬰幼兒保育，期使人口回復至適當的替換率。為達此目標，今後推行人口政策方向說明如下：

一、實施人口教育，尊重生命價值，促進家庭功能

土地、人民、主權三者為構成國家的基本要素，而人民尤為其中最主要的因素。一個國家人口的組成、素質、分布、發展及遷徙，不但直接影響社會經濟的發展及人民的生活水準，更關係著國家之發展與社會之福祉。營造有利生育、養育、教育之環境。我國近年來生育率快速下降，形成少子女化現象，致使人口結構逐漸老化。因此，實施人口教育，讓生命變得更主動積極快樂；另應鞏固及強化家庭功能，提昇婚姻及家庭價值觀，宣示家庭列為建構社會安全體系中之一環，以期確保合理人口結構合理化。

二、提昇人口品質，推動身心健康，增進教育水準

發展多元教育，提昇國民就業能力；另為促進國人健康、因應社會多元化之發展，亟需提昇全民體能，發展多元化教育，提昇國民就業能力，作為推動提高人口素質之政策主軸。

三、建構社會安全網絡及弱勢照護的完善社會福利

隨著社會變遷愈趨快速、福利人口需求更加多元複雜，政府應更積極滿足民眾之需求及期待，並透過制度面之合理規劃，推行福利政策，整合社會資源、調節供需、提昇效率，提供完善的社會福利服務，以建構安適的社群環境。

四、推展環境保護，朝向永續發展，合理人口分布

實施國土綜合規劃，環境保護應從永續發展著手，更應該落實生活、生態、生產、生涯、生命之平衡架構，亦即國土永續經營必須以生態保育為核心，追求生活品質之提昇及生產效率之增進。將人口合理分布於國土計畫、區域計畫及都市計畫。

五、正視外籍配偶，尊重外籍勞工，以利移民作為

衡量國內人口、經濟、社會發展所需，在全球化及國際化衝擊之下，跨國之人口遷移已成為普遍現象。跨國遷徙是過去十幾年來國際社會重要的特徵之一。大量流動的人潮進入原本疆域相對封閉的民族國家，需要調適的，不只是移民個人的社會適應，更重要的是移入國的社會接納程度。面對新移民，移入社會政府不只應適度提供資源，協助他們早日熟悉陌生的環境；移入社會更應體認到多元的新移民文化對於豐富當地社會有積極的意義。但就在全球化浪潮推波助瀾下，移入社會於分配資源時，應如何兼顧愈來愈多的新移民群體及國內相關社群的需求，以達社會分配正義，是一宜積極作為的社會工程。

結語

「人口政策」是指國家為解決人口問題及社會經濟問題，對人口的生育、養育、教育、素質、分布與維護生態環境等所採取的一種方針與對策；

其目的在增進國民健康、促進經濟發展、完善社會福利、促使人口與產業活動均衡分布及推動生態永續發展，並配合國家發展之目標，增進國民生活福祉。

在我國社會已逐步邁向「少子化」及「高齡化」的時刻，社會安全體系的建構，成為多數民眾對政府的共同期待。誠然，不論是從當前的經驗或是未來的推估，都已指陳出來台灣的人口結構已經加速地少子化及老化；連帶地，相與因應而來的扶養、奉養與療養等等的人身負擔，就不單單只是高齡人口比率增加多少的量化意義，而是要更進一步地思索眼前以及未來各種服務措施的運作限制與可能選擇。之於「人口變遷」的問題聚焦所在就不僅在於數量，亦應遍及於品質，理當要將醫療照護、家庭社福、勞動經濟等等相關的政策制度做通盤的結構性整合。對於當前四十、五十歲的族群來說，更宜加速未來家庭長照的發展，因此，如何探究這一族群包括經濟安全、休閒養生、醫療照顧等等的需求評估與效益評估，這也是要嚴肅思考的和通盤性擘劃的。冀此，理當是要進一步擴大推動社會教育，讓近老族群有能力在退休前有更多的充裕時間，來適應未來生活的身心調適。總之，相應於變遷趨勢所招致的人口變動，建構縝密周全的機構，勢必是高齡化社會裡的重要課題之一。之於人口素質議題的論述思考，除了安養型態、補助機制等等工具層次的技術改革外，應該也要向上延伸至人倫觀念的價值廓清、家庭政策的角色定位以及向下擴充到服務網絡的制度建構和有效運作，方有尊嚴地迎接這一個社會發展階段！

第十二章　性別平權政策與立法

追求性別平權以達成社會和諧，為我國的立國精神，是以我國憲法對婦女權益之保障早有規定，如憲法第七條：「中華民國人民，無分男女、宗教、種族、階級、黨派，在法律上一律平等。」此外，憲法第一百五十六條也規定：「國家為奠定民族生存發展之基礎，應保護母性，並實施婦女、兒童福利政策。」因之，國家為實現憲法所規定之兩性平等，貫徹憲法保護母性、實施婦女福利政策之精神，則國家應在政策、法律、及措施面上，確保兩性平等之權益。然而不可否認每一個社會在分配資源時，往往會根據一些不同的特質而將人分群或分層，並且讓不同群或層之間擁有的資源不相同也不相等，這種現象是社會不平等。當這種不平等的現象重複又穩定的發生，並且形成比較定型化的結構，一代傳一代時，就是社會階層化的現象。法國大革命（1789 年）中，便曾發表「婦女公民權的承認」，極力主張女性應和男性一樣具有公民權。1791 年胡爾斯東克雷弗特（Mary Wollstonecraft）提出「女權擁護論」，為英國的婦女權利首先發聲。學者米勒（J. S. Miller）主張男女共同參與政權，著書立說，積極呼籲修改法令，還給女性個人的自由與尊嚴。「女性主義」（feminism）是一種要求女性享有身為人類的完整權力，並且反抗所有造成女性無自主性、附屬性和屈居次要地位的權力結構、法律和習俗。「女性主義」是對父權主義下所造成兩性不平等的關係；以及不合理的價值觀，所提出的抵制與反抗。我們要如何從社會政策推動性別平等，以建置具有性別平權的社會，成為社會努力的目標。

第一節　現代社會的性別議題

二十世紀初，蘇珊・安東尼（Susan B. Anthony）是第一位把婦女運動發展成全美國性組織的婦運健將；伊利莎白・史丹頓（Elizabeth C. Standon）

則是在1848年紐約的辛尼卡瀑布大會上朗讀「婦女權利宣言」的婦運先鋒，該次大會正式對不平等的財產權、離婚權、職業限制及缺乏教育機會提出嚴正抗議，並要求婦女的參政權。然而，根據2007年3月1日在紐約由聯合國婦女地位委員會（CSW）召開的「聯合國提昇婦女地位」會議，是探討消除一切形式對女性的歧視與暴力，以因應全球日益增加的十至十七歲女性所面臨各項就學、就業、婚姻、疾病等問題，依據聯合國所提出報告：不管是公共部門或私人企業，不管在和平時期或戰爭衝突期間，世界各地對女性的不公與暴力情形依然十分普遍，全球有五千五百萬女童無法獲得正常教育機會，八千兩百萬女性在未滿十八歲之前結婚，在全球被強制徵募的兒童兵種中，40%是女童，而全世界發展中國家至少有兩百萬女童及女性有婦女疾病，顯見女性問題的嚴重性。為建構一個兩性平權的社會，需要各國同心協力改變男性陳舊的性別態度及行為。是以，本次會議發起「消除對婦女一切形式歧視公約」（CEDAW）締約活動，以推動性別平權的社會，強調須從瞭解性別不平等的過去、覺醒兩性關係的現在，以寄望落實兩性平等的社會。

為說明台灣社會的性別情況，茲將性別相關統計數字陳述如後：

表：台灣性別相關統計數字一覽表（2006年）

相關指標	男性	女性
性別人口	11,591,707	11,284,820
新生嬰兒性別分布	107,378人	98,476人
15歲以上一般戶長性別分布	4,622,645人	2,768,353人
平均餘命性別分布	74.57歲	80.81歲
65歲以上老人性別分布	1,129,910人	1,157,119人
單身獨居老人性別分布	26,814人	22,914人
勞動參與率性別分布	67.35%	48.68%
國家考試錄取人性別分布	17,114人	25,971人

（資料來源：行政院主計處網站，2007.09.31。）

第二節　性別平權政策的思維

社會結構隨著產業的快速變革促使著性別角色的變遷。加以社會思潮的推波助瀾，促發人們需重新檢視性別角色。二十世紀 60 年代以來，婦女運動即積極主張提昇女性的地位和福祉，消除社會的性別歧視，達到平等正義、分享社會資源的目標。尤以著稱的人類學家瑪格利特・米德（Margaret Mead）所發表的《三個原始部落的性與氣質》、《男性與女性》等二書，也打破了男女性別分工是依據自然法則的迷思，易言之：兩性之間的差異主要的是文化與社會結構塑造的結果。近年來十分盛行的女性主義觀點（feminist perspectives）也極力批判性別角色導致性別不平等的現象，強調的是重新檢視社會所建置的「性別系統」，包括：性別角色、性別分工、性別能力等，藉由這一套設計，避免將生物的「性別」轉變為人類活動的單一依據，並以此作為社會各項活動的基礎，以理性態度探索合宜的兩性互動與角色，消弭性別刻板印象。

根據國際勞工組織（ILO）1986 年 6 月在日內瓦召開大會之報告預測，全世界婦女參與經濟活動的比重，將從 1950 年的 55%上升至 2010 年的 70%，亦即可預見的，婦女在未來經濟發展中將扮演更重要角色。隨著時代不斷地在向前推進，工業社會的崛起，不僅影響到產業結構的改變，更進一步在政治、文化、社會各方面產生了影響，其中又以女性角色的改變最為引人注目，由於女性的學歷較過去大為提高、參與社會工作的機會增加、家庭組織趨向小型化、子女人數減少等等，都使得女性的地位有了顯著的變化，加上女性一旦具有經濟能力，其自主權也就相對地得到了發展，於是男女的互動關係及家庭組織都產生急驟的轉變，至於女性的職業參與也有別於往昔，成為追求男女平等的一項基本權利。產業結構改變是影響女性勞動參與的重要因素之一。由農業及較重視勞動密集的工業轉到資本密集的工業結構，再由工業逐漸轉為較重視服務業的產業結構型態，正是台灣經濟結構帶動女性勞動參與最重要的原因。自 1961 年起，台灣地區農業總產值比率有逐年下降趨勢；工業生產值則升到 1986 年的 47.64%，而後有稍降趨勢；服務業生產值則有逐漸揚升的現象。可見工業和服務業已變成產業的主流，尤其產業的特質傾向不需要體力勞動，因此有利於女性就業。究此，顯示女性就業受到產業結構轉型影響甚大。在工業部門和服務業部門的勞動力分布情形中，女性所占勞動比例有明顯增加的趨勢，其中服務業裡的女性勞動更見大幅成長發展確實吸引了女性勞動參與，也提供女性更多就業機會。而民國 77 年服務業勞動人口首度超過工業勞動人口。由於服務業的勞動性質與內容，頗能契合婦女勞動特質，故服務業的興起與擴大對婦女勞動參與有直接鼓勵作用。其次，我國教育在質與量上的大幅提昇，造就出高素質的人力資源。反映在勞力市場上的變化是勞力素質的普遍提高。由於女性與男性有同等受教育的權利，故三、四十年來教育成果上很顯著的一項成就是女性平均教育程度的提高，縮小了與男性平均教育程度的差距。高級人才中如今不乏為數可觀的一群女性佼佼者。換言之，教育水準的提高造就出素質高的女性，也連帶地提高了女性的自我期望水準與工作成就動機，這點對婦女積極投入勞動力市場具有不可忽視的影響力。另外，社會對女性從事家庭以外的勞動行為，逐漸能接納並肯定。換言之，女性的角色扮演有更大的空間。社會對女性「主內」角色的執著愈益鬆散。這使得婦女在生涯的展望上，能有其他的選擇。社會價值觀期望於女性角色扮演上所產生的改變，也直接影響女性的勞動參與。除上述三項結構性因素外，家庭結構的改變，如小家庭的普及與生育子女數的減少，與現代化科技簡化了家務性，從而減少了對家務的投入時間。以上因素均有利於女性的勞動參與。從勞動供給的角度而言，女性勞動參與率的提高確實提供了寶貴的人力資源。

性別階層化是社會階層化的一種現象。在階層化的社會中，社會資源的分配依團體的階層而不同，呈現出不平等的關係。有些團體因為屬於較高的社會階層而享有較其他團體多的社會資源。主要的社會資源有三種：第一、生活機會：指影響生活水準的各項利益，例如教育、健康、工作與財富等；第二、社會地位與聲望；以及第三、政治影響力：指權力，那些可以影響他人或團體決策的能力，或個人可從決策獲得利益的能力。擁有愈多社會資源的團體，歸屬於其中的成員越能在社會生活中獲得優勢。性別階層化就是指社會依性別將男性與女性劃分屬於不同的社會階層，加上父權思想，男性階層高於女性階層，以致於女性擁有的各項社會資源都較男性短少，形成兩性之間不平等的基礎。

無論是「父權體制」，或是「性別的體系」，還是「性別歧視」，都是被運用來區隔兩性在社會、文化價值下產生的不同標準，得以合理的基礎。這也正是女性主義者所要對抗的基本原由。隨著時代的推移，今日社會由於產業結構的改變，人們不再依賴體力為生產的主要憑藉，未來學家奈斯比（J. Naisbitt）甚且提出「智慧、知識」將是引領人群進入二十一世紀的首要資源。隨著女性接受教育的機會快速擴增，參與社會工作的比例也有大幅度的成長，加以家庭子女人數的銳減，使得女性同樣可以於職場上藉助個人優異的表現獲得肯定。作為一個現代人，我們實不宜再執拗舊社會的思維，以性別為享領社會資源的判準。男女兩性誠然有先天性的差異與生理上的區別，但是應有同等獲得社會公允對待與充分尊重的基本權利。

第三節　性別平權政策的目標

性別歧視（Sex Discrimination）是指個人因其性別而遭遇不公平的待遇。在美國憲法中訂有「平等保護」的條款。另外，美國公民權利法案第七篇（Title VII of the Civil Rights Act）與平等僱用機會法案，亦規定所有雇主不得以性別為由，不僱用、拒絕僱用或解僱任何人，或在報酬、約定條件、工作情形、陞遷或僱用權利等方面，因性別而採差別待遇。英國 1957 年頒布的「反性別歧視法案」（Sex Discrimination Act），強調的兩性權利均等，是指個人所遭受的待遇，與在同樣環境下的異性相較有明顯處於不利的情況。此類歧視行為當事人即使未明確表明，或其行為不論是否蓄意而為，但任何受不利對待的個人，若能證明該行為當事人有歧視的動機或意圖時，即可稱為直接的性別歧視。

在時代變遷與社會轉型過程中，我國婦女的角色與地位有明顯的變化。為保障婦女應有的權益，使婦女能自由、平等地發展所長，滿足需求，乃是當前婦女福利服務政策的重要課題。我國對於婦女福利服務政策，主要見諸於憲法的基本國策、社會福利政策綱領及執政黨所發布的「婦女政策白皮書」。首先，在基本國策方面，中華民國憲法第一百五十三條規定：「國家為奠定民族生存發展之基礎，應保護母性，並實施婦女、兒童福利政策。」同時，民國 83 年公布之憲法修正條文第九條更具體規定：「國家應維護婦女之人格尊嚴，保障婦女之人身安全，消除性別歧視，促進兩性地位之實質平等。」其次，社會福利政策綱領第十六條亦規定：「維護婦女人格尊嚴，保障婦女基本權益，開發婦女潛能，促進兩性地位實質平等。」社會福利政策綱領實施方案並且提出兩項具體策略：一是檢討各機關相關法規，共同落實婦女權益之保障；二是廣設婦女福利服務中心，提供多元化服務，建立不幸婦女保護網絡。

現代社會隨著性別平等觀念的推動和深化，並有效來喚起社會大眾注意，以期落實到國家政策，並推動法令和制度的修改，以使台灣逐漸走上兩性平權的社會。在達成性別平等理念所追求的公義和諧社會的目標，性別平權的政策目標包括有：

一、基本權利

充分保障婦女人權，促使社會正視婦女人權為基本人權，也是公共人權。依據婦女政策白皮書，所揭示的婦女政策藍圖秉持著聯合國世界婦女大會的行動綱領與精神，規劃適合國情的兩性權益標竿，所著重之議題包括了：婦女基本生命權、自由權、自主權、受教權、政治參與權及工作權之保障，藍圖內容包括下列幾篇：1.人身安全；2.教育平等；3.健康照護；4.就業機會；5.福利照應；6.政治參與。以推動各項促進性別平權相關工作，為兩性平等謀求最大福利，建立兩性平等共治的社會為最終目標。

二、參與決策

增進女性參與決策的管道和機會，建構兩性平等參與的社會。世界人權宣言中聲明人皆有參政權。這項宣示清楚的表明了，人不分性別，在政治參與上應享有平等機會和空間。參政是取得政治決策權力之途徑之一，婦女參政的目的就是要成為政策制定者。賦予女性權力、增加女性自主性及提昇女性社會、經濟、政治地位，這些對女性而言都是必要的。我國憲法第七條規定：「中華民國人民無非男女、宗教、種族、階級、黨派，在法律上一律平等」；第十七條規定：「人民有選舉、罷免、創制及複決之權」；第十八條規定：「人民有應考試、服公職之權」，準此，女性擁有平等參與各種選舉之權。憲法第一百三十四條並規定各種選舉應規定婦女當選名額，以保障婦女參政權。

三、教育機會

教育不僅是一項基本權利，從人力資源的觀點來看，教育的投資更是達到性別平等、改變社會中性別或男尊女卑的社會價值觀之重要途徑。女性得以獲得平等進入教育體系，對於女性成為改變社會、突破現有劣勢之主體是重要的。台灣目前的教育環境及教育體制，對於兩性平權的落實應從下列幾個層面思考：受教育的機會是否均等；課程內容、教學教材、教育態度是否重男輕女；高等教育中的系所選擇是否嚴重性別區隔；與婦女相關的研究和課程是否缺乏等。因此，應提供女性全人發展的教育機會，促進女性在經濟與社會面的實質發展，增強女性的自主性與獨立性。

四、健康照護

世界衛生組織在 1994 年提出「婦女健康宣言」，呼籲「健康是人類基本權益之一」，希望婦女也能平等享有健康權益，婦女健康政策目標為：1.健全生育保健服務體系。2.發展健全長期照護服務體系，照顧年長婦女健康。3.加強受暴婦女的醫療保護處置。4.加強職業病防治、維護職業婦女健康。5.維護婦女攝取均衡營養，建立婦女營養觀念。6.提供婦女公平的健康待遇，改善婦女健康情況。7.加強婦女健康促進活動，倡導婦女健康習慣的培養。8.提倡婦女健康的研究及資訊的傳播。以增進女性健康照護，並增強其健康管理能力。

五、人身安全

婦女人身安全是攸關婦女生命、身心與生活品質之重要課題，因此如何建立一個沒有性別暴力的社會，保障婦女基本人身安全環境。為性別平權政策中重要的課題。就政策目標則為：

1. 確保婦女享有憲法所賦予的人身安全基本權益。
2. 建構婦女人身安全保護體系，保障婦女有免於恐懼的自由。
3. 加強國家資源在婦女人身安全措施上的合理分配。
4. 強化政府各部門有關婦女人身安全策略的橫向整合。
5. 推動社區化的婦女保護工作。
6. 促進政府與民間在婦女人身安全體系中的合作關係。

六、就業機會

開發婦女的潛能，增強女性就業能力，確保女性平等參與工作的機會。直接影響男女經濟資源的取得、經濟實力、兩性在個人、家庭以及社會上的平等程度。為能落實性別平權的主張，宜建立具體作為：

1. 建立兩性平等的工作環境。
2. 建構完善的社會支援體系。
3. 落實女性工作環境的保護。

「兩性平權勞動政策」，此政策不僅要建構「有準備的勞動力」、「安全的工作環境」及「人性化的勞動條件」的勞動政策，更要達成以下四項願景：

1. 創造兩性平等的工作環境。
2. 健全婦女勞動保護。

3. 建構完善的社會支援體系。
4. 婦女勞動政策的周延落實，最重要的是希望經由提昇婦女在職場上的處境，來達到社會整體的性別平等。

七、生活品質

依據統計女性的貧戶率高於男性，女性戶長家庭陷入貧窮的機會較男性戶長家庭為高，且較男性戶長家戶有更高的貧窮程度，其中女性單親家庭較男性單親家庭更易淪入貧窮。例如低收入家庭中，女性較男性人數為多。長期而言，台灣地區貧窮女性化可能因離婚率的逐年增加而呈上揚的趨勢，造成這些女性收入和生產資源之不足、營養不良、健康狀況不佳、缺乏平等之受教權、面臨不安全的環境、住房困難、遭遇社會及工作職場之歧視。而極度貧窮更會迫使女性陷入易遭性剝削的狀況。因此，國家有責任提供機會讓婦女得以獲得資本、資源、信貸、土地、技術、資訊和培訓，以提高女性之生產能力，增加收入，改善營養、教育、保健和婦女在家庭中之地位。這些行動的效益不只嘉惠女性，使婦女充分分享經濟發展的效益和其勞動的成果。總之，國家應致力改善婦女的經濟、社會、政治、經濟和文化地位，才能實現社會性別平等的目標並增進社會的公平正義。

八、性平教育

性別平等教育應被高度的重視與實踐，以創造良好的教育與社會環境；包括促進學生之間平等的對待、鼓勵學生發展潛能、尊重多元的思想信念、消除性別刻板印象等理念與實質措施，都有助於消除歧視和達到性別平等。以強化家庭、學校、社會與媒體的性別教育角色與功能，推動性別教育，建立兩性平權與相互尊重的性別與文化。

九、弱勢女性

加強弱勢及原住民婦女的福利，發展具有女性觀點與政策品質的婦女政策。爰此，性別平等政策目標：

1. 確保女性有平等受教的機會。
2. 促進婦女接受在職教育及繼續教育的資源管道。
3. 發展非歧視的教育和訓練。
4. 提供充足資源，監督教育改革。
5. 促進婦女接受終生教育和訓練。減輕婦女的角色壓力，提昇婦女地位及其應有的生活品質。

十、多元發展

鼓勵婦女團體的自發及多元發展，建立公民社會應有的婦女團體與婦女網絡。推行就業機會均等的策略，常見的有三種模式：反歧視模式（discrimination model）、保護行動模式（affirmative action model）、機會擴展模式（expanding opportunity approach）。最理想的做法是這三種模式兼容並蓄，以充分保障兩性互動及就業機會的實質平等。

第四節　我國性別平等立法簡述

一、性別工作平等法

（一）立法旨意

我國憲法第七條明文揭示「中華民國人民，無分男女在法律上一律平等」，第十五條規定「人民之生存權、工作權及財產權，應予保障」，第一百五十二條規定「人民具有工作能力者，國家應予以適當之工作機會」，增修條文的第十條第五項中也提到：「國家應維護婦女之人格尊嚴，保障婦女之人身安全，消除性別歧視，促進兩性地位之實質平等」。對兩性平等的瞭解與解釋有以下兩點：

1. 兩性平等指的是兩性權利行使的相同或相等。
2. 兩性平等指的是男女都同樣需要人類尊嚴。權利的行使，兩性應該機會均等，才是平等的表現。社會各種資源如政治、經濟、教育、文化等等，兩性理當共同、合理的分享。

因此，如何杜絕兩性工作機會和待遇的不平等、減輕女性的養育和照護責任、以及促使政府負起消極制止工作場所歧視和性騷擾的行為、和積極提供托育和托老設施的責任，都必須要有新的立法才能達成的。這是促成性別平等工做法訂定的主要緣由。

（二）主要內容

「性別工作平等法」於民國 90 年 12 月 21 日正式立法通過實施，97 年 11 月 26 日修正。該法是為保障兩性工作權之平等，貫徹憲法消除性別歧視、促進兩性地位實質平等之精神，以達成「兩性平等」的概念。全法共分為第一章總則，第二章性別歧視之禁止，第三章性騷擾之防治，第四章促進工作平等措施，第五章救濟及申訴程序，第六章罰則，第七章附則等計七章計四十條條文。包括：

1. 為審議、諮詢及促進兩性工作平等事項，各級主管機關應設兩性工作平等委員會。
2. 直轄市及縣（市）主管機關為婦女就業之需要應編列經費，辦理各類職業訓練、就業服務及再就業訓練，並於該期間提供或設置托兒、托老及相關福利設施，以促進兩性工作平等。
3. 雇主對求職者或受僱者之招募、甄試、進用、分發、配置、考績或陞遷等，不得因性別而有差別待遇。
4. 雇主對受僱者薪資之給付，不得因性別或性傾向而有差別待遇；其工作或價值相同者，應給付同等薪資。但基於年資、獎懲、績效或其他非因性別或性傾向因素之正當理由者，不在此限。
5. 雇主應防治性騷擾行為之發生。其僱用受僱者三十人以上者，應訂定性騷擾防治措施、申訴及懲戒辦法，並在工作場所公開揭示。雇主於知悉前條性騷擾之情形時，應採取立即有效之糾正及補救措施。
6. 受僱者任職滿一年後，於每一子女滿三歲前，得申請育嬰留職停薪，期間至該子女滿三歲止，但不得逾二年。同時撫育子女二人以上者，其育嬰留職停薪期間應合併計算，最長以最幼子女受撫育二年為限。受僱者於育嬰留職停薪期間，得繼續參加原有之社會保險，原由雇主負擔之保險費，免予繳納；原由受僱者負擔之保險費，得遞延三年繳納。
7. 子女未滿一歲須受僱者親自哺乳者，除規定之休息時間外，雇主應每日另給哺乳時間二次，每次以三十分鐘為度。
8. 僱用受僱者二百五十人以上之雇主，應設置托兒設施或提供適當之托兒措施。

二、性別平等教育法

（一）立法旨意

對於社會上某一性別不合理的措施行為，透過立法、修法，行使公權力來糾正或改變以維護社會的公平正義，是兩性平等的表現。同樣的，不論個人或團體對社會上不合理的性別刻板化現象提出批判或在行為上勇於改變此一僵化模式而代之以彈性合理的行為，也都是兩性平等的展現。為促進性別地位之實質平等，消除性別歧視，維護人格尊嚴，厚植並建立性別平等之教育資源與環境，特制定本法。而校園性別平等教育的扎根工作亦將是建構兩性平等社會的根本之道，期待這項扎根工作能計日功成，透過教育路徑，為性別平等的理念開枝散葉，奠定豐實基礎。性別平等教育政策是一個影響所有人性別意識培養的重要因素，性別平等是人權理念的一環，經過近年來的鼓吹與倡導，此一價值已廣為社會所接受。

（二）立法內涵

性別平等教育法在民國 93 年 6 月 23 日公布，其主要內容為：

1. 用詞界定：性侵害：指性侵害犯罪防治法所稱性侵害犯罪之行為。性騷擾：指符合下列情形之一，且未達性侵害之程度者：(1)以明示或暗示之方式，從事不受歡迎且具有性意味或性別歧視之言詞或行為，致影響他人之人格尊嚴、學習、或工作之機會或表現者。(2)以性或性別有關之行為，作為自己或他人獲得、喪失或減損其學習或工作有關權益之條件者。

2. 中央主管機關應設性別平等教育委員會，其主要任務為：研擬全國性之性別平等教育相關法規、政策及年度實施計畫。
3. 學校應設性別平等教育委員會，其主要任務為：統整學校各單位相關資源，擬訂性別平等教育實施計畫，落實並檢視其實施成果。
4. 教材資料應符合性別平等：教材內容應平衡反映不同性別之歷史貢獻及生活經驗。
5. 性騷擾的處理：學校或主管機關處理校園性侵害或性騷擾事件，除依相關法律或法規規定通報外，並應將該事件交由所設之性別平等教育委員會調查處理。校園性侵害或性騷擾事件經學校或主管機關調查屬實後，應依相關法律或法規規定自行或將加害人移送其他權責機關懲處。
6. 學校之性別平等教育委員會，置委員五人至二十一人，採任期制，以校長為主任委員，其中女性委員應占委員總數二分之一以上，並得聘具性別平等意識之教師代表、職工代表、家長代表、學生代表及性別平等教育相關領域之專家學者為委員。

三、性騷擾防治法

（一）立法本旨

隨著兩性平權的觀念逐漸受到重視，與「性騷擾」有關之法令亦趨於完備，目前我國已有性騷擾防治法、兩性工作平等法與性別平等教育法明文規定性騷擾被害人的救濟途徑。其中，兩性工作平等法適用於職場上發生之性騷擾事件，性別平等教育法適用於校園內之性騷擾事件，其餘之性騷擾事件則依照性騷擾防治法來處理。校園性騷擾問題時有所聞，若缺乏良好的申訴處理機制，往往嚴重影響當事人的學習與工作權益。近幾年來，在公部門、民間團體，以及許多關心此議題的專家學者和教師的共同努力下，已使校園性騷擾的防治與處理工作有所成效。

（二）法案大要

為防治性騷擾及保護被害人之權益，特制定本法。有關性騷擾之定義及性騷擾事件之處理及防治，依本法之規定，該法民國 94 年 2 月 5 日制定公布；並自公布後一年施行，民國 98 年 1 月 18 日修正。

1. 性騷擾，係指性侵害犯罪以外，對他人實施違反其意願而與性或性別有關之行為，且有下列情形之一者：以該他人順服或拒絕該行為，作為其獲得、喪失或減損與工作、教育、訓練、服務、計畫、活動有關權益之條件。或以展示或播送文字、圖畫、聲音、影像或其他物品之方式，或以歧視、侮辱之言行，或以他法，而有損害他人人格尊嚴，或造成使人心生畏怖、感受敵意或冒犯之情境，或不當影響其工作、教育、訓練、服務、計畫、活動或正常生活之進行。
2. 依法機關、部隊、學校、機構或僱用人，應防治性騷擾行為之發生。於知悉有性騷擾之情形時，應採取立即有效之糾正及補救措施。
3. 組織成員、受僱人或受服務人員人數達十人以上者，應設立申訴管道協調處理；其人數達三十人以上者，應訂定性騷擾防治措施，並公開揭示之。
4. 性騷擾事件被害人除可依相關法律請求協助外，並得於事件發生後一年內，向加害人所屬機關、部隊、學校、機構、僱用人或直轄市、縣（市）主管機關提出申訴。直轄市、縣（市）主管機關受理申訴後，應即將該案件移送加害人所屬機關、部隊、學校、機構或僱用人調查，並予錄案列管；加害人不明或不知有無所屬機關、部隊、學校、機構或僱用人時，應移請事件發生地警察機關調查。
5. 這項法律實施後，受到性騷擾的，不論是言語的騷擾或是肢體的碰觸，在公共場所都可以申訴，加害人的雇主在受到申訴時，必須組成調查小組進行調查，並將調查結果告知被害人，如果被害人不接受調查結果，仍可以重起調查，調查結果同時要函知縣市政府。

6. 意圖性騷擾，乘人不及抗拒而為親吻、擁抱或觸摸其臀部、胸部或其他身體隱私處之行為者，處二年以下有期徒刑、拘役或科或併科新台幣十萬元以下罰金。前項之罪，須告訴乃論。

性騷擾的定義究竟是採取主觀認定標準還是客觀認定標準，如果有人說了一句話與性或性別有關的行為，只要對方聽了不高興，是否就構成性騷擾？例如「女人是花瓶」是否構成性騷擾？第一必須要與性或性別有關的行為，所以「女人是花瓶」這句話中，女人就是性別；第二必須要符合「不受歡迎」，另再加上兩個重要的要件：第一就是「交換利益的性騷擾」，但是「女人是花瓶」這句話並未有交換利益的意思，因此最多只能屬於「敵意環境的性騷擾」。但是一般而言的「敵意環境的性騷擾」需要符合以下幾個要件：1.產生敵意冒犯的情境。2.影響到生活、工作、教育的進行或造成人格尊嚴的損害，並且再加上主觀的認定標準以及「合理人」的認定標準；也就是說除了受害人主觀認為受到損害外，同時一般的合理人也同樣認為構成性騷擾。要分析一個歧視行為，重點不是在於個別事件，而是在於事件之整體情況。所以一個性騷擾行為的構成要件是非常嚴謹的。

四、性侵害犯罪防治法

為防治性侵害犯罪及保護被害人權益，政府於 85 年 12 月 31 日訂定，94 年 2 月 5 日修正「性侵害犯罪防治法」。本法所稱性侵害犯罪，係指觸犯刑法相關之罪。其主要內容為：

1. 主管機關：本法所稱主管機關：在中央為內政部；在直轄市為直轄市政府；在縣（市）為縣（市）政府。是以內政部應設性侵害防治委員會。

2. 性侵害防治教育課程：各級中小學每學年應至少有四小時以上之性侵害防治教育課程。
3. 通報義務：醫事人員、社工人員、教育人員、保育人員、警察人員、勞政人員，於執行職務知有疑似性侵害犯罪情事者，應立即向當地直轄市、縣（市）主管機關通報，至遲不得超過二十四小時。
4. 性侵害事件應由經專業訓練之專人處理：法院、檢察署、軍事法院、軍事法院檢察署、司法、軍法警察機關及醫療機構，應由經專業訓練之專人處理性侵害事件。
5. 身心治療或輔導教育：加害人有下列情形之一，經評估認有施以治療輔導之必要者，直轄市、縣（市）主管機關應命其接受身心治療或輔導教育。
6. 強制治療：加害人依規定接受身心治療或輔導教育，經鑑定、評估其自我控制再犯預防仍無成效者，直轄市、縣（市）主管機關得檢具相關評估報告，送請該管地方法院檢察署檢察官、軍事檢察署檢察官依法聲請強制治療。
7. 直轄市及縣（市）主管機關應設性侵害防治中心，辦理下列事項：提供二十四小時電話專線服務。提供被害人二十四小時緊急救援。協助被害人就醫診療、驗傷及取得證據。協助被害人心理治療、輔導、緊急安置及提供法律服務。協調醫院成立專門處理性侵害事件之醫療小組。加害人之追蹤輔導及身心治療。推廣性侵害防治教育、訓練及宣導。

五、家庭暴力防治法

人身自由與生存權是最基本的人權，對家庭暴力與性侵害的譴責、禁止與處罰是文明社會中對弱勢者應有的保護措施，更是兩性平等最起碼的要求。家庭暴力與性侵害防治法的立法與施行，也是檢驗一個社會兩性平等水準很好的指標。家庭暴力防治法制定目的，係在於促進家庭和諧，防治家庭暴力行為及保護被害人權益。政府於民國 87 年 6 月 24 日頒行「家庭暴力防治法」，並隨著社會環境變遷於 96 年 3 月 28 日修正。其內容主要有：

1. 擴大保護對象：本法之保護對象為家庭成員及其未成年子女，對於「家庭成員」採取擴張定義，除涵蓋配偶、前配偶、現為或曾為直系血親或直系姻親、現為或曾為四親等以內之旁系血親或旁系姻親外，並擴及現有或曾有事實上之夫妻關係、家長家屬或家屬間關係之同居者。
2. 對家庭暴力予以明確定義及犯罪化（criminalization）：本法將家庭暴力行為明確定義為「家庭成員間實施身體或精神上不法侵害行為」，故除通常習見之傷害行為外，亦擴及精神上之虐待情事，在適用上已經納入社會慣稱之婚姻暴力、親屬間性侵害等範圍。
3. 採總合性立法，以有效整合各項資源與防治網絡：家庭暴力防治法為一總合性立法，涵蓋民事、刑事、家事、行政法等相關法域，其目的在闡明並加強現行法制對家庭暴力案件之規範，並結合各相關政府、民間資源積極投入，建構綿密完整之防治網絡。
4. 引進英美法系民事保護令制度：家庭暴力防治法創設了民事保護令制度，包含了禁制令、遷出令及隔離令三種，目的在保護被害人人身安全，避免遭受加害人繼續施以暴力危害。
5. 賦予警察處理家庭暴力案件之積極權能：賦予警察人員積極權能，於必要時應予介入，並依法有效拘束、隔離加害人。
6. 強化刑事追訴過程、緩刑及假釋期間之程序保護功能：為防止家庭暴力罪及違反保護令罪之被告雖受法律追訴，仍舊繼續實施家庭暴力行為，或恐嚇、脅迫受害人撤回告訴等等情事，規定被告於未受羈押或於停止羈押而獲釋放時，檢察官或法院得附命被告遵守，如禁止實施家庭暴力行為，禁止騷擾、聯絡被害人，命遷出住所，或其他保護被害人安全之事項。

7. 引進監督探視子女制度：為保護被害人及其未成年子女之安全，避免因探視子女而衍生其他不法情事，本法特引進監督探視子女制度規定，政府應設未成年子女會面交往處所或委託辦理，並應訂定監督會面交往與交付子女程序。
8. 建立家庭暴力加害人輔導及治療制度：為對家庭暴力加害人提供輔導及治療，以使其改善偏差行為，根除不良習慣，重返正常家庭生活，本法於民事保護令、緩刑條件、假釋條件中均納入命加害人接受處遇計畫。
9. 建立完整的通報、宣導與教育之防治網絡：家庭暴力防治工作需要整個社會的支持，並整合政府及民間資源共同投入，結合通報、宣導與教育諸項功能，建構一完整防治網絡，方克畢盡其功。
10. 各級中小學每學年應有四小時以上之家庭暴力防治課程，但得於總時數不變下，彈性安排於各學年實施。

結語

性別平權已成為一個追求公義社會的主要內涵，我國憲法增修條文第九條第五項規定：「國家應維護婦女之人格尊嚴，保障婦女之人身安全，消除性別歧視，促進兩性地位之實質平等」，保障兩性平等是婦女福利的先決條件，否則女性處處受到歧視，則兩性平權也就很難落實。是以相關法規亦應配合憲法規定不得牴觸，使男女平等更為落實。近年來，在許多關心婦女權益團體的運作下，修定了許多保障婦女應有權益的法令；民國 85 年通過的「性侵害犯罪防治法」、87 年「家庭暴力防治法」、90 年「兩性工作平等法」、93 年「性別平等教育法」及至今仍一再修定的民法親屬篇，對婦女基本的人身安全及婚姻保障，有了一定的基礎；而對於婦女工作權的維護。然而，在既有的成果下，我們應該聚集對婦女安全及權益應予重視的共識，讓婦女不只是在人身、婚姻、工作上獲得應有的保障，而是從最基本法律上權益的維護到觀念上對女性的真正尊重；如此一來，才能彰顯兩性的平等、平權的實質意義，而兩性共治的文明社會才能到來。為落實兩性平等的理念，先進國家除以婦女為直接的服務對象外，大多兼顧兒童的福利服務，包括懷孕期間的特別服務、有權要求雇主給予合理的哺乳時間、兒童在學期間的教育援助等項。因此，在完成各項兩性平等立法後，並希冀政府能積極落實，以為對當前婦女安全、婦女權益等相關政策；當然，法律的保障是在法律落實的基礎上，兩性平等平權教育的再推廣及法令的加強宣導、相關法律執行層面上的再檢視，都是現行政府單位不應輕忽的環節，而這也是兩性平等法政策所應堅持的原則及揭櫫的理念。

以往政府之立法與政策措施，直接或間接對婦女提供各種不同項目的服務，而隨著近年來經濟進步、教育普及與民主的發展趨勢，我國社會隨之產生結構性變化，約占我國總人口半數的女性之角色與對各項服務需求亦日趨多元化，宜更周延的滿足婦女的需求。隨著兩性平權的社會建立，亦將有助於我們對於弱勢者的關懷，對社會的重視，對環境品質的堅持，對社區民主的要求等，這些新興的領域，將會使整體社會改造運動添加更豐富而踏實的內容。兩性平等平權的概念，除了法律的保障，在更高的人性價值上，在基於對「人」的絕對尊重上，我們該讓所有社會成員在周延的作為和保障下；我們期許一個公允正義、兩性共治、平等平權社會的到來。

第十三章　家庭政策

男女兩性經由婚姻關係，共同組織家庭，這是個古今中外普遍存在的一種社會制度。觀察在社會變遷的過程中，家庭結構與功能已有所轉變，我們若要瞭解當代人口與家庭的本質與面貌，不能只觀察眼前的家庭狀況，必須從整體社會結構與社會變遷的角度出發，分析婚姻家庭制度與其他社會制度互動的過程中，家庭如何被影響以及具有何種影響力，方能透析現代社會中的家庭，以建制周延的家庭政策。

廣義的家庭政策是將社會福利政策都歸類納入，如社會保險、社會救助、福利服務、國民就業、醫療保健等；狹義家庭政策是將範圍著重在家庭所得、生育率、已婚婦女勞動參與率、兒童托育與照顧、老人照顧等議題。家庭政策的範圍與源起，都與人口政策息息相關。為因應人口結構的改變，社會變遷的需要，家庭將可成為社會福利政策的核心機制，以建構社會安全網。就整個社群的運作而言，家庭生活是：凝聚親人溫情以為創造未來的動力；學校生活是：琢磨璞玉以為發展自我造福人群的準備；社會生活是：傳承文化以為孕育血脈相連的天地，家庭如果能充分發揮「中流砥柱」的角色，將能讓我們的社會在未來充滿著希望，這也將是社會政策面對今日家庭的職責。

第一節　現代家庭的變遷

家庭是人類社會最基本的單位，人的一生大多是在家庭中生活，人類的婚姻與家庭制度歷經工業化的影響，呈現核心化的現象，產生了功能上的變化，許多的家庭問題也隨之發生，例如老人安養或是幼兒托育的工作都已逐漸成為現代家庭沉重的負擔。隨著資訊化社會的來臨，婚姻與家庭的型態、功能或其可能出現的問題將更多元化，人們對於婚姻以及家人關係所抱持的價值觀也將不同於傳統社會。婚姻是家庭的基礎，現代家庭問題的產生不少源自於婚姻問題，而婚姻的成功與否又與擇偶行為有密切的關係。擇偶是一種社會互動行為，個人的選擇必然與其所處的社會脈絡具有密切的關係；因此，我們若要瞭解家庭的本質與現象，不能只觀察眼前的與個別的狀況，必須從整體社會結構與社會變遷的角度出發。

根據聯合國 1996 年報告「家庭：未來的挑戰」中提及「作為人類生活、演化的社會組織，家庭，正面臨歷史上最困難的挑戰。許多社會變遷太快，乃至於單就速度本身，即是家庭主要的壓力來源。世界各地的家庭，都需要支援，才能適應未來的變化。值得重視的是：歷經全球化、科技化的變遷，家庭樣貌急速改變，全球各國已將家庭政策視為國家競爭力的基石。」1994 年，聯合國發動「國際家庭年（International Family Year）」，各國政府與民間組織，紛紛展開一連串的研討與行動方案。把過去被認為是「私領域」的家庭議題，第一次帶到政府公部門與國際公共論壇上。

2004 年，是「國際家庭年」第十年，在愛爾蘭首都都柏林舉辦的十週年紀念論壇中，歸納了「家庭」的變遷與走向：

一、人口結構——老化與少子化

世界多數國家的生育率都在降低，而嬰兒潮世代步入老年。台灣目前的生育率只有 1.1%，一年的新生嬰兒數為十九萬四千人。另一方面，六十五歲以上老年人口數目，為二百四十萬人。目前的撫養比是每七個具生產力的工作者，撫養一個人；但是未來五十年，這個比例很快會降到兩個人以下。意味著家庭單位愈來愈小，但照護扶養的責任，卻愈來愈重。

二、女性崛起——嶄新兩性關係

女性勞動人口的比例愈來愈高，代表著父母都在工作的雙薪家庭將成為主流。如何幫助雙薪家庭擁有工作與生活的平衡，已經是先進國家家庭政策的最大挑戰；但是鼓勵女性投入職場的同時，社會必須提供足夠充裕的老人孩童照顧體系，職場必須更積極開放各種彈性工作模式，使得雙薪家庭不致因為時間和資源的匱乏，失去了教養下一代與照護老幼的能量；如何讓家庭中「照顧者」，不論是男性或女性，擁有社會同等的尊重，也是各國亟欲探討的主題。

三、不婚不生——人口快速衰竭

生不生，不再著重需不需要。「不生」的原因，不外是不結婚以及結了婚卻不生，雙薪家庭比「男主外」的家庭更傾向不生，雙薪頂客族特徵，常是夫婦年紀輕、居住都市、教育程度高。這些人口特性的夫妻，掌握了較多現代社會的資源，較容易做出不生的決定。現代人生不生小孩，是看個人有多愛孩子，而不再著重「需不需要」孩子。就性別來看，對女性職涯真正造成傷害的，不是結婚，而是生育，不婚與不生已是普遍的趨勢。

四、全球趨勢——家庭互動變異

全球化使得企業和經濟體的競爭日趨加速。比利時大學教授克里克（Robert Cliquet）分析，全球化使得國與國間的經濟活動、資本進出、交易都日益頻繁，各種層面的競爭都白熱化。處於全面競爭下的人們，得對抗工作的高壓力，面對高失業和被迫提早退休的威脅。因此，社會政策，尤其關於家庭的福利政策受到嚴重的挑戰。全球化帶來的大規模移民，則是另外一股改變家庭面貌的力量。國內的「移動」，讓規模已經愈來愈小的核心家庭，更加支離破碎，家人間彼此的情感支援，變得珍貴又稀少。跨國的居民移動，不但深深影響移出的家庭，也對移入國家的社會和文化有適應的衝突。因為移民帶來愈來愈普遍的跨國姻緣，數量上快速成長，在某些國家，幾乎凌駕了傳統的婚姻，也讓傳統的家庭政策中的社會福利資源分配，被迫得重新思考。

五、科技改造——價值重新塑造

避孕藥的發明，讓夫妻生育的選擇控制權，從過往「要生到什麼時候」，轉變成「要生或不生」，以及「什麼時候生」。不論東方或西方，價值觀走向愈來愈個人主義，而科技有推波助瀾的力量。資訊與傳播科技的進展，新的價值得以最快的方式大量傳遞。世界各個不同角落的人們很容易形成一致的態度。

六、家庭變形——多元家庭呈現

在西方國家，「婚姻」已經不再是家庭構成的「必要因素」。「法律上的家庭」將大幅減少。因為愈來愈多人選擇同居取代婚姻關係，不婚和不生已是許多人肯定的選擇。法國的新生兒中，40%是屬於沒有婚姻關係的父母所生的「非婚生子女」。「單身家庭」也快速增加當中。以歐盟會員國為例，單人家戶（single household）從 1961 年的一千四百萬人，預計 2025 年將會增加到六千萬戶，占所有家庭的三分之一。英國的稅法和政策已經因此而改變。家庭政策支援輔助的對象，不僅限於「有婚姻關係」的家庭，而擴及到所有型態的「家庭」。

第二節　家庭政策的定義

「家庭」是社會體系運作賴以建構的基石，是個人人際關係發展的基點，家庭成員透過獨特的家庭經驗、關係網絡的累積，與另一個家庭或更大的社會網絡（例如鄰里社區、社會機構、政府組織等）產生關聯，以建構自己與家人在社會體系中的身分地位與生活型態。在我國傳統的社會裡，「家庭」更是社會體系中最重要的社會組織，舉凡一切政治、經濟、教育、宗教及娛樂等社會制度無一不受到家庭制度的影響，個人所在的「家庭」人倫關係網絡已不只是父母與子女的直系血緣關係，更擴展到包括數代直系與旁系的「親戚」或「家族」，而社會與國家不過只是家庭組織的延伸而已。正因此濃厚家族主義的盛行，除了大災變或救饑荒等大型賑災行動會由政府介入外，個人的經濟匱乏或家庭關係的問題，大多是靠著「家族」裡非正式的社會支持網絡來提供協助或出面解決，不假外人之手。然而，過去二、三十年來，台灣地區的「家庭」在快速的社會、經濟和政治環境變遷的衝擊下，家庭結構趨向核心化，家庭功能也逐漸縮小，家庭的社會支持網絡減弱，家庭內個別成員的生活福祉也不免受到影響。因此，面對近年來變遷中家庭的新建構與新挑戰，傳統立基於血緣關係的家族福利系統應如何充實與轉化，以協助家庭成員因應鉅大社會變動所帶給家庭種種失調的情境，成為未來社會福利施政與社會工作實施的重要議題。

隨著社會變遷、社會福利發展，對於家庭變遷所衍生之問題，逐漸被討論。尤其自 1994 年「國際家庭年」突顯大家對此議題之重視，家庭政策成為熱門的議題。遂有制定家庭政策之呼聲，政府擬定我國之家庭政策「本著尊重多元家庭價值，評估不同家庭需求，建立整合家庭政策群組機制，研擬以需求為導向的家庭政策」。於民國 93 年 10 月 18 日行政院通過實施。借鑑於國外家庭政策之發展可分成四個階段：

第一階段：家庭政策第一次公開以「家庭政策」一詞發生於歐洲，可追溯至十九世紀末的法國，針對人口低出生率與低薪資的問題，提出家庭津貼或兒童津貼及現金給付等措施。

第二階段：開始於 1960 年代為應貧窮現象及有小孩的低收入家庭特殊問題，發展出社會保障體系，如所得移轉、健康照顧、教育、住屋、就業及個人服務等措施。

第三階段：1970 年代家庭政策，針對單親家庭、寡母家庭、重組家庭等提供財務支援與兒童照顧服務，另亦針對性別角色平等所引起婦女勞動參與，雙薪家庭等提供親職假、兒童監護、兒童生活扶助與維持等服務。

第四階段：1990 年代家庭政策焦點主要在新家庭、家庭型態模式、寡母家庭與經濟上的不安定及貧窮，職場家庭如何平衡工作與家庭生活的需求（吳來信，2005）。

依據民國 93 年行政院訂頒之「家庭政策」，其重點分述如下：

一、目標：我國家庭政策制定的核心思想，乃基於支持家庭的理念，而非無限制地侵入家庭，或管制家庭。國家與社會應認知家庭在變遷中，已無法退回到傳統農業社會的家庭規模、組成與功能展現；同時，也深信家庭的穩定，仍是國家與社會穩定與發展最堅實的基礎；而家庭所面對的問題與需求，亟需國家與社會給予協助。其核心思想是基於支持家庭的概念，而非無限制的侵入家庭或管制家庭，其目的是基於維持我國優良傳統家庭的穩定，並回應我國社會、經濟、文化變遷對家庭產生的影響。其目標為：1.保障家庭經濟安全。2.進性別平等。3.支持家庭照顧能力，分擔家庭照顧責任。4.預防並協助家庭解決家庭成員問題。5.促進社會包容。

二、制定原則：作為家庭政策具體實施方案的根據，以保證上述家庭政策目標得以被實現。基於支持家庭的政策主軸，家庭成員不論性別、年齡、身體條件、種族、宗教信仰、語言、文化、婚姻狀況，應被尊重與公平對待。家庭間亦不應因經濟條件、婚姻狀況、子女之有無、種族身分、居住地理區域等而有差別對待。但為了保障弱勢者的生存權益，國家必須提供適當的補救，以利家庭維持功能。其制定原則為 1.肯定家庭的重要性。2.尊重多元家庭價值。

3.充權家內與家庭間的弱勢者。4.公平照顧家庭成員的福祉，並兼顧差別正義的原則。5.平衡家庭照顧與就業。6.促進家庭的整合。

第三節　家庭政策的內涵

一、保障家庭經濟安全

1. 建立全民普及之年金保險制度，保障老年、遺屬、有經濟需求之身心障礙者的基本經濟安全。
2. 結合人口政策，加強對弱勢家庭的經濟扶助，以減輕其家庭照顧之負擔，並確保家庭經濟穩定。
3. 運用社區資源，提供低所得家庭的青、少年工讀與接受高等教育機會，以累積人力資本，協助其進入勞動市場，並穩定就業。
4. 協助低收入家庭有工作能力者，參與勞動市場，及早脫離貧窮。
5. 針對不同型態的家庭組成，研議符合公平正義之綜合所得稅扣除額及免稅額，以保障家庭經濟安全與公平。

二、增進性別平等作為

1. 落實兩性工作平等法及就業服務法，消除性別歧視的就業障礙。
2. 貫徹兩性工作平等法有關育嬰留職停薪之規定，研議育嬰留職期間之所得維持。

3. 鼓勵公民營機構提供友善員工與家庭之工作環境，減輕員工就業與家庭照顧的雙重壓力。
4. 推廣與教育兩性共同從事家務勞動之價值。

三、支持家庭照顧能力

1. 提供家庭積極性服務，減少兒童、少年家外安置機會，進而達成家庭養育照護功能的提昇。
2. 建構完整之兒童早期療育系統，協助發展遲緩兒童接受早期療育。
3. 普及社區幼兒園設施、課後照顧服務，減輕家庭照顧兒童之負擔。
4. 鼓勵企業與社會福利機構合作辦理企業托兒、托老、及員工協助方案，增進員工家庭福祉。
5. 規劃長期照護制度，支持有需求長期照顧的老人、身心障礙者、罕見疾病病患之家庭，減輕其照顧負擔。
6. 提供社區支持有精神病患者之家庭，以減輕其照顧負擔。
7. 培養本國籍到宅照顧人力，減低家庭對外籍照顧人力的依賴。

四、協助解決家庭問題

1. 落實家庭教育法，提供婚姻與親職教育等課程，協助家庭成員增強溝通技巧、家庭經營能力。
2. 提供家庭服務，協助家庭增進配偶、親子、手足、親屬間的良好關係。
3. 為保障兒童、少年權益，協助離婚兩造順利完成兒童、少年監護協議，引進家事調解制度，以降低因離婚帶來之親職衝突。

4. 增強單親家庭支持網絡，協助單親家庭自立。
5. 提供少年中輟、行為偏差之處遇服務，以預防少年犯罪或性交易行為之產生。
6. 為終止家庭暴力，提供家庭暴力被害者及目睹者相關保護扶助措施，並強化加害者處遇服務，進而達到家庭重建服務。
7. 倡導性別平權，破除父權思想，加強家庭暴力防治宣導與教育，以落實家庭暴力防治工作。
8. 建立以社區（或區域）為範圍的家庭支持（服務）中心，預防與協助處理家庭危機。

五、促進社會包容和諧

1. 積極協助跨國婚姻家庭適應本地社會。
2. 協助跨國婚姻家庭之子女教育與家庭照顧。
3. 提供外籍配偶家庭親職教育訓練與婚姻諮商服務。
4. 宣導多元文化價值，消弭因年齡、性別、性傾向、種族、婚姻狀況、身心條件、家庭組成、經濟條件，及血緣關係等差異所產生的歧視對待。

第四節　家庭政策的發展

隨著經濟與社會發展，人口與家庭結構變遷，我們將會面臨出生率下降、人口老化、離婚率增加、不婚與晚婚、女性勞動參與率上升、跨國婚姻增加、失業率升高、家庭的照顧增加、單親家庭的增加、家庭相關社會問題層出不窮、性別平權的國際發展趨勢等社會變遷現象的產生。現代社會宜建立適宜的家庭政策，以回應社會現象而且能引導未來發展方向，政策確立後，需輔以各項配套措施或方案，政策的目標才能逐漸實現。隨著現代社會家庭正面臨極大的挑戰時，家庭既是社會的基礎單位，整體社會需正視問題的存在，政府也需有明確的政策來回應家庭的發展。家庭政策應該朝下列幾個層面努力：

一、提昇人口的出生率

家庭平均子女數已降至不足二人，相應的人口老化將使台灣人口缺乏活力，勢必影響勞動力供給與國家競爭力。另外為尋求結婚對象所引進的外籍配偶，連帶產生的家庭問題與社會問題，宜有周延的對應。由於本國婦女生育子女人數每年減少 11,200 人左右，相較於外籍配偶（含大陸、港澳）所生子女數七年來成長將近一倍，也就是以每年增加 1,800 人左右的速度成長（內政部兒童局，2007）；外籍配偶所生子女數占全部出生嬰兒百分比從 1998 年的 5.1%逐年上升至 2005 年的 12.9%，也就是說每七個到八個新生兒中就有一位是由外籍配偶所生。若扣除外籍配偶所生子女，台灣地區每年出生的嬰兒人數將更少了。由此推敲，外籍配偶家庭的子女素質和教養態度將影響整體社會未來的素質。

二、促進性別比常態化

受到傳統文化左右，台灣地區初生性別比這幾年一直維持在 110 比 100 左右，稍高於常態性的統計值 105 比 100，這種趨勢的持續發展將使得未來適婚的男性將更難找到結婚對象，造成部分的男性需向外尋求婚配對象，將進一步提高外籍配偶的數量與外籍配偶所生的子女數量，將使得台灣地區進一步地形成多元種族與文化融合的地方。

三、家庭功能的維護

出生率降低將使 0～14 歲人口所占比率逐年下降，也就是說進入 15～64 歲人口的人將逐年下降，老人比率持續上升，未來的勞動力將負擔十分沉重；是以政府需要以積極的促進生育政策來提昇生育率。積極的政策可包括：減稅、低收費又可靠的托育服務、課後輔導、育嬰假、產假、普及性的生育津貼、托育津貼及兒童津貼等等措施。

四、家庭政策的開創

當晚婚與遲婚成為社會變遷趨勢時，是將導致少子化及家庭內涵的改變，連帶地，隨著年歲稍長的婚配組合和家庭運作機能。那麼，諸如自我概念、心理狀態、夫妻互動、親職關係、家庭生計、退休安排以及經濟安全等，相關的家庭運作軌跡的轉變（transition）與延續（duration），皆不同於傳統家庭的運作型態，爰此，更是需要社會安全制度的縝密規劃。同時，家庭政策之制定，福利服務當以家庭為本位，明確的家庭定義，可使政策服務對象明確，一般而言家庭成員間的組成關係定義，是藉由婚姻、血緣和收養等三種關係所構成。而成員間各自履行著不同的家庭成員社會角色。在家庭結構轉變的同時，過往的法律中對於家庭的定義是否仍合宜時代潮流有待檢討。依據實務工作的觀察，目前政府社會救助工作方面，特別是現金給付部分，社政承辦人員針對申請人的資格審查標準，往往會因行政裁量考量或因法律上於家庭定義之界定不合時宜，造成審查資格嚴苛，特別是親屬的關係界定墨守「家族主義」及「戶籍主義」成規，造成申請人資格不符規定，例如：社政人員引用民法上第五章撫養相關規定，致使福利服務或社會救助申請人資格無法符合標準，無法獲取相關津貼補助，無法得到及時性的困境救助。

五、家庭服務體系完整運作

由於現行與家庭相關之福利措施與業務，散見於個別法案與各行政部門，導致現行家庭福利服務輸送體系，呈現分立、散亂之現象，近年來，不管是政府部門或民間組織，對於「整合」家庭福利服務輸送體系之努力與討論不斷，但著眼點多在檢視重複資源，避免浪費，對於整合後，更需配套措施與相關資源挹注之事實，卻無力解決，導致專業功能無法發揮，如原本專業分工明確的兒保熱線功能，與家暴、失蹤協尋等專線和福利諮詢等功能整合成 113 後，因備援人力與配套措施投入資源不足，已漸失其責任通報、緊急救援之功能，因為在資源未增加的情況下，諮詢電話應接不暇，占據了大量的服務時間，如此，美其名是進行資源整合，事實上，卻是在消耗直接及緊急性服務能量。家庭福利服務輸送體系的建構，應包括支持性、補充性、保護性及替代性等四個層次的資源介入，目前投入家庭福利的資源，多以補充性和保護性為主，亦即多著眼二級及三級預防，在家庭問題出現後才介入，但又因為人力不足，導致第一線工作人員疲於奔命；而且預防問題產生的支持性服務，沒有整體規劃，呈現零散現象，並未發揮預防效益，導致因家庭功能破壞所產生的少年中輟、家暴……等問題愈趨嚴重，以致最後一道防線之替代性服務需求倍增，但是像少年安置機構與寄養家庭等資源嚴重不足，因而形成家庭政策落實的落差。

六、強化家庭福利服務人員

專業人力的素質攸關服務提供之深度與廣度，對服務品質好壞影響甚巨。廣義而言，家庭福利服務專業人員，應包括社政、衛生、教育、警政、司法……等會涉入家庭議題之專業人員，換言之，協助建構完整的家庭功能，是一項跨專業、跨組織的工作，任一環節功能不彰均會影響到整體家庭福利服務輸送體系之建構工程，因此，需要透過教育與訓練提昇專業人員的人力素質，以形成一致的目標與共識，並建立合作默契，才不致形成各行其是、互相推諉責任之情形。以性侵害及家庭暴力防治工作為例，依規定各級地方政府應設立家庭暴力防治中心，並結合警政、教育、衛生、社政、戶政、司法等相關單位，以保護被害人之權益。但在實務工作執行面，相關專業人力嚴重不足，教育訓練亦欠缺規劃性與系統性之具有實質意義的工作訓練，導致各部門之間的配合與協調阻礙實有所聞，在人力不足的情況之下，現有人力光是執行救援工作幾乎無法負荷，遑論家庭暴力之初級預防工作，如宣導與預防等保護性工作，以及包括目睹暴力兒童、子女會面交往等三級預防工作，更是無充裕人力可執行，造成法入家門破壞了家庭界限之後，卻無力進行家庭重建，造成案主更大的傷害。

七、多元的家庭政策內涵

現今台灣人口結構，朝向老年人口增加、幼年人口減少之變遷趨勢；勞動市場結構亦朝向婦女就業、雙薪家庭之方向發展，再加上單親家庭增加、離婚率上升之現象，皆讓傳統家庭之育兒、養老等照顧功能削弱衰減，無法發揮健全的家庭功能，再加上人口移動、跨國通商、通學、通婚的現象，產生相當程度的社會衝擊，進而衍生各種家庭福利需求。在家庭結構的轉變方面，核心家庭比例增加，小家庭化是台灣家庭型態之趨勢，過往連結家庭資源、提供家庭支持的血緣情感因素，在現今社會中漸形衰退，家庭支持性功能面臨新的挑戰。面臨家庭結構重組，功能削減的危機，透過政府的介入來支持保護家庭傳統既有之功能，已成為目前社會福利政策的走向，無可諱言政府的責任必然加重。尤其與家庭相關之法案陸續修訂，如兒童福利法、家庭暴力防治法、民法修訂……等，正式將法入家門、公權力介入的實際作為，具體化地規範在相關法律中。然而，徒法不足以自行，整體家庭政策的落實仍亟待建構。根據統計核心家庭雖然在台灣地區仍然是占大多數，但是單親家庭、外籍配偶家庭、隔代教養家庭等等家庭型態也逐漸增加。家庭政策除了要能夠明確建立國家對家庭的遠景，更需要能夠滿足家庭的需要，因此，家庭政策需具敏銳度與實用性，以回應於多元社會發展下的多元家庭需求。

根據學者杜佛（E. M. Duvall）對傳統與現代父母親的角色做下列的詮釋，傳統好父母親的角色是：照顧孩子的起居飲食，訓練孩子的規律，培養規律的習慣，教養、糾正孩子，要求服從、獎勵好的行為，使孩子成為一個好人，教導道德，培養孩子良好個性……等等。隨著時代變遷現代好父母親的角色是：訓練自我接納、鼓勵獨立、教導如何適應生活，協助孩子社會發展，提供玩具與同伴、指導孩子的遊戲，提供孩子心智成長的刺激，愛孩子，如朋友般對其言行充滿興趣，冷靜、愉悅、有幽默感，時常微笑，給予孩子鼓勵……等等。想扮演一位稱職的現代父母的確不簡單。家庭是社會的基礎，健康的家庭才有健康的社會。家庭價值因社會變遷而改變，政策應朝向替代或互補家庭功能的方向，以健全家庭功能，包括：低收費且品質佳的托育服務與完善的長期照顧，以回應台灣地區的人口結構；具彈性的提昇家庭經濟功能措施以回應就業市場的改變等。

結語

當人類出生時，家庭便負起哺育、養育、教育的責任，家庭左右個人的人格發展，也塑造個人的態度、信仰和價值。透過父母兄弟姊妹的互動，個人得以漸次成長並參與社會，只有在家庭，兒童才能滿足一切需要，經由家庭引導並學習社會角色，是以家庭提供了一個人人格形成、人格教化及人格發展的條件。根據佛洛伊德（S. Freud）的分析認為：發展兒童的「超我」（super ego）是家庭對於個人教化的主要功能，它慢慢地灌輸給兒童有關道德價值及社會規範，於是兒童獲得了控制其行為的有效指導，也因而能夠順利參與社會生活。中國傳統上有三歲看大，七歲看老的俗諺，亦說明了家庭對個人人格陶冶的重要性。良好而健全的家庭教育將使兒童能清礎認知社會角色，並且使得個體能夠圓順地展開在日後的生活，家庭對於個人人格發展的確具有絕對性影響力。事實上家庭所扮演的功能是總合的、多樣性的，個人的許多問題，如果能夠在家庭內加以解決，則此項問題就不必延伸到社會；因此，家庭不出問題，社會的問題也較少；相對的家庭不能加以解決的問題，勢將造成社會需花費更大的成本加以解決。就學理而言，一個個體能夠順利完成社會化以進入團體生活，端賴：家庭、學校、同輩團體、職業團體、大眾媒體等機構對個人的教化，其中家庭是個人社會化第一個單位，也是最重要的單位。而學者研究亦發現，家庭環境是導致少年偏差行為形成的主要因素，包括：父母對子女親情的剝奪與虐待，管教態度過於嚴苛，教養觀念紛歧，家庭功能解體，家庭氣氛惡劣，父母親不正確的價值觀與社會態度等。足見家庭功能不彰，對兒童及青少年的影響深遠。而父母親的關愛不僅將有助於子女健全的成長，亦將能夠解決社會日益嚴重的沉痾。

第十四章　兒童及少年福利政策與立法

兒童福利起源於中古時代慈善事業，早期係屬救濟性質，以照顧失去家庭保障的兒童、孤兒、棄兒為對象。在我國，兒童福利的意念由來已久，淵遠流長。周禮大司徒以「保息六政養萬民」，並以「慈幼」啟其端；漢章帝以「養胎令」保護民族幼苗，歷代「留嬰堂」、「善堂」之設立等均為現今兒童福利工作之先驅。1601 年，英女王伊麗莎白濟貧法中（the Elizabeth Poor Law），採用「兒童保育」一詞。二十世紀初葉，美國老羅斯福總統（Theoder Roosevelt）召開第一次白宮會議（1909 年），「兒童福利」名詞被正式採用。1946 年聯合國成立兒童基金會（UNICEF），推展兒童福利工作。此後各國制定法案，將兒童福利納入社會安全政策中。

同時，於進入高齡化與知識經濟時代的國家社會，人力必須普遍具備高生產力，才能支撐國家全面性的持續發展，所以兒童與少年不僅是國家未來的主人翁，社會榮枯也與他們的擁有之才能息息相關。尤其在高度競爭的國際社會裡，已經將青少年人力資源之規劃與培育列入國家的核心競爭力的優先考量。除此之外，「聯合國憲章」的宗旨和原則也開宗明義要世界各國人民有義務採取行動，促進和保護每個兒童——每個十八歲以下的人，包括青少年——的權利，並尊重所有兒童的尊嚴及保障他們的權利與福利。「聯合國憲章」亦強調要世界各國致力於創造一個適合兒童及青少年生長的世界，考量他們的最高利益，在民主、平等、不歧視、和平與社會正義等原則，以及包括發展權在內的所有人權的普遍性、不可分割性、相互依存性和相互關聯性的基礎上，實現人類的持續發展。許多心理學家認為少年兒童仍在成長階段，成長環境對兒童少年的學習和社會適應有密切關係。因此，國家社會對於他們的照顧和養育所投下的心力和重點放在哪裡，與他們日後所具備之能力息息相關。

第一節　兒童問題實況

因工商社會發展，家庭結構隨之變遷，學齡前之嬰幼兒之照顧、托育服務，學齡前之幼兒教育、休閒及課後安親服務，其他兒童保護、安置、醫療、保健、單親家庭與發展遲緩兒童之照顧，就兒童需求與問題，都是兒童福利的重點工作項目。將目前一般性的問題提出來探討：

第一、兒童保護權益嚴重被忽視：雖已建立通報制度，但對於兒童保護的事前預防績效仍不彰，多數透過媒體披露，顯見通報系統為落實重視兒童權益觀念，仍極薄弱。

第二、保障兒童平等參與社會機會：透過兒童人身安全指標所揭露的統計數字，無論是受虐兒或是惡意遺棄，乃至家庭暴力等，有增加的趨勢，顯見兒童的危機重重，而且身心障礙兒童，平等、合理、充足的資源分配，仍有待反省檢討。

第三、整合法源保障兒童人權：現有法規中，對兒童福利與保護是相當理想、完善，但在兒童人權指標，包括兒童基本人權、社會權、健康權、教育權等；意含著維護關心兒童權益乃是國家整體政策，如何整合各部會，落實兒童權益之保障等，都值得再探討。

第四、強制性親職教育之加強：依規定：違反兒童福利法之人，應接受強制性親職教育輔導，但執法的地方政府，因各種因素而無法辦理，導致績效不彰。

第五、育幼機構機能轉型：失依兒童逐漸減少，但受虐個案逐漸增加，同時社工輔導專業化的要求，如何因應社會需求，而使育幼機構轉型是極為重要的課題。

第六、托兒所與幼稚園之功能劃分：托兒所屬於社會局，是兒童福利機構；幼稚園為教育體系的學前教育，但同年齡層都接受教保二層不同服務內涵，顯有整合的必要性。

卡都興（A. Kadushin）將兒童福利的範圍分為三類，分別是支持性服務、補充性服務與替代性服務。他將支持性服務視為兒童福利的第一道防線。支持性服務是協助家庭的成員運用自己的力量，來減輕親子間的壓力或緊張的服務。親子間的問題可能來自父母於子女管教上發生困難，或是由於夫妻不和諧而導致親子間的衝突。支持性服務主要型態有二：一是兒童輔導機構（Child Guidance Clinics）：透過對兒童的直接輔導，使兒童對父母的管教有適當的反應。另一是家庭服務機構（Family Service Agencies）：經由服務來增強父母的能力，使其能適當地扮演親職角色。此外，兒童福利機構為受虐待與疏忽兒童提供的兒童保護服務，也屬於支持性服務，透過服務強化家庭功能，使父母能扮演為社會所期許的角色。支持性服務的特質在使兒童能居住在自己的家庭，雖然家庭的功能有缺失，但父母能有意願向外界機構求助，藉著支持性服務幫助父母勝任親職角色，使親子間的緊張或壓力獲得改善。

兒童照顧服務，是當父母因工作、生理或心理健康狀況、經濟、婚姻、或社會問題等，無法親自完全負起照顧自己孩子的責任，而由他人來支援照顧的一種服務方式（係屬支持性服務的一種）。兒童年齡從出生至十二歲，都在此服務範圍內。兒童照顧服務有三種形式：第一、一般性的兒童照顧服務：是在教保人員家中，或機構式的托兒服務，如托兒所，或家中托兒所等，或由教保人員幫助父母代為照顧兒童。第二、治療式的兒童照顧服務：由地方性的社會服務機關或團體遣派合格的家庭助理工作人員，到生理或心理有疾病的父母家中，協調照顧他們的小孩，並做生理或心理方面的治療，以維持他們對兒童照顧的責任或改進對兒童教養的方式。第三、雇主支援式兒童照顧服務：由雇主提供兒童照顧的服務，使受僱員工可以安心工作。好的雇主不只是發展兒童照顧的服務，也同時配合社區的需要，宣導改進服務品質。

任何一個兒童都有快樂而安全成長的權利，我們應努力建構一個祥和適當的環境，提供兒童的成長及需要。因為，唯有健康的兒童，才有健康的社會及未來。

第二節　兒童福利政策

聯合國大會為喚起世界上的國家對兒童福利之重視，並確保其應有之權利，特於 1959 年頒布了兒童權利宣言（Declaration of the Right of the Child)。這樣宣言以美國於 1930 年 11 月 9 日所召開支第三屆白宮兒童會議所通過之「兒童憲章」為範本。聯合國大會在研訂憲章之前對兒童福利先做了時代性的定義：「凡是已處近兒童身心健全，正常生活為目的的各種努力，事業及制度等均為兒童福利。」並根據此一定義，提出了十項原則：

一、兒童不應因其本人之種族、膚色、性別、語言、宗教、政治、家世、財產而受到歧視。

二、兒童應享特別保護，予以機會使其能在自由與尊敬情況下，獲得身體、心智、道德、精神及社會各方面之健全成正常發展，並為此制度訂定法律時，應以兒童之最高福利為至上之考慮。

三、兒童出生就應該有一個姓名、一個國籍。

四、兒童應享社會安全制度之利益，為此目的，應予以兒童的母親特別照料與保護（產前產後），兒童有權獲得適當的營養、居住、娛樂及醫藥照顧。

五、兒童在身心或社會方面有缺陷者，應按個別情形，予以矯治、教育、照顧。

六、兒童需要「愛」與「瞭解」，以利其人格和諧發展，盡可能使兒童在父母的照料愛護下長大，無特殊理由，不得使兒童與父母離開。

七、兒童有受教育之權，至少在初等階段，其教育應列為兒童義務教育。

八、兒童在任何情形下，應最先受教育與保護。

九、對兒童應加倍保護，使不受任何方式之忽視，虐待及剝削。

十、兒童應受保護，使不薰染可能養成種族、宗教及其他種族歧視之習慣。

以上各項原則，對各國之兒童福利產生不少的啟示作用。我國為維護兒童身心健康，促進兒童正常發展，保障兒童福利，於民國 62 年，頒定兒童福利法，使我國在兒童福利工作之有所依據推展；復於 82 年修正兒童福利法，並陸續配合修頒各項福利措施，建構兒童福利工作之基模。88 年，內政部成立兒童局，致力建構整體兒童福利輸送體系，統籌辦理兒童福利政策、規劃、法令修訂等業務，其工作內容有：

一、重視兒童托育服務：為建構社區化、普及化托育環境，積極鼓勵民間興辦托兒所。並依據兒童福利專業人員資格要點及訓練實施方案，委託大專院校積極辦理教保人員專業訓練，以提昇托兒之專業素質。另為強化保母人員專業養成制度，除輔導各地方政府辦理家庭保母培訓工作外，並實施保母人員技術士技能檢定，以推動建立保母證照制度，增進保母服務品質。

二、積極推動兒童人權：規劃「我國踐行聯合國兒童權利公約」研究，及配合行政院加強人權保障方案策劃推動兒童人權措施，期結合政府及民間力量提昇兒童權益。

三、兒童保護服務：為落實兒童福利法處理兒童保護案件之規定，設置二十四小時「一一三」保護專線及兒童保護網站，提供受理兒童保護諮詢、舉報、家庭寄養、親子關係、失蹤兒童協尋、收出養、家庭夫妻關係及親職教育等網路服務，同時輔導地方政府辦理諮詢、通報、緊急安置、輔導、轉介及實施強制性親職教育業務。

四、早期療育服務：為具體推動發展遲緩兒童早期療育服務工作，積極推動各縣市政府成立通報轉介中心。為能落實早期療育工作，訂頒「發展遲緩兒童早期療育服務計畫」，並積極規劃發展遲緩兒童資料的建檔，以建立標準化個案管理。

五、一般兒童福利服務：興設兒童福利服務中心，建立區域性兒童福利網絡，推動各項諮詢、諮商服務，處理緊急安置，提供親職教育、寄養、收養轉介、兒童休閒娛樂、課後托育等服務；為提昇兒童照顧服務。

六、推動親職教育：近年來，由於社會變遷快速，雙薪家庭普遍及夫妻各處於競爭激烈、人際疏離的工作壓力中，致子女與家人間的互動減少、衝突增加，家庭和社會問題層出不窮，突顯出現代父母對親職教育的需求日益殷切及親職教育生活化的重要性。

七、規劃「兒童照顧方案」：因應社會變遷及兒童福利現階段極具迫切性的問題與需求，規劃「兒童照顧方案」，期從兒童的經濟安全、托育照顧、福利服務、保護、 安置、教育、休閒、醫療、保健等面向，提供以兒童為中心，健全家庭功能之整合性服務方案，增進兒童福祉。

八、推動兒童醫療補助：為使兒童獲得適切健康照顧，推動兒童醫療補助政策，使未滿十二歲之低收入及弱勢兒童，皆能獲得妥適醫療照顧。

兒童福利是對遭受不幸的兒童消極的救濟與保護；對於一般與特殊兒童，亦加關注，透過福利、教育、衛生各方面專業的服務，以謀求其愉快正常的生活、健全身心的發展與潛在能力的發揮；甚且著重預防工作，防範因社會經濟發展而產生有害的社會後果。兒童輔導是兒童福利及兒童教育服務方式之一，用在幫助兒童發展，處理兒童情緒問題及行為問題。兒童輔導工作，是有一套完整的計畫，按步驟進行，使兒童步入正軌，工作人員都需要受過專業訓練，如教育治療學家、心理治療學家、精神病醫師、遊戲治療師、精神病社會工作者、團體工作師及個案工作師，需要共同配合做整體教育輔導及行為調適工作。此項工作常用在家庭、兒童行為指導所，兒童諮詢，學校諮商服務，兒童教養機構等，以協助兒童就學、就業，社會適應及人格重建方面。

第三節　少年福利政策

青少年在其十餘歲（teenage）之階段，正值國中至高中期間，其所表現於外者有不同的習俗、特質、心態、行為之特徵。由於此一時期之青少年正值心智成長階段，面對快速變遷現代化社會，使其生理與心理面臨極大之衝擊與轉變，因此青少年次文化便自然產生。所謂次文化（Subculture）的觀念最早是由美國社會學家柯亨（Albert Cohen）於 1955 年提出，原是指社會中每個團體各自所發展出不同的習俗與德性，亦即某一團體的行為模式除與社會大眾相似者外，團體成員間另有一些獨有的特質，而與大社會所有者有別。他認為低階層社會的青少年因處於劣勢，卻可望達到中上層社會的生活水準，然而由於其本身條件之限制，致其在學校或社會的競爭中經常遭到挫敗，而本身又無法妥善處理這種挫敗，以致形成特有的規範與價值體系，來達成其目標，但如此的價值規範卻與社會正常的有差異，產生對立狀態，引發觸法、偏差的行為。黃俊傑（1988），對青少年次文化主要的發展趨向歸納如下：一、及時享樂主義盛行；二、俏皮的語言形式；三、鍾情生動的圖像思考；四、隨性自在的人生態度；五、執著投入的偶像崇拜。偶像崇拜因青少年次文化而突顯，青少年次文化也經由偶像崇拜來展現其特有的意識型態，更可望藉此得到一個認同的區位。

由於青少年面對多元化來源的價值，但是缺乏成熟的認知能力去體驗經歷，表現出來的不同或標新立異之行為和想法，卻為成人世界所不解，而被標籤為「新新人類」、「狂飆少年期」，或批評「怕苦、怕累，卻不怕死」的「草莓族」。因此，相較於過去，青少年在成長過程中，家庭功能已減弱，而社會文化環境比過去複雜，潛在不良的危險因素更多，面對虐待、性交易、網路援交、中輟等問題，是不能單純的視之為他們成長過程中的偶發社會事件。是故，行政院鑑於青少年犯罪有呈暴力及惡質化的趨勢，為於短期內達到立竿見影的效果，成立跨部會之「行政院青少年事務促進委員會」，由行政院院長擔任召集人，各相關部會部長及邀請包括律師、教育、體育、社會福利、社會工作等專長教授及民間兒童福利扶助、婦幼保護、犯罪預防、休閒及文藝之團體代表擔任委員，研商青少年事務政策及重大措施之規劃諮詢事項，以發揮政策之整體性及有效性功能，以達青少年事務政策之規劃與推動。

一、輔導興設及改善少年福利機構：為增進少年福利，健全少年身心發展，提供適當的休閒與安置場所，籌設少年福利機構，提供教養、輔導、育樂、服務等項福利服務。包括：少年輔導、教養機構；青少年福利服務中心；關懷中心；緊急及短期收容中心；中途學校。

二、辦理兒童及少年性交易防治工作：依據「兒童及少年性交易防治條例」規定，定期召開督導會報，整合相關部會力量，共同防範少年遭受色情侵害，公布政府部門防治成果並檢視應即時改善的缺失。透過檢察與警察體系的密切合作，共同努力消除社會中侵害少年的犯罪者。並協助獲救之少年能得到良好的教化，結合勞工部門提供就業協助，並持續給予後續追蹤，避免再度受害。

三、配合司法體系辦理少年轉向安置輔導工作：基於保護少年人權，少年有請求國家提供適合於健全成長環境的權利。配合司法體系之「以教養代替處罰，以保護代替管訓」的精神，對非行少年以教育、保護為優先，採多元化之處遇，辦理個案之轉介及安置輔導工作。

第四節　兒童少年福利法

兒童少年福利法於民國 92 年 5 月 28 日公布施行，少年福利法自民國 79 年公布施行歷經多次修法，然隨時代變遷，兒童及少年不斷出現新的福利議題，又考量兒童及少年資源體系多有重疊及行政體系之整合，亦順應國際趨勢及聯合國兒童權利公約所規範兒童係指十八歲以下之人等因素下，促成兒童及少年整併之修法方向。民國 97 年 8 月 6 日修正，其內容包括：總則、身分權益、福利措施、保護措施、福利機構、罰則和附則等共有七章，整體內容與規定來看，除了詳細列舉各目的事業主管機關之權責和罰責外，亦對執行工作之細節做較為完備之規定，以更有效的保護和處理兒童少年被侵害的權益。諸如：

一、設立專章規範兒童及少年身分權益之維護，其內容包含出生通報及收出養制度之運作，並明文規範中央應設立收出養資訊中心，俾妥善保存、管理出養人、收養人及被收養之兒童少年相關身分資料。

二、基於保障兒童及少年權利及促進其福利之必要，明文規範地方政府應自行或委託民間辦理各項福利服務措施，內容包含早期療育、諮詢輔導、親職教育、托育服務、課後照顧、休閒育樂、婦嬰安置照顧措施、弱勢兒童少年之經濟扶助及安置照顧等。

三、為促進三歲以下幼兒身心健康，新增規範中央應規劃辦理三歲以下兒童醫療照顧措施。

四、明訂媒體不得違反媒體分級辦法，播放或提供兒童及少年有害身心之出版品、圖畫、錄影帶、影片、光碟、電子訊號、網際網路等。

五、衡酌社工員執行兒童及少年保護工作之實務運作所需及父母親權之維護，擴大保護安置期限，緊急安置期限為七十二小時，繼續安置三個月為限，必要時得申請延長，次數不限，監護人抗告提起期限則延長為十天。

六、增列媒體及相關文書皆不得揭露兒童及少年保護案件之兒童及少年身分資料等資訊之規定。

七、為保障兒童及少年之財產權益，增列規範有事實足以認定兒童及少年財產權益有遭侵害之虞者得聲請法院指定或改定兒童及少年財產之監護人及監護方法。

八、明訂兒童及少年福利機構類別包含：

1. 托育機構：指辦理兒童托育服務及課後照顧服務之機構。
2. 早期療育機構：指辦理發展遲緩兒童早期療育服務之機構。
3. 安置及教養機構：指辦理下列對象安置及教養服務之機構。

4. 心理輔導或家庭諮詢機構：指辦理對於兒童及少年及其家庭提供諮詢輔導服務，及對兒童及少年及其父母辦理親職教育之機構。
5. 其他兒童及少年福利機構：指提供兒童及少年收出養服務或其他福利服務之機構。以確實落實對兒童與少年的保護與福利工作，增進兒童少年的成長。

另外亦規範統合各機關辦理相關兒少福利事宜，本法所定事項，主管機關及各目的事業主管機關應就其權責範圍，針對兒童及少年之需要，尊重多元文化差異，主動規劃所需福利，對涉及相關機關之兒童及少年福利業務，應全力配合之。主管機關及各目的事業主管機關權責劃分如下：

一、主管機關：主管兒童及少年福利法規、政策、福利工作、福利事業、專業人員訓練、兒童及少年保護、親職教育、福利機構設置等相關事宜。

二、衛生主管機關：主管婦幼衛生、優生保健、發展遲緩兒童早期醫療、兒童及少年心理保健、醫療、復健及健康保險等相關事宜。

三、教育主管機關：主管兒童及少年教育及其經費之補助、特殊教育、幼稚教育、兒童及少年就學、家庭教育、社會教育、兒童課後照顧服務等相關事宜。

四、勞工主管機關：主管年滿十五歲少年之職業訓練、就業服務、勞動條件之維護等相關事宜。

五、建設、工務、消防主管機關：主管兒童及少年福利機構建築物管理、公共設施、公共安全、建築物環境、消防安全管理、遊樂設施等相關事宜。

六、警政主管機關：主管兒童及少年保護個案人身安全之維護、失蹤兒童及少年之協尋等相關事宜。

七、交通主管機關：主管兒童及少年交通安全、幼童專用車檢驗等相關事宜。

八、新聞主管機關：主管兒童及少年閱聽權益之維護、媒體分級等相關事宜之規劃與辦理。

九、戶政主管機關：主管兒童及少年身分資料及戶籍相關事宜。

十、財政主管機關：主管兒童及少年福利機構稅捐之減免等相關事宜。

十一、其他兒童及少年福利措施由各相關目的事業主管機關依職權辦理。

第五節　兒童及少年性交易防治條例

「兒童及少年性交易防治條例」以防制、消弭以兒童少年為性交易對象事件。該法所稱性交易只有對價之姦淫或猥褻行為。係民國 84 年 8 月 11 日公布實施，歷經民國 88 年、89 年、94 年及 95 年的修正，該法計五章三十九條，其重點分述如下：

一、總則

明定中央主管機關內政部應會同法務、教育、衛生、國防、新聞、經濟、交通等相關單位，成立兒童及少年性交易防制督導會報，並定期公布檢討教育宣導、救援、加害者處罰、安置保護之成果。

二、救援

1. 成立檢警之專責任務編組，負責犯罪之偵察工作；設置全國救援專線 0800-00919。
2. 明定各相關專業人員，若知悉有未滿十八歲從事性交易之虞或犯罪嫌疑者，有向主管機關報告之義務。
3. 性侵害案件於偵察、審判中，主管機關應指派社工人員陪同在場。

三、保護

1. 在安置保護措施方面，設立關懷中心、短期收容中心、緊急收容中心、中途學校，提供兒童及少年必要之保護安置的協助。
2. 在兒童及少年安保護安置期間，主管機關及教育部代行原親權或監護權。兒童及少年之父母、養父母或監護人，違反兒童及少年性交易防治條例第二十三條至第二十八條之罪者，得向法院聲請宣告停止其親權或監護權；對於養父母，得聲請法院宣告中止其收養關係。
3. 對與未滿十六歲之人為性交易者或引誘、容留、媒介、協助，或以他法，使未滿十八歲之人為性交易者，處有期徒刑，並得併科罰金。

兒童保護服務是指當兒童父母或其他該負責照顧職責的人士，不能由本身或經由社區所提供的社會資源來照顧、愛護、引導和保護兒童，俾使其能正常生長和發展，或兒童已被現有可觀察到的受傷證據，說明兒童的基本需求已受到損害時，由專職機構所提供的服務。其宗旨在保障兒童生長環境的安全，終止任何危害兒童身心發展的不良待遇，以降低或減少各種危險，預防虐待或剝削。並盡力使其獲得適當的家庭照顧與照護，或尋求家庭以外的適當照顧。兒童保護服務具有下列特色：1.社區設有專職機構提供服務；2.

兒童保護工作人員須有法定權利，俾能主動介入家庭；3.兒童保護服務係唯一一種強迫性的服務；及 4.兒童保護工作人員須善用專業權威。

美國為確實達到兒童保護之目的，許多專業人員或相關機構已建立一個服務體系，其中主要包括社會工作人員、警察人員、醫療人員、學校教育人員、育嬰及托兒所設施之兒童福利人員及其他社會性服務機構。

兒童保護服務社會工作，是由專業社會工作員針對受害兒童及其家庭所提供的直接服務，其主要職責在於預防、干預並治療兒童受害的情形。兒童保護工作的內容可分為四類，也是四個處理階段：1.接受報告；2.進行調查；3.加以處置；4.宣布結案。處遇計畫的內容依個別需要而定，大致上可分為幾方面：兒童的永久性安置計畫，對受害兒童的服務，對父母的服務及對整個家庭的服務。

結語

當前少年兒童成長環境比成人過去成長環境優渥，但是，近年來，台灣政治社會快速變遷的情況下，對社會經濟的發展衝擊不少，傳統的社會規範和價值體系受到很大的衝擊，家庭組織結構也趨向多樣化，並且也有很大的轉變，加以這些年來教育改革各種措施不斷提出，需要家庭協助子女適應。在此情況下，許多家庭養育子女的負擔增加；其中前單親職業婦女或父親人數增加，並且結構性失業率增加，對中低收入的家庭壓力不少。依據聯合國（1959 年）兒童權利宣言，凡促進兒童身心健全與正常生活為目的的各種努力及事業均稱之為兒童福利。按兒童福利係以兒童為本位（其宗旨在於保護兒童享有正常的身心發展、家庭生活與兒童人權），配合兒童成長中生理、心理、情緒以及社會各方面之需要，透過行政及執行之過程給予特別保護與照顧，其應享的權利與保障不因社會任何情勢的改變而降低。唯有政府的施政，重視兒童的救助性、預防性及發展性需求層次，透過法規體制的完備，服務內涵的充實，專業智能的培訓，親職教育的推廣，社會資源的匯聚以及科技知識的整合等多方管道，才能建構出全方位的兒童少年福利制度，提供合宜的服務，讓兒童及少年健康、快樂、安全的成長。

第十五章　婦女福利政策與立法

現階段台灣女性面臨了來自國內與國際全球化的衝擊，這包括了：經濟層面：經濟成長減緩、失業問題、勞動市場彈性化等對於婦女參與勞動市場以及家庭經濟安全的影響。政治層面：政府財政問題與政黨競爭影響到社會福利政策的制定與推動。文化層面：由於兩性平權觀念的推廣，社會開始重視女性在私領域的生活，如家庭暴力、家庭照顧工作等的議題。再者，對族群多元文化的關注，原住民婦女議題、外籍／大陸配偶議題也漸漸受到討論。社會層面：婚姻與家庭結構的變遷，例如離婚率升高、單親家庭增多等都顯示出女性福利的新需求。人口層面：人口老化帶來的照顧需求；從東南亞與中國大陸移入的外籍／大陸配偶、外籍幫傭都對台灣女性、移民女性的個人生活與家庭生活產生了新的適應議題。重視婦女的權益、提昇婦女地位、落實兩性平等等工作，是近幾年來婦女相關政策的方向與目標。隨著社會結構的變遷，婦女在社會中的角色與過去已有很大的差距，婦女相關的問題及需求，呈現更加多元化的現象，因此在相關的婦女福利服務方面，亦有多元化的發展。婦女權益之議題既多元且複雜，實在需要非常縝密的思考與全盤式的福利設計，以及周詳的政策規劃與評估。

婦女身為消費者、生產者、家庭照顧者、教育者，經由對現今和未來之生活品質和永續能力的關切，在促進環境永續發展方面可發揮重大作用。政府也應承諾創造新的發展典範，整合永續發展與性別平等主義。

第一節　現代社會的婦女需求

憲法增修條文第十條第六項明示：「國家應維護婦女之人格尊嚴，保障婦女之人身安全，消除性別歧視、促進兩性地位之實質平等」之憲政精神，因此政府於民國 89 年通過「跨世紀婦女政策藍圖」，民國 93 年通過「婦女政策綱領」、「婦女政策白皮書」，透過政府之公權力推動婦女相關政策，以期能提昇婦女權益，落實平等參與共治共決之理念。自民國 80 年代中期開始，與婦女福利相關的社會福利法規相繼出現，包括了：84 年「兒童及少年性交易防治條例」、85 年「性侵害犯罪防治法」、88 年「家庭暴力防治法」、89 年「特殊境遇婦女家庭扶助條例」以及 90 年「兩性工作平等法」、93 年「性別平等教育法」。從法規的內容來觀察，可看出過去婦女福利議題是與兒童少年的人口群、或是性交易、性侵害、家庭暴力等議題有關；近年來所制定的「特殊境遇婦女家庭扶助條例」、「兩性工作平等法」已開始直接關注婦女的經濟安全與就業議題。然而進入快速變遷的二十一世紀，台灣婦女福利的內涵也需要有新的定義與調整。

根據社會學家的研究，社會經濟結構的型態，影響男女社會地位及角色分化程度。在社會發展的過程中，社會不平等最初源起於生物上的不平等；同一個社會的人可能因為性別、年齡或種族等生物上的差異，而獲得不同的社會待遇，也決定了不同的人生命運。一個人出生之後，便由其生物上的性徵（sex）予以「男性」、「女性」的標籤，此為生物上的性別；但是也由於此生物上之區分，在其社會化的過程中，建構了社會性的性別（gender）。而當生物性別和社會性別畫上等號時，便是性別不平等之開始。「男女有別」——生物結構上確實如此，兩性生理結構之不同，除了表現在體型、骨骼、重量、肌肉等差異，也同時反映在生理功能、感官、認知能力上。在許多社會發展的初期，一旦男尊女卑的階層模式形成之後，便影響到後來社會角色的界定（例如職業區隔）、職場與家務工作的分配（男主外、女主內）、社會資源的分配（財產的分配與繼承）等。台灣目前對於婦女福利的需求，根據其研究，包括如下（王麗容，1994）：

1. 雛妓人身保護的需求；
2. 受虐婦女的保護需求；
3. 婚姻調適保護的需求；
4. 單親家庭照顧的需求；
5. 抒解家庭照顧的需求；
6. 老年生活保障的需求；
7. 未婚懷孕的保護需求；
8. 少女就業輔導的需求；
9. 婦女勞動參與的需求；
10.婦女全人發展的需求。

歷年來，有關婦女議題和婦女人權的相關調查，均一再反映出婦女人身安全是婦女最迫切、最關心的問題。以中國人權協會的婦女人權指標調查為例，多年來，婦女人身安全人權指標遠遠低於其他婦女人權指標；而其他相關的婦女福利及權益調查，也通常有七成以上的人認為婦女人身安全問題是最迫切、亟待解決的社會問題，以性侵害、婚姻暴力、性騷擾的發生情形來看，更可見許多婦女長期都有人身安全的威脅感，包括在家庭內的私領域場合及家庭外公領域場合。

受教育不僅是一項基本權利，從人力資本的觀點來看，教育的投資更是達到性別平等、改變社會中性別或男尊女卑的社會價值觀之重要途徑。女性得以獲得平等進入教育體系，對於女性成為改變社會、突破現有劣勢之主體是重要的。台灣目前的教育環境及教育體制，對於女性的影響應從下列幾個層面思考：受教育的機會是否均等；課程內容、教學教材、教育態度是否重男輕女；高等教育中的系所選擇是否嚴重性別區隔；與婦女相關的研究和課程是否缺乏等。首應防止年輕婦女因家庭因素失學。有些家庭因經濟因素，父母職業型態或家族性職業、家庭子女數太多，常無法負擔子女的教育經費，或當家中僅能負擔少數孩子就學時，會傾向犧牲女孩子繼續接受教育的機會。年輕婦女常同時背負著受教與擔任起家庭責任的雙重負擔（較早負擔家計、照顧家庭和出外工作），與早婚、懷孕、性騷擾、不被視為可以培養的對象，都容易造成低度的學習成就以及提早離開教育體系，因此，政府有義務協助學生避免因家庭經濟及其他狀況放棄教育機會，幫助婦女升學至最高階段。

近年來，隨著女性的教育程度提高，自主意識抬頭，以及社會結構的變化，女性的性別角色開始有了轉變，許多女性漸走出家庭，投入就業市場，女性們經常在家庭與工作之間疲於奔命，身心都承受極大壓力，但是，婦女的社、經地位與聲音長期以來卻較不受重視，使其健康需求持續被忽視，台灣婦女的健康議題，以往只圍繞在傳統的「婦幼衛生」範圍內，未去正視女性健康「特有」的議題——即廣角的生育健康、性暴力與婚姻暴力防治、女性職業病防治、女性長期照護等。

近年來我國的女性勞動參與率有增加的趨勢，但是女性在勞力的分擔繼續增加，卻沒有相對地減輕女性在家庭和社區裡無酬工作的責任。研究指出與世界各國相同的是我國女性大部分從事於非標準化的工作，例如臨時工、兼職工、和家庭代工等。這些工作多半以低工資、低保護、低勞動條件的工作，加上女性職業健康並未獲得應有的重視，凡此種種，婦女勞動更值得注意。由於在教育和訓練、僱用、工資、升遷上的差別待遇，我國婦女的勞動參與率，始終低於男性，加上缺乏彈性的工作環境、平等接近生產資源機會以及不適當的家庭責任性別分配，這些都妨礙女性在就業、經濟、專業和其他機會，並且限制女性的參與機會。

雙薪家庭的崛起，為婦女的經濟角色帶來重大的改變；愈來愈少的家庭能夠僅依賴一份薪資所得而生存，轉而可見的是，來自妻子的工作薪資，往往成為決定家庭經濟狀況的重要關鍵。另外隨著家庭結構的改變，當離婚、單親與單身家庭的數目不斷上揚，而這些家庭型態又多與貧窮形影相隨之際，如何妥適地照顧這些具有高度貧窮風險，與多元福利需求的特殊家庭，顯然已非單一的社會救助系統所能回應。這樣的一個福利發展脈絡，再加上歐美女性主義者對福利議題的專注，不僅擴大了婦女需求的實質基礎，更轉而一躍，成為各國社會政策關注的焦點。

世界人權宣言中聲明人皆有參政權。這項宣示清楚的表明了，人不分性別，在政治參與上應享有平等機會和空間。參政是取得政治決策權力之途徑之一，婦女參政的目的就是要躋身權力核心，成為政策制定者。賦予女性權力、增加女性自主性及提昇女性社會、經濟、政治地位，這些對女性而言都是必要的。對於增進社會民主程度及促進社會適當功能的發展，必須在公領域及私領域上達成男女平等參與決策的目標，這才符合正確反映社會組成的平等原則。政治決策必須是性別平等的，因此在女性地位增進的一般過程，平等參與政治扮演著關鍵性的角色，女性介入公領域，平等享有決策權力不只是單純公平性的要求，而是考慮女性整體利益的必要。

第二節　婦女社會角色的挑戰

當前婦女所面對的問題，包括：不幸婦女的照顧、性侵害防治、托育、社會參與機會、以及工作權之保障等所衍生出的問題與需求。而如何建構一套婦女安全網絡與確保婦女權益之保障，就成為婦女福利所應努力的方向。

一、照顧者角色

長久以來，多數的人類社會裡，照顧社會中依賴成員的工作主要由家庭提供，而照顧責任總是落在女性親屬身上（呂寶靜，陳景寧；1996）。因為社會的基本假設在於：兒童照顧最適的地方是在家庭，且應由家庭本身去達成；只有當家庭功能解組或失去功能時，國家才須提供替代性照顧。有關照顧者的負荷與壓力，邱惠慈的研究指出（1993），照顧者感受較重的負荷項目為：必須時時刻刻注意兒童、外出旅行受到影響、自己不舒服時還要照顧兒童、照顧家人感到疲倦及心力交瘁等。另外照顧對女性勞動參與的影響，一些調查發現，女性的照顧者在處理多重責任時，會犧牲休閒時間、調整工作型態、及維持緊湊生活步調來適應（Seccombe, 1992）。倡導家庭照顧為社會共同責任之觀念，減輕婦女家庭照顧壓力，對幼兒、老人、身心障礙家人的全方位照顧，應由社會、企業等社會主體協助家庭共同照顧，同時政府應更積極擴大宣導兩性平權理念，讓更多婦女得以對自己的生涯或生活方式有更寬廣的選擇空間，以減輕婦女為家庭主要照顧者角色的壓力。

二、經濟生活

女性經濟處境較男性不利，是由於大部分女性一生從事的家務工作，不能被現代社會的經濟體系賦予價值，只能在家庭內從事物資的交換。從正式勞動參與率來看，至少仍有一半的女性缺乏個別獨立的工作所得。因之，所有由勞動市場所提供的福利與權利，以及國家的貼補，女性都無法從中受惠。然而處於經濟貨幣化的現代社會，以金錢來衡量勞務或事物的價值乃普遍的趨勢，無酬的家務工作，其價值因而遭受貶抑，尤其愈是強調自由經濟的社會體制下，無酬的家務工作者在家庭外喪失購買力，其經濟安全的保障愈益侷限在家庭之內，家庭及婚姻的穩定性對她的經濟安全保障就更形重要，如果遭遇家庭成員結構的變化，或家庭關係發生改變 ，如丈夫死亡或離異，很容易陷入經濟困境，也危及老年時的經濟安全保障。婦女在經濟上的弱勢，隨著勞動市場條件的不公和婚姻制度的不穩定而更形加劇；婦女弱勢是全球性的普遍現象，藉由福利國家的關注，讓婦女的公允對待，成為努力的目標。降低婦女照顧負擔、協助婦女自立的福利政策：從「福利」和「脫貧」等同並置的觀點，規劃婦女福利政策。正視女性需求，建立普及照顧福利服務制度，並將女性照顧長才轉化為協助女性經濟自立的有利條件，成為女性擺脫貧窮、獲得薪資、打破社會孤立之依據，協助婦女自立。年金制度之設計應考量女性工作型態，充分計算每份工作的勞動貢獻，達到婦女老年經濟安全的最高保障。

三、過度負荷

婦女雙職（double duty），係用以形容職業婦女在承受職場工作壓力之際，尚須負擔絕大部分的家務勞動而言，意即傳統上由家庭主婦負擔家務勞動的兩性家務分工，並沒有因為婦女進入勞動市場而有所調整，導致婦女白天從事一份有酬的工作，晚上還要從事另一份無酬的家務勞動。一天當成兩天用，不僅工作負荷壓力過大，也危害到職業婦女的健康。

四、二度就業

女性就業，有幾項重要且不同於男性職業者的特性，使就業女性的經濟地位仍處於相對不利的地位（Blua, 1984; Bielby, 1991）。包括：就業的性別區隔，使女性的職業集中於技術要求低，薪給也較低的工作。再者，兼職性質的工作仍占女性就業的很大的一部分，這些非全職或非專業性的工作，雖然較方便女性兼顧家庭的照顧，但通常缺乏勞動契約的保障，也就難得有保障女性老年生活之退休制度。婦女離開工作職場之原因有：兒童養育工作、家務繁忙等。事實上，照顧者之角色相當影響婦女之社會參與，如女性工作生涯之中斷、自我發展之受限、社會角色之缺乏等。

五、單親家庭

婦女離婚、喪偶、以及未婚生子的機會增加，令女性為單親戶長者的問題明顯可見，也增加女性在面對家庭經濟不穩定、心理調適、子女管教及親子關係等問題與需求。這些婦女所面對的家庭結構變遷、生命週期發展所帶來的問題，也是社會政策必須正視的課題。單親家庭的需求與問題主要出現在三方面：第一、所得保障與經濟安全問題；第二、子女教養與親子關係問題；第三、社會人際關係與資源網絡改變的問題。

落實具性別平等意識、尊重多元文化之教育政策：應重視女性的階級、族群、城鄉、天分潛能及性傾向等方面的差異。這些觀點有助於思考婦女工作的推動，對於婦女的劣勢地位要在制度面提供特別的保障，包括了在就業、教育、就醫、社會參與等權益的保障，對於家庭照顧及勞動參與角色的平衡，保障婦女人身安全，免於暴力與性侵害；以減少既存的性別歧視，保障弱勢婦女的權益。

第三節　我國婦女福利的政策

由於婦女政策是主導婦女權益，落實婦女人權的國家策略，反映著一個政府對婦女地位、婦女角色、婦女福祉的態度。我國最近幾年來積極經由各種婦女相關的政策及措施來回應、保障婦女基本權益的需求，於民國86年正式成立了跨部會的「行政院婦女權益促進委員會」，通過了一些重要婦女人身安全法案，例如性侵害犯罪防治法、家庭暴力防治法等，也成功的促成民法親屬篇的修正，為有計畫的延續提昇婦女權益。民國93年通過「婦女政策綱領」、「婦女政策白皮書」，秉持著聯合國世界婦女大會的行動綱領與精神，規劃適合國情的婦女權益標竿，所著重之議題包括了：婦女基本生命權、自由權、自主權、受教權、政治參與權及工作權之保障，透過政府之公權力推動婦女相關政策，以期能提昇婦女權益，落實平等參與共治共決之理念。茲將政策內涵揭示如下：

一、婦女政治參與

1. 推動中央性別平等專責機制之建立。
2. 女性參政的突破，並邁向平等目標。
3. 提昇政府公務人員體系的兩性平等。
4. 於各級政府部門廣設參與式民主機制，並提昇女性的代表性。
5. 深化女性結社權，並促進婦女國際參與。

二、婦女勞動與經濟

1. 落實兩性工作平等法及就業服務法，消除婦女職場就業障礙，營造友善、尊重兩性平權的就業環境。
2. 建立多元管道，開發女性勞動力，並輔導女性創業，以促進女性就業能力的延伸與發展。
3. 訂定彈性工時制度，反應女性勞動參與之特性。
4. 強化家庭支持體系，累積女性勞動參與之人力資本。
5. 加強婦女勞動力研究分析，強化婦女勞動力投資，提昇婦女人力資源與勞動素質。

三、婦女福利與脫貧

1. 建立普及照顧福利服務制度及體系。
2. 結合促進婦女充分就業政策，推動照顧福利服務。
3. 充分計算女性勞動貢獻，建立老年婦女經濟安全制度。

4. 提供各類弱勢婦女脫貧、照顧、住宅、生活等福利措施。
5. 加強福利機關（構）的人力與預算。

四、婦女教育與文化

1. 訂定「性別平等教育法」作為全面推動性別平等教育的法源基礎。
2. 檢視並整合現有相關法令，落實具性別平等意識的教育及文化政策。
3. 積極蒐集建立女性史料，多方培植女性文化人才，公平分配相關文化資源。
4. 改革具貶抑、歧視女性的民俗儀典觀念，落實兩性平等。
5. 教育大眾識讀媒體，消除族群、性別的歧視。

五、婦女健康與醫療

1. 制定具性別意識之健康政策，建立有性別意識的醫學倫理與醫學教育。
2. 強化性教育，提昇女性身體及性自主權，避免性病及非自主之懷孕。
3. 健康決策機制中應考量性別的平衡性。
4. 落實對婦女友善的醫療環境，並充分尊重女性的就醫權益及其自主性。
5. 全民健康保險制度之決策及資源分配，應力求地區、階級、族群及性別的平衡。
6. 從事具性別意識的女性健康及疾病研究。
7. 檢視並改善女性健康過度醫療化的現象。
8. 肯定女性對促進及維護健康之貢獻，對家庭及職場的女性照顧者提供充分的資源及報酬。

六、婦女人身安全

1. 加強專責機構的人力與預算；落實並深化現行婦女人身安全保障的政策。
2. 從女性不同的處境、年齡、社會地位觀點出發，發展不同的婦女的人身安全政策。
3. 創造婦女參與治安決策機制。
4. 改造中央與地方警政機關，逐年增加女性警政人員參與決策之比例。
5. 提昇公共環境之安全設計，減少犯罪機會，以保障婦女人身安全。
6. 推動家庭暴力防治法令的修改，建立客觀且免於性別歧視的審判原則。
7. 訂定法規嚴禁警政、司法、醫療、教育、社政等單位以作為或不作為方式，導致二度傷害女性之問訊、診療資料或現場畫面流入媒體。

1995 年聯合國召開的第四屆世界婦女會議曾以「人權」為議題，對婦女之人權問題分別著重於：婦女與人權、婦女與貧窮、婦女與教育、婦女與健康、婦女與暴力、婦女與經濟、婦女與權力參與、婦女與發展升遷、婦女與媒體、婦女與環境、婦女與戰爭及女童保護等十二項，清楚勾勒出婦女人權狀況之藍圖。我國憲法對婦女權益之保障早有規定，憲法第七條即明確指出法律上男女平等的真正意義：「中華民國人民，無分男女、宗教、種族、階級、黨派，在法律上一律平等。」此外，因為母性為國家生存發展之根基，憲法第一百五十六條也規定：「國家為奠定民族生存發展之基礎，應保護母性，並實施婦女、兒童福利政策。」因之，國家為實現憲法所規定之兩性平等，貫徹憲法保護母性、實施婦女福利政策之精神，則國家應在政策、法律、及措施面上，確保兩性平等權益。藉「婦女政策藍圖」積極推動兩性平等並保障婦女基本權益，一方面積極協助婦女在個人、家庭、學校、職場與社會上能夠獲得公平的參與機會和享有同等社會地位，另一方面消極地排除婦女附庸、次要、從屬與限制的不合理地位與處境，強化婦女獨立、平等、自主與發展的各種條件。

第四節　婦女福利的立法重點

為提昇婦女各項權益，維護婦女之人格尊嚴，保障婦女之人身安全，消除性別歧視、促進兩性地位之實質平等之精神，政府先後通過「跨世紀婦女政策藍圖」,「婦女政策綱領」、「婦女政策白皮書」，期望達成「兩性平等參與及共治共決」的基本理念。同時訂定「特殊境遇婦女家庭扶助條例」，並於民國 96 年 1 月 1 日正式實施。該法重點分述如下：

一、扶助對象：指六十五歲以下婦女，其家庭總收入每人每月未超過消費支出 1.5 倍，且家庭財產未超過中央主管機關公告之一定金額者。

二、扶助項目：為緊急生活扶助、子女教育補助、傷病醫療補助、兒童托育津貼、法律訴訟補助及創業貸款。

三、財產門檻：明訂家庭財產未超過中央主管機關公告之一定金額，使扶助資源配置更具合理性。所稱家庭財產。

四、申請人之配偶、直系血親尊親屬及旁系血親不加入家庭應計算人口範圍：考量遭逢特殊境遇如喪偶、離婚、遭遇家庭暴力之婦女，不易從娘家或夫家取得支持資源，故明定家庭收入、財產應計算人口範圍僅計申請人、直系血親卑親屬及卑親屬之配偶，另申請人之配偶、直系血親尊親屬及旁系血親則不納入計算範圍。

五、申請期限：申請期限為事實發生後六個月內，保障特殊境遇婦女之權益。

六、考量維護特殊境遇婦女權益及地方政府實務上運作，於不重複補助之下，增列依其他法令規定取得生活扶助、給付低於本條例補助者，得補助其差額規定。

七、子女教育補助：針對就讀於公私立高中職之子女之學雜費補助 60%，就讀於公私立大專之二十五歲以下子女之學雜費補助 30%。

八、家庭暴力受害婦女增加子女生活津貼及兒童托育津貼：家庭暴力受害婦女依民事保護令取得子女暫時監護權，或有具體事實證明獨自扶養子女者，得申請子女生活津貼及兒童托育津貼。

落實婦女政策綱領各項內涵，促進婦女權益及性別平等。政府應配合婦女政策綱領、婦女政策白皮書落實執行婦女權益重點工作，推動各相關部會保障婦女各項權益、性別主流化實施計畫、推廣性別平等意識、增進各項婦女福利，並定期檢討列管執行績效。增進婦女權益保障與福祉向為婦女福利的重要工作，除努力統籌資源，結合人力、物力與財力以加強推展各相關業務，期能提供更完善的福利服務與權益措施，以建立兩性平權與和諧的溫馨社會。

結語

我國憲法增修條文第九條第五項規定：「國家應維護婦女之人格尊嚴，保障婦女之人身安全，消除性別歧視，促進兩性地位之實質平等」，相關法規亦應配合憲法規定不得牴觸，使男女平等更為落實。近年來，在許多關心婦女權益團體的運作下，修定了許多保障婦女應有權益的法令；訂定如「性侵害犯罪防治法」、「家庭暴力防治法」、「兩性工作平等法」、「性別平等教育法」及至今仍一再修定的民法親屬篇，對婦女基本的人身安全及婚姻保障，有了一定的基礎；而對於婦女工作權的維護。然而，在既有的成果下，我們應該聚集對婦女安全及權益應予重視的共識，讓婦女不只是在人身、婚姻、工作上獲得應有的保障，而是從最基本法律上權益的維護到觀念上對女性的真正尊重；如此一來，才能彰顯兩性的平等、平權的實質意義，而兩性共治的文明社會才能到來。因此，在完成各項兩性平等立法後，並希冀政府能積極落實，以為對當前婦女安全、婦女權益等相關政策；當然，法律的保障是在法律落實的基礎上，兩性平等平權教育的再推廣及法令的加強宣導、相關法律執行層面上的再檢視，都是現行政府單位不應輕忽的環節，而這也是兩性平等法政策所應堅持的原則及揭櫫的理念。

隨著兩性平權的社會建立，亦將有助於我們對於弱勢者的關懷，對社會的重視，對生活品質的提昇，對社區民主的要求等，這些新興的領域，將會使整體社會改造運動添加更豐富而踏實的內容。兩性平等平權的概念，除了法律的保障，在更高的人性價值上，在基於對「人」的絕對尊重上，我們該讓所有社會成員在周延的作為和保障下；我們期許一個公允正義、兩性共治、平等平權社會的到來。

第十六章　老人福利政策與立法

由於醫藥衛生進步，國民營養改善，生活水準提高及傳染性疾病的有效控制，使國民平均餘命有顯著的延長，男性平均餘命已由民國 75 年的 70.97 歲增為 97 年的 75.46 歲，同期間女性則由 75.88 歲增為 81.72 歲，兩性平均為 78.38 歲，已達先進國家之水準。台灣社會邁入「高齡化」的現象。長期來看，如何妥善照顧老人，確實是一個應當未雨綢繆的課題。

第一節　高齡人口的福利需求

高齡人口的福利需求可分為老年人的經濟保障和福利服務兩個方面，傳統農業社會中的家庭養老，就是指老年人的經濟保障和福利服務均是依靠家庭來提供的，而工業化社會的養老方式則主要依靠老年人的社會保障體系和老年人的社會服務體系。目前政府或民間所能提供的服務相當不足。例如實際提供食衣住行服務和老人問題諮詢的機構就相當地缺乏。對於那些行動不便或精神狀況衰退的老人，我們不能只仰賴傳統的孝道來保護那些受虐或是被忽視的老人，宜加入老人在宅服務，以加強社區照護的發展。社會保障制度是解決老年人經濟保障的方式，主要透過社會保險和財政撥款等方式保障老年人的經濟供給，如退休金、醫療保險等；而社會服務體系是提供老年人服務保障的方法，如老年人的衛生保健服務、生活照料服務和文化教育服務等。先進福利國家的老年社會福利服務體系應該由多種性質、多種類型和多種層次的服務網絡組成。在工商社會裡，夫妻多為雙薪家庭，老人日間乏人照顧的問題日益突顯，逐漸的使社區照護觀念受到重視，社區照護的落實必須和其他福利措施相結合，才能發揮福利的功能。

為順應台灣社會急速高齡化和少子化，建立多元性老人福利政策有其必要性，老人福利政策之規劃，要滿足不同社經地位和健康狀況，及老人本身生涯規劃的需求。例如：健康照護問題，需要衛生醫療單位的配合；日間托老的服務接送，需要交通單位的支援；老人的保護工作，需要司法單位介入；居住安全則需住宅建築的調整……。老人的安養並不限於身體的照護，老人心理的發展與尊嚴的維護更不容忽視。

隨著醫藥科技的進步，人類的壽命大大提高了，老人自六十五歲到他的人生盡頭，往往還有長達二十至三十年的光景，若不將他的能力做有效的運用，對整個國家社會而言是莫大的損失。老年人仍然需要工作，主要理由包括：經濟需求、自我實現、寂寞排遣、人際接觸、心理補償、老化延緩、自尊維護、精神寄託等。所以社會應把老人也當作一份社會的資源，不要因其漸老，就將之放棄或摒棄，而應積極地將老人組織起來，使此一資源得以投向生產。在政府積極建構老人福利制度的基礎上，加強社區自身照護體系，使老人獲得親屬、鄰居與朋友的守望相助而在家安養，是有必要的非正式體系。老少同堂可以形成隱含性的社會福利資產，藉由家庭結構和社區互助的功能，解決許多老人安養問題。究此，政府宜透過各種獎助及委託辦法，開辦老人社區照顧、營養午餐、老人住宅及保護網絡等服務，發揮社區照護功能，使老人能在家庭、社區當中頤養天年，實屬必要的做法。

當我們社會中的老人安養與照護問題日益受到重視之際，健全的老人政策亦將是推動社會福利工作的具體體現；就此，政府不僅應保障老人經濟安全、醫療保健、住所、就業、社會參與、持續性照顧等權益，更重要的是所有的服務要能維持個人的自立、增進社會參與、促進自我實現、獲得公平對待和維護尊嚴，以達社會福利的目標。

第二節　老人福利政策的規劃

「在地老化」（aging in place）為我國長期照顧政策發展之目標，以避免世界主要工業化國家大量發展機構服務所導致之過度機構化之缺點，降低照護成本，讓有照護需求的民眾能延長留在家庭與社區中的時間，保有尊嚴而獨立自主的生活（詹火生、林青璇，2002）。惟支持老人留在社區中生活的相關資源仍有不足，未來的發展應以強化社區中的居家支持服務為主，結合社區中長期照護服務與醫療服務資源，提供有需要的老人及其家庭具整合且持續性的照顧服務，儘量做到在老人居住的地區，就地提供其所需要的一切服務。因此不論福利體制為何，其資源發展、服務提供、組織管理、財務支持等策略，多支持社區長期照護體系的建構，希望以「在地」的服務滿足「在地」人的照顧需求，盡可能延長他們留住社區的時間。因此，我國的老人長期照護政策應全面朝「在地老化」目標發展，需要努力的方向包含：第一、評估地區長期照護需求，設定發展目標；第二、發展多元的「在地」服務，服務當地民眾；第三、連結資源建構社區照顧網絡，提昇服務成本效益；第四、優先提供居家支持服務，降低對機構式服務的依賴；第五、建構財務制度，支持社區式長期照護體系之發展。

不過就在地老化原則所需的服務提供之連續性、服務輸送體系之可近性等方面，仍存有改善及檢討之空間。茲就現階段之工作重點及方向說明如下：

一、建立在地老化的理念：從國際間的發展經驗及我國的民情需要，均顯出我國推展在地老化政策的必要性，「落實在地服務」，強調兒少、身障及老人均以在家庭中受到照顧與保護為優先原則，機構式的照顧乃是考量上述人口群的最佳利益之下的補救措施；各項服務之提供應以在地化、社區化、人性化、契合被服務者的個別需求為原則。

二、建立在地老化的法制化：政府宜因應在地老化的發展，進行相關條文的新增或修正，增訂社區式服務措施，為增強家庭照顧老人之意願及能力，提昇老人在社區生活之自主性，政府應自行或結合民間資源提供下列社區式服務：保健服務、醫護服務、復健服務、輔具服務、心理諮商服務、日間照顧服務、餐飲服務、教育服務、法律服務、交通服務、退休準備服務、休閒服務、資訊提供及轉介服務、其他相關之社區式服務，以強調全人照顧、在地老化、多元連續服務為政策導向，讓民眾不同的需要可獲得滿足。

三、建立居家式、社區式、機構式長期照顧服務之連續性網絡：高齡化社會中，老人的長期照護需求是最需要面對的重要議題，因應老人逐漸老化的多元需求，政府結合民間團體建構居家、社區、機構式的照顧服務模式，老人可能因失能狀況的不同，產生的需求往往不是單一的醫療或是社會福利服務提供單位可滿足，故在家庭、社區、機構之間進出，發生服務不連續的問題。如何使長期照顧服務需求者獲得有效的服務連結、確保服務的連續性，實與提供長期照顧各類型服務等同重要。

四、建立服務輸送體系之可近性，開發照顧資源：在地老化政策的主要精神，在於服務輸送的近便性。現行雖已有居家、社區及機構式等服務提供，並設置長期照顧管理中心、居家服務支援中心、老人福利服務中心等服務窗口，惟考量人口老化速度急遽，現行之服務窗口普及性仍有不足，民眾使用之可近性仍不高；再者，初級預防照顧服務仍較為缺乏。當今醫學界和社會學界都提出了「健康老齡化」的口號，讓老人可以長壽且健康的度過老年期。因此，以社區營造及社區參與為基本精神，鼓勵並輔導社區內立案之社會團體普及化設置社區照顧關懷據點，提供初級預防照顧服務。據點服務內涵包括關懷訪視、電話問安諮詢及轉介服務、餐飲服務、健康促進活動，對於偏遠地區或資源缺乏地區，可透過社區照顧服務人力培力過程共同參與。期待經由社區營造及社區參與精神，發展出社區生活特色及長期照顧社區化之預防功能，建立社區照顧支持系統。透過在地化之社區照顧，將可使失能老人留在社區生活，延緩老化及進入機構的時間，同時減輕家庭照顧者負擔，預防長期照顧問題惡化，營造健康、福利、互助的溫暖社區。

五、藉著普及性的據點設置，提供老人家一個熟悉、方便到達且溫暖有人情味的活動場所：不管是藉由志工外出關懷訪視或電話問安，透過餐飲服務或常態性的健康促進活動，均可增進老人與社區互動的機會，真正落實由在地人提供在地服務的目標。此外，據點雖為非正式的照顧資源，經過相關訓練的志工，將可依據案主需求進行轉介，由非正式的照顧資源適當的連結至正式照顧資源，建立連續性之照顧體系；如志工經由定期與老人互動，或透過身心機能檢測，於第一時間發現長者之變化與需求，隨即可就近處理或聯繫家屬，遇有較複雜之個案可轉介至長期照顧管理中心、社會局等相關單位，減少家屬選擇使用不同類別照顧資源上之障礙。

今日的工業社會中，由於經濟的發展，導致生產規模、生活方式、家庭組織、生存機會的改變，尤其在醫藥衛生與保健方面的進步與發展，不但使死亡率降低，也使平均壽命提高，社會邁入「高齡化」的現象。人口快速老化，自然應將現有的體制與政策進一步充實，否則不但未來老人安養會出問題，青壯人口的負擔也會更加沉重。長期來看，如何妥善照顧老人，確實是一個應當未雨綢繆的課題。老人的安養並不限於身體的照護，老人心理的發展與尊嚴的維護更不容忽視，因此老年人力的運用也有助於老人對自我價值的肯定。

第三節　老人福利立法的重點

當老年人口逐步增加時，其生活、安養、醫療、照護、育樂等的需求，自然成為社會的重大議題。台灣最近幾年來快速高齡化的社會發展型態，已使得老人福利政策必須從基礎性和發展性兩種策略做系統性的規劃，才能有效順應高齡化社會和少子化的社會型態。政府可以透過立法或是針對老人需要長期照顧的前瞻發展，使退休後可以享受比退休前更精緻的生涯。「老人福利法」係民國 69 年公布實施，歷經民國 86 年、89 年修正，最近於民國 96 年 1 月 12 日修正通過，本次修正是屬全案修正，該法計七章五十五條，增加二十條條文。修正重點分述如下：

一、總則

1. 明訂主管機關與目的事業主管機關；中央與地方政府的權責，遴用專業人員，加強服務。
2. 釐清主管機關各目的事業主管機關權責。
3. 明訂中央與地方政府主管機關掌理事項與範圍。
4. 提供原住民老人服務及照顧者，應優先遴用原住民或熟諳原住民文化之人。
5. 主管機關應邀集老人代表、專家學者、民間相關機構團體代表及各目的事業主管機關代表參與老人福利業務，其中民間機構團體代表由轄區內民間機構團體互推後由主管機關遴聘之。

二、經濟保障

1. 對於心神喪失或精神耗弱老人，主管機關得向法院聲請禁治產宣告，維護老人財產。
2. 主管機關應鼓勵老人將其財產信託，以保護其財產安全。
3. 對於有必要接受長期照顧服務之老人，應依其失能程度與家庭經濟狀況提供經費補助。

4. 應依全人照顧、在地老化及多元連續服務原則，規劃辦理老人照顧服務措施，並促進其社會參與。

三、服務措施

1. 針對老人需求，提供居家式、社區式或機構式服務。
2. 為協助失能之居家老人得到所需之連續性照顧，直轄市、縣（市）主管機關應自行或結合民間資源提供下列居家式服務：醫護服務、復健服務、身體照顧、家務服務、關懷訪視服務、電話問安服務、餐飲服務、緊急救援服務、住家環境改善服務、其他相關之居家式服務。
3. 為提高家庭照顧老人之意願及能力，提昇老人在社區生活之自主性，直轄市、縣（市）主管機關應自行或結合民間資源提供下列社區式服務：保健服務、醫護服務、復健服務、輔具服務、心理諮商服務、日間照顧服務、餐飲服務、家庭托顧服務、教育服務、法律服務、交通服務、退休準備服務、休閒服務、資訊提供及轉介服務、其他相關之社區式服務。
4. 為滿足居住機構之老人多元需求，主管機關應輔導老人福利機構依老人需求提供下列機構式服務：住宿服務、醫護服務、復健服務、生活照顧服務、膳食服務、緊急送醫服務、社交活動服務、家屬教育服務、日間照顧服務、其他相關之機構式服務。機構式服務應以結合家庭及社區生活為原則，並得支援居家式或社區式服務。
5. 為辦理老人輔具評估、諮詢及資訊，並協助其取得生活輔具，獎勵研發各項輔具、用品及生活設施設備。
6. 鼓勵民間製播老人相關廣電節目，研發學習教材，提供社會教育學習活動及退休準備教育。

7. 推動老人休閒、體育活動，鼓勵老人參與志願服務，以充實老人生活，促進社會適應。
8. 訂定雇主對於老人員工不得就業歧視規定，以維護在職場服務老人之權益。
9. 協助失能老人之家庭照顧者，提供其訓練研習、喘息服務、資訊、諮商、協助支援等服務。
10. 推動適合老人安居之住宅，並協助中低收入老人修繕無住屋或提供租屋補助。
11. 加強老人福利機構管理，保障入住機構老人權益保障。

四、福利機構

1. 老人福利機構類型為長期照顧機構、安養機構及其他等三種類型，各類型機構可單獨或綜合辦理。
2. 私立老人福利機構應冠以私立名稱，並標明業務性質；公設民營機構應於名稱前冠以所屬行政區域名稱，不冠公立或私立。
3. 老人福利機構應與入住者或其家屬訂定書面契約，主管機關應公告規定其定型化契約應記載或不得記載之事項，以確保入住老人之權益。
4. 明訂老人福利機構應投保公共意外責任保險及具有履行營運、擔保能力，以保障老人權益。

五、保護措施

1. 訂定相關人員知悉老人受虐、遺棄、疏忽或生命、身體有危難時應通報主管機關之責任。

2. 結合警政、衛生、民政、社政及民間力量建立老人保護體系，定期召開老人保護聯繫會報。
3. 增加依法令或契約有扶養照顧義務者，留置老人於機構後置之不理，經通知限期處理不處理者，課以罰鍰，公告姓名，涉及刑責者，移送司法機關交辦。

「照顧」指的是「關照愛護」，主要是對人，重點是看顧、關心、顧念，是愛心的具體表現，是全面地協助。國際間有名為「CARE International」的非營利組織，創立於 1945 年，從事對全世界超過六十個國家中有需要者的具體幫助，對各種老弱殘貧給予協助。正如 CARE 組織原本的意義「Cooperative for Assistance and Relief Everywhere」，團結起來，為了協助，也為了增進老人的福祉。老人福利服務的工作，也是團結許多人，以具體的行動幫助有需要的人，而且是針對著附近的人多些協助。借重 CARE 的照顧的精神和內涵包括：

C： creative package 創意的方案，專業服務人員針對老人的需求提供建設性的方案。

A： atmosphere 溫馨的關懷，使服務者在和善的環境中推動工作。

R： appreciation for all 真誠的感謝，感謝所有參與服務的人，也肯定被服務者的配合。

E： empathy 善意的同理，傾聽老人的心聲，以心來互動而不只以腦討論。咸為落實老人福利法推動老人服務工作的重心。

第四節　老人福利的具體作為

現代國家無不積極以提高國民生活水準，促進國民生活幸福為主要目的，當我們社會中的老人安養與照護問題日益受到重視之際，健全的老人政策亦將是推動社會福利工作的具體體現；就此，政府不僅應保障老人經濟安全、醫療保健、住所、就業、社會參與、持續性照顧等權益，更重要的是所有的服務要能維持個人的自立、增進社會參與、促進自我實現、獲得公平對待和維護尊嚴，以達社會福利的目標。

一、健康維護措施

1. 老人預防保健服務：依據「老人健康檢查及保健服務項目及方式」，規定老人健康檢查及保健服務項目及辦理方式，各直轄市、縣市政府即據以配合全民健康保險成人預防保健服務項目，辦理老人健康檢查。
2. 中低收入老人醫療費用補助：為降低低收入戶就醫時之經濟障礙，對於其應自行負擔保險費、醫療費用，由政府予以補助；至中低收入年滿七十歲以上老人之保險費亦由政府全額補助。
3. 中低收入老人重病住院看護費補助：為使老人因重病住院無專人看護期間，能獲得妥善照顧並減輕其經濟負擔，特辦理中低收入老人重病住院看護費補助。

二、經濟安全補助

1. 低收入戶老人生活補助：為照顧未接受機構安置之低收入戶老人生活，每月平均補助每人生活費用，以維持日常生活所需。
2. 中低收入老人生活津貼：為安定老人生活，凡六十五歲以上未經政府公費收容安置之中低收入老人，其家庭總收入平均每人每月未達最低生活費用標準 1.5 倍至 2.5 倍者，每人每月發給三千元，而 1.5 倍以下者，則發給六千元。

3. 低收入老人特別照顧津貼：領有中低收入老人生活津貼，未接受收容安置或居家服務補助，經鑑定醫療機構診斷證明罹患長期慢性病，日常生活活動功能量表評估為重度以上，可申請每月五千元補助。

三、教育休閒活動

為充實老人精神生活、提倡正當休閒聯誼、推動老人福利服務工作，輔導鄉鎮市區公所興設老人文康活動中心，並逐年補助其充實內部設施設備，以作為辦理各項老人活動暨提供福利服務之場所。

四、提供照護服務

1. 居家照顧服務：為增強家庭照顧能力，以使高齡者晚年仍能生活在自己所熟悉的環境中並獲得妥善的照顧，積極推動老人居家服務。
2. 社區照顧服務：針對身心障礙中低收入之獨居老人，提供「緊急救援連線」服務。家庭照顧者因故而短期或臨時無法照顧居家老人時，可安排老人至安養護機構，由其提供短期或臨時性照顧。
3. 機構養護服務：補助民間單位積極興設老人養護、長期照護機構，同時輔導安養機構轉型擴大辦理老人養護服務，以增加國內老人養護及長期照顧的服務量。

五、老人安養服務

1. 為落實「加強老人安養服務方案」，藉由建立老人保護網絡體系、居家服務與家庭支持、機構安養、醫護服務、社區照顧及社會參與、教育宣導及人才培訓等措施，以達保障老人經濟生活，維護老人身心健康，提昇老人生活品質。

2. 提供獨居老人緊急救援連線服務：為加強對獨居老人的關懷照顧，保障其生命財產安全，適時提供緊急救援服務。

六、老人諮詢中心

為增進老人生活適應，設置老人諮詢服務中心，透過社會上對老人心理、醫療護理、衛生保健、環境適應、人際關係、福利與救助等方面具有豐富學識經驗或專長人士參與，對老人、老人家庭或老人團體提供諮詢服務，協助解決或指導處理老人各方面的問題。

七、老人育樂活動

為充實老人精神生活、提倡正當休閒聯誼、推動老人福利服務工作，輔導鄉鎮市區公所興設老人文康活動中心。

八、輔導機構立案

協助未立案老人安養護機構，經政府透過「輔導」、「取締」雙管齊下之做法辦理下，以達到社會需求的標準。

九、老人福利機構評鑑

為加強老人安養護機構之監督及輔導，保障老人權益，促進老人福利機構業務發展，提昇服務品質，辦理老人福利機構評鑑。

十、擴建老人養護機構

針對老人就養需求殷切及就養機構缺乏地區，優先獎助民間設置及增加公立老人養護床位，疏解老人安養、養護問題，改善及充實設施設備。

結語

我們民族中早就有「落葉歸根」的傳統，「在地老化」的理想正是「落葉歸根」的現代說法，社區是人們生活的地方，是人們安身立命的地方，是最人性的地方，是居民共同的「根」。社區中最容易見到的就是老人——有各種需要的老人。老人有需求，他們所居住的社區很可能有些能滿足他們需求的資源，社區照顧就是「與生活結合」，又是「扎根在自己土地上」的服務。是很人性的，是屬於家庭的，是期盼人們共同投入的，是專業人員各自貢獻所長而需要者各自獲得所需要幫助的現代化服務，社區又是有龐大勞動力的體系。如能將供給與需求結合，對雙方都是美好的。它能適當地修正過去機構照顧的缺失，把人性找回來，又使人性中的愛得以發揮，期待健全社區照護功能，以圓滿因應即將到來的高齡社會。

第十七章　勞動政策與立法

二次世界大戰後，福利國家思潮興起，個人享領福利服務乃是一項基本的公民權利（citizenship），而最能反映出福利公民權理念的實際措施，就是對身體健康的個人，尤其是勞動人口，提供就業安全的保障。1948 年的「世界人權宣言」（Universal Declaration of Human Right）第二十三條第一項揭示：「凡人均享有工作、自由選擇就業、公正有利工作條件與失業保障之權」，正式宣稱「工作權」為基本人權之一。目前西方社會對工作權的保障有兩種不同的主張：其一是社會政策的角度，強調以失業保險措施來保障失業勞工的經濟生活；其二是經濟政策的觀點，側重藉增進失業勞工的再就業或轉業能力，或創造就業機會以解決失業問題。對應於我國對工作權的保障則載於憲法第一百五十二條：「人民具有工作能力者，國家應予以適當的工作機會」。

全球化使失業率提高，同時，新經濟形成的人力市場低供給彈性，需要依靠終生教育和職業教育制度以解決，建構健全的勞動政策體系，則宜朝向：第一、健全勞動法制規範，第二、促進勞資合作關係，第三、保障合理勞動條件，第四、充實勞工福利措施，第五、加強勞工安全衛生，第六、落實勞動檢查功能，第七、改善人力供需狀況，第八、完妥勞工退休制度，第九、強化職業訓練機制，第十、擴充就業服務機能。

第一節　現代社會的勞動問題

我國憲法提出的「國家應制定保護勞工之法律，實施保護勞工之政策。」成為勞動政策的根本基石。由於勞動是公民的基本權利之一，而其主要的涵義在於，每一個有勞動能力的公民都有從事勞動的同等的權利，這對公民、用人單位和國家都有特定的意義。對公民來說，意味著享有包括就業權和擇業權在內的勞動權。對用人單位來說，意味著應當平等地錄用符合條件的職工，履行提供失業保險、就業服務、職業培訓等方面的職責。對國家來說，應當為公民實現勞動權提供必要的保障，如保障公民有均等的就業機會；經由促進經濟和社會發展來創造就業條件。面對未來福利與經濟的持續辯論，以及經濟全球化對於「福利國家」的可能衝擊與影響，社會的確需要一套全球風險社會的管理新策略。當前，對失業率增加、低度就業與工時日益兩極化；另在全球化競爭下，產業結構變遷，勞動力必須因應產業技術轉移，結構性失業在所難免。至於集體勞動關係方面，企業在面臨全球化競爭壓力與勞工爭取權益的同時，可轉移至勞動成本較低廉地區投資，或改用工資較為低廉之外來勞動力或非典型勞動力，導致本土勞工集體協商能力弱化；此外，企業為符合其產業特性或減省經營成本，採取「勞動彈性化」措施，實施部分工時、居家勞動、電傳勞動或派遣勞動等非典型僱用方式，是必然的選擇；均對勞工與整體就業環境的衝擊有所影響。

一、影響勞資間的關係

全球化使充分就業與經濟成長的能力受挫，勞方的籌碼減弱，而資本家的籌碼日增，如跨國公司；全球化發展的結果削減了勞工組織的力量。另外資本快速流動亦是勞工力量減弱因素之一。使發達國家居民喪失工作機會同時有剝削發展中國家勞工之虞，國際移工湧入發達國家從事低收入沒有保險工作的風險加劇。

二、社會伙伴關係瓦解

全球化弱化了社會伙伴的基礎與勞方、資方及國家三者平衡的關係（Mishra, 1999）。由於勞工力量的式微、資本快速流動所造成的國際競爭壓力之下，形成如羅德（Rhodes, 1997）所強調的著眼於生產力與競爭力的提高，使傳統的伙伴關係逐漸瓦解，新的經濟與社會關係必須重建，並且以「競爭式組合」（competitive corporation），取代傳統組合，影響原有的勞資伙伴關係。

三、對勞工就業的衝擊

全球化經由加大勞動市場的彈性，產生薪資與工作狀況的不平等、弱勢階層的保障不足的現象。全球化對勞工的衝擊是，在競爭的情勢之下產生一個新的優先次序，亦即為了提高競爭力，必須限制追求其他的目標。在面對國際間更多經濟的相互依賴後，「國家競爭」成為主軸。技術發展意味機器取代人力，無技術性之工作將被機器取代，全球化促使技術快速革新，提昇競爭力，造成失業問題日益嚴重。

四、失業現象趨於惡化

今日社會的失業現象析其原因，大約可歸納為結構性、制度性與政策性等三方面因素，第一、結構性因素：產業結構快速變遷，傳統產業競爭力減弱，對勞力需求量大幅減縮，因而導致失業人口，尤其是中高齡失業人口的增加。第二、制度性因素：勞動條件缺乏彈性，既不利產業的競爭性發展，更不利於中高齡人口的就業。第三、政策性因素：由於產業結構快速轉型，傳統產業不敵鄰近地區低廉勞動力的競爭，以致形成產業外移，造成從業勞工的失業。今日社會「失業現象」的因素多元包括：國際金融風暴及其對於經濟成長的衝擊影響，以致於形成所謂循環式的失業型態；連帶地，景氣下滑與消費能力削減所導致業務緊縮，或歇業而來的關廠失業人數也相對地驟增許多；至於，在失業人口族群的年齡組合裡又以中高年齡的失業者居多，這多少會觸動到背後失業家庭可能產生的衝擊影響；而社會新鮮人的求職潮與失業潮將會出現期限拉長的延滯現象；使勞動問題日益複雜。

五、中高齡勞工的剝奪

知識社會帶來生產技術的進步與機械化自動生產，加速生產過程中淘汰年老的勞工，使老人易喪失其主要所得來源。在以第一級產業（農林漁牧業）為主的社會裡，老人不僅擁有生產技能，也擁有生產工具，具有支配經濟生活的權力。同時農業社會退休年齡或退休型態的界定並不很明確，使得退休制度不易推動。可是，在以第二級產業（製造業）為主的社會裡，老人逐漸喪失生產技能和生產工具，個人支配經濟生活的能力漸受剝奪。在以第三級產業（服務業及知識產業）為主的社會裡，大多數的老人會完全喪失生產技能和生產工具，並使經濟生活的獨立自主性連帶喪失。目前，我國從事第三級產業的人口比率已超過 50%，正朝向高科技資訊化社會邁進。這種輸贏立判（winner takes all）產業結構的改變，已對中高齡乃至老年經濟人口之勞動參與和經濟生活保障，構成了巨大的影響。

六、經濟保障網的建構

隨著產業型態的變化，社會安全保障需求勢將愈趨強烈。正如，工業革命的結果加快了經濟的成長與繁榮，進而提高整體社會消費能力與水準。當人們的生活改善時，則往往傾向於老年時亦能夠維持既定的生活。因此，富裕的社會往往伴隨著經濟安全的強烈需求。就此而言，歐洲早期「老人年金」制度的產生，乃屬於結構性與功能性歷史演進過程，而非意識型態的主導結果。

從科技發展的角度來看，科技的主要功能之一是：消除與控制自然災害，並且利用知識改變人與自然的關係。然而，科技的負面影響或非預期結果逐漸突顯，「現代風險」所造成的不確定性與焦慮感可能比「傳統風險」更嚴重。根據貝克（U. Beck）的理論，現代社會可說是一個「風險社會」（risk society），而這些源自科技應用所產生的現代風險具有三個主要特徵（Beck, 1992）：第一、具有日常性，而且潛伏在日常生活中所使用的能源、機械、交通工具與生活環境中，隨時可能失控；第二、較難以認知與計算其後果，有時，就連專家也束手無策；第三、與我們選擇的生活方式息息相關，我們透過決策引進科技產品，也增加我們對於科技的依賴（葉啟政，1994）；並且衍生出勞動問題的複雜性。

第二節　勞動政策的主要內涵

政府勞動管理的任務是一方面透過日常運行，促進勞動力市場機制形成和確保其正常發揮功能；另一方面，經由社會服務、社會保障和適當的調控方案彌補勞動力市場缺陷，維護社會公平。勞動政策的內涵就具體的分析則包括了：1.就業安全政策。2.勞資關係政策。3.勞動條件政策。4.勞工福利政策。5.勞工保險政策。6.安全衛生政策。7.勞動檢查政策。8.教育訓練政策。9.人力供需政策。

各國勞動立法概況與趨勢，可發現各國勞動政策制定的原則包括有：勞工福祉原則，民主自由原則，經濟平等原則，勞資協調原則，勞資合作原則。

第一、勞工福祉原則：強調在依國家法令規範的原則與勞資合作精神，維護勞工利益增進個人幸福與裨益社會發展。有完善之就業安全政策及立法，方可建立統一的就業安全體系，使國民於就業方面得以安全保障：其主要內容涵蓋職業訓練、就業服務及就業保險等三個重要環節。是以強調：1.扶植工會組織。2.規定工時標準。3.增加工資。4.倡導工人福利。5.培植工人教育。6.培養勞工專業知識。7.確認勞資應合作。8.協助勞資協商。

第二、民主自由原則：勞動政策乃以民主自由為原則。勞工組織依其成立之目的，仍應保有其經濟性及自主性，始能維護其為勞工爭取權益之主要功能，基於此項民主自由之原則，勞工組織自應有其獨立性，不宜受雇主團體之過分干預。

第三、經濟平等原則：勞動政策以經濟平等為其指導原則，並以保護勞工為其施政方針。為此，其內容則包括：

1. 就工時、薪資保護方面：適時調整基本薪資，保障勞工合理待遇。
2. 就女工、童工保護方面：貫徹執行勞動基準法，尤對女工與童工之保護，應予重視；並衡酌國家經濟及社會發展情況，適時加以修訂。
3. 就安全衛生方面：確保勞工工作環境之安全衛生，及維護勞工合理之勞動條件。

第四、勞資協調原則：促進勞資合作。勞資協調原則，乃以勞資雙方人格獨立為其基礎，並以雙方共同體念協調合作之重要為要件。在工商發達之國家，隨著經濟社會的發展與勞工意識、勞工團體力量之增強，勞工福利之範圍及項目亦有日漸擴大增進之趨勢。

第五、勞資合作原則：就勞動關係之成立而言，必須有勞動契約的簽訂。是以勞動規範的內涵有：1.保障勞工工作權。2.維護勞工組織權。3.薪資。4.勞資爭議。5.安全衛生。6.工會參與。7.團體協約。8.職場福利。9.生活照應。10.教育訓練等等。

各國勞動立法乃是配合其國家社會發展情況之需要，若瞭解先進國家晚近之立法趨勢，即可預見國內勞工問題發展的趨勢，亦可事先掌握立法方向，以配合經濟與社會發展之實際需求，建立周延的勞動政策與立法。

第三節　先進社會的勞動政策

勞動政策開始受人注意，可追溯自十九世紀之初，彼時有一群社會改革家，有鑑於工廠制度下工人生活的悲慘與待遇的微薄，惻然感傷，爰在各地奔走呼號，以期改良勞動者的工作條件。當時英人歐文（Rober Owen）對於工人生活的改善，可謂勞動政策與立法的濫觴，惟當時的目的只在利用人類慈善博愛的胸懷，以消除工廠制度的不平等現象。迨入二十世紀以來，工業和社會科學均已有長足的進展，勞動政策所根據的理論，漸次脫離其原有情感方面的色彩，而更具有科學的性質，近代的企業家和學者皆已認為社會經濟機構的各部分都是相聯繫而不能分割者，勞工既為今日經濟機構中的主要部分，當勞工不能享受人類的合理生活，蒙其惡果者將絕不限於勞工本身，故雇主謀勞工之幸福，無異於謀本身之幸福，勞動政策並不是一種恩惠，而是社會安全與經濟繁榮的一部分。

在西方國家的企業中，雇主們普遍對勞動政策十分重視。以保障勞雇雙方的權益並藉以提昇勞動生產力、增強組織凝聚力和競爭力的有效手段。雖然，由於政治、經濟制度以及歷史、文化等背景的不同，西方國家的勞動政策和我國有不盡相同的內容和特色，但是，瞭解西方國家的勞動政策，對我國勞動政策的改革仍有可借鑑之處。

西方國家的勞動政策最早是伴隨著工業革命的發展，產業工人和資本家之間的矛盾日益加劇，由於機器生產代替了手工業生產，工人的勞動增加，工作環境危險、惡劣，工作單調乏味，工商事故不斷增加。工資水準低、勞動工時長、就業無保障的狀況，引起了工人的強烈不滿。工廠裡暴力事件層出不窮，工人罷工經常發生。十九世紀 80 年代中期，改革僱用關係的呼聲越來越高，1900 年至 1914 年，一些思想開明的企業家自覺地採用了一些職場改善措施，如公司設置澡堂和餐廳，提供公司自己的醫療保健服務，甚至派公司的福利代表到僱員家中噓寒問暖，提供營養和衛生方面的諮詢。這些企業家們認為，提高生產效能是強化誠信和提高僱員士氣的善舉，對改善僱用關係大有益處。此外，隨著工業化程度和勞動複雜程度的提高，對工人勞動的監督也越來越困難，職場必須更加依賴職工的自覺性提高勞動生產率。特別是 80 年代至 90 年代，產業間的競爭日益激烈，招聘高素質的勞動力並保持穩定的職工，成為提高生產競爭力的關鍵。同時，由於生活水平的普遍提高，職工對生活品質也提出了更高的要求，要求提供各項勞動保障的條件，希望生活安定、豐富多彩，等等。出於對這一系列因素的考慮，雇主們也願意透過增加保障措施對員工的關心、滿足員工的需要，以提高企業的凝聚力和勞動生產率，這使得勞動政策與立法事宜成為國家所關注的議題。

第四節　我國勞動立法的簡述

一、勞動基準法

勞動政策在保護勞動者合法權益中的偏重保護、優先保護、平等保護和全面保護的原則，偏重保護是指勞動政策在對勞動關係當事人雙方都給予保護的同時，偏重於保護在勞動關係中事實上處於相對弱者地位的勞動者，也就是偏向保護勞動者的權益。勞動基準法就是政府以公權力規範勞動條件最低基準的勞工保護法律，依據美國勞工關係法，勞工具有下列權利：1.組織及參加工會；2.透過工會代表進行團體協商；3.從事團體協商或其他互助及保護勞工的勞動。雇主若違反了上述有關的勞工權益，即為從事不當勞動行為。這包括：干擾、限制或侵害勞工的權益、干擾工會的形成和行政運作、歧視工會會員、歧視追求法律權益的員工、拒絕和員工的代表進行團體協商等。但不當勞動行為標準也用來規範工會組織的行為，以保障勞工的權益。

勞動基準法於民國 73 年 7 月 30 日公（發）布，民國 98 年 4 月 22 日修正，共計有十二章八十六條條文，分為：第一章總則，第二章勞動契約，第三章工資，第四章工作時間、休息、休假，第五章童工、女工，第六章退休，第七章職業災害補償，第八章技術生，第九章工作規則，第十章監督與檢查，第十一章罰則，第十二章附則。立法旨意為規定勞動條件最低標準，保障勞工權益，加強勞雇關係，促進社會與經濟發展。雇主與勞工所訂勞動條件，不得低於該法所定之最低標準。其中重要內容為：適用行業之範圍、強制勞動之禁止、抽取不法利益之禁止、雇主提供工作安全之義務、定期勞動契約與不定期勞動契約、工作年資之合併計算、雇主須預告始得終止勞動契約情形、勞工須預告始得終止契約之情形、資遣費之計算、勞工不得請求預告期間工資及資遣費之情形、發給服務證明書之義務、工資之議定暨基本工資、延長工作時間時工資加給之計算方法、性別歧視之禁止、預扣工資之禁止、工資優先權及積欠工資墊償基金、優秀勞工之獎金及紅利、每日暨每週之工作時數、工作時間變更原則、坑道或隧道內工作時間之計算、雇主延長工作時間之限制及程序、主管機關命令延長工作時間之限制及程序、晝夜輪班制之更換班次、休息、例假、休假、特別休假、假日休息工資照給及假日工作工資加倍、假期之停止加資及補假、主管機關得停止公用事業勞工之特別休假，不得強制正常工作時間以外之工作情形、請假事由、童工及其工作性質之限制、未滿十五歲之人之僱用、法定代理人同意書及其年齡證明文件、童工工作時間之嚴格限制、童工夜間工作之禁止、女工深夜工作之禁止及其例外、分娩或流產之產假及工資、妊娠期間得請求改調較輕易工作、哺乳時間、勞工自請退休之情形、強制退休之情形、退休金之給與標準、勞工退休準備金、勞工年資之計算、退休金之時效期間、職業災害之補償方法及受領順位、補償金抵充賠償金、補償金之時效期間、承攬人與中間承攬人及最後承攬人之連帶雇主責任、事業單位之督促義務及連帶補償責任、技術生之定義之最低年齡、書面訓練契約及其內容、收取訓練費用之禁止、技術生之留用及留用期間之限制、技術生人數之限制、準用規定、工作規則之內容、工作規則之效力、勞工檢查機構之設置及組織、檢查員之職權、勞工之申訴權及保障、處罰之客體、罰鍰之強制執行、勞資會議之舉辦及其辦法、公務員兼具勞工身分時法令之適用方法、工作年資之計算。

二、工會法

工會（Trade Union）係指薪資所得者為維持或改善其工作條件所組織的團體，通常包括職業工會（Craft Unions）：由相同技術或職業勞工所組成；產業工會（Industrial Unions）：由單一產業勞工所組成；以及總工會（General Unions）：由多種不同產業和職業的勞工所組成。由於工會凝聚了多數的勞工，因而對生產環境的穩定有相當大的影響力，也是勞方與資方協調雙方關係的代表與基礎，其勢力甚至可擴及政治層面，協助正當爭取選票，將其理想轉化成政治行動。社會學者對工會的研究主要著重在兩個層面：其一是勞工運動，勞工藉以結合利益、推展福利及其在民主政治中的地位；其二階級意識（class-consciousness），工會與社會階級形成的關係，及如何轉化成意識型態，成為判斷行為與建構社會制度的標準。工會係勞工間因相近的勞動環境與利益而結合，經由工業民主集體協商的模式，以促使雇主提供較佳之勞動條件，因此工會法以保障勞工權益，增進勞工知能，發展生產事業，改善勞工生活為宗旨。

工會主義（Unionism）促使勞工結合起來改善其工作條件，並與資方進行集體協商的過程，稱為「工會運動」(unions movement)。因其並非獨立的社會現象，而是一種普遍性社會趨勢，所以具有特殊的意義；在經濟上，對生產環境的穩定性有重大的影響力；在政治上，代表草根化的民主運動，使勞方擁有和資方平等的地位；在社會上，是勞工福利得以推展的重要促成因素之一。工會法、團體協約法和勞資爭議處理法並稱勞動三法，攸關勞工的談判及結盟實力。工會法於民國 18 年 10 月 21 日公（發）布，民國 89 年 7 月 19 日修正，共計有十三章，列六十一條條文。

三、就業服務法

我國對工作權的保障則載於憲法第一百五十二條：「人民具有工作能力者，國家應予以適當的工作機會。」隨著就業環境的快速變遷，為促進國民就業，以增進社會及經濟發展，特制定本法。本法於民國 81 年 5 月 8 日公布施行，並於民國 97 年 8 月 6 日修正。立法旨意在促進國民就業，以增進社會及經濟發展。其內容計分為七章八十三條，各章分別為總則、政府就業服務、就業促進、民間就業服務、外國人之聘僱與管理、罰則及附則等章。其內容重點為：1.宣示國民有擇業、受僱及僱用之自由；2.雇主僱用員工或招募員工不得有歧視行為；3.就業服務機構應嚴守中立及保密之責任；4.政府應提供國民完整的就業服務資訊，並協助國民適性就業；5.政府對負擔家計婦女、中高齡者、殘障者、原住民及生活扶助戶中有工作能力者等國民，應訂定計畫，致力促進其就業；6.雇主資遣員工應依規定通報主管機關及就業服務機構，以協助其再就業；7.私立就業服務機構之設立應取得許可，並應置備專業人員；8.推介就業或招募員工，不得有不實之廣告，虛偽之勞動條件及不當行為；9.外國人未經申請許可，不得從事工作；10.雇主僱用外國人從事工作，應先取得許可，並應負通報責任，並應負外國人經警察機關遣返之費用。

四、職業訓練法

一般就業安全體系指的是失業救助、職業訓練、和就業輔導的整合，目的在於縮短失業時間，並能順利轉業或再就業。尋找工作機會，不只是消極地等待輔導，還得由失業者積極地搜尋。失業救助給付金額，目的在於維持失業勞工，失業期間的基本生活；自不能超過可再就業所能獲得的薪資待遇，否則失業勞工將失卻尋求工作的意願，並成為國家或社會的負擔。就業安全體系中，銜接失業救助與再就業之職業訓練，便成為在機制上最重要的一環。在失業給付的同時，強制失業勞工接受職業訓練，便是鏈結失業補助與職業訓練機制的設計。若能再將職業訓練與再就業間的訓用予以合一，則就業安全體系便告成形。本法旨意為實施職業訓練，以培養社會建設的專業技術人力，用以提高工作技能，促進國民就業。本法於民國 72 年 12 月 5 日公（發）布，民國 91 年 5 月 29 日修正，共計有九章四十四條條文，分為：第一章總則，第二章職業訓練機構，第三章職業訓練之實施，又包括：第一節養成訓練、第二節技術生訓練、第三節進修訓練、第四節轉業訓練、第五節殘障者職業訓練，第四章職業訓練師，第五章事業機構辦理訓練之費用，第六章技能檢定及發證，第七章輔導及獎勵，第八章罰則，第九章附則。

結語

二十一世紀是全球化經濟時代，唯有掌握趨勢，規劃前瞻性的勞動政策，才能為廣大勞工謀取最大福祉。究此，宜朝向「就業安全」、「所得安全」、「工作安全」等方面努力以為建構一個安穩的勞動環境，讓每一個勞工都可以在安定、安全、安心的工作環境，發揮所長。借鑑澳洲政府所推動的以「相互責任」(mutual obligation) 為勞動政策的核心理念，不僅當成就業取向策略的哲學基礎，也進一步作為促進各級政府與個人、家庭、社會團體與社區間的權力、責任與機會取得平衡的手段或策略（葉肅科，2007)。著眼於「公民資格」(citizenship) 的特性，即是所有的人，都能作為自主行動的主體、受到他人尊重，並接受在處理事務上均可作為個別行為者。同時強調「社會責任」(social obligation) 是一種道德對應：即當社會對我們有助益，我們也應該回過頭來貢獻社會的價值觀，產生社會、職場、勞動者融合為一整合體系。這將是勞動政策推動時可努力之處。

第十八章　弱勢族群政策立法

以「正義論」著稱的學者羅爾斯（J. Rawls, 1971）即主張：「一個正義的社會，必定是能使社會中處於不利地位的人，多得好處較少受損的社會 。」於界定「弱勢族群」時，可引「就業服務法」第二十四條所稱：「負擔家計婦女、中高齡者、身心障礙者、原住民、生活扶助戶中有工作能力者、其他經中央主管機關認為有必要者。」為就業服務法中所特別關注的弱勢族群。當我們社會有部分群體的生、心理狀況，若未給予特別的關注，其生存與基本的生活尊嚴將會受到嚴重的威脅，基於人道主義或社會公義為這些人做一些特別的考量，並對環境設計做一些調整，便是弱勢族群福利服務。因為生存權（Living Right）與「權利」（right）在政治哲學中，一般指涉及三種不同的意義：第一、法律明文的保障；第二、合乎社會正義的需求；第三、評析社會正義的標準。顯示社會對人性尊嚴的保障已愈加重視。

近年來，伴隨全球化趨勢，對人類社會的生活方式和人際關係產生巨大影響，社會福利服務企圖緩衝因此而造成的負面效應，不但保障全民權益，更要捍衛弱勢族群的基本生存保障，以必要社會福利政策服務於相關社群，建構一個關懷的社會。

第一節　身心障礙福利政策與立法

身心障礙的分類和鑑定，主要包含有智能障礙、學習障礙、聽障、視障、多重障礙、自閉症、肢體障礙……等等。依內政部統計資料顯示，民國 97 年 12 月，全台領有身心障礙手冊的，共有 1,045,850 人，占全部人口的 4.37%；十五歲以上身心障礙者的勞動參與率為 21.5%；相較於全台十五歲以上 57.85%的勞動參與率，約少一半。障礙類別計有十六類，其中肢體障礙者約占 41%，聽障者約占 11%，多重障礙及重要器官失去功能者各約占 10%，智能障礙者及慢性精神障礙者各約占 9%，視障者則約占 5%（內政部，2009）。又由近年統計分析，每年均呈現成長趨勢，因而有愈來愈多的身心障礙者亟待扶助，協同跨越障礙，保障權益福祉。朝向保障經濟安全、托育養護服務、提供無障礙生活環境及促進社會參與等方向規劃。為維護身心障礙者之合法權益及生活，保障公平參與社會之機會，因應身心障礙人數增長、個別性需求多元及國際潮流趨勢，政府於民國 69 年訂頒「殘障福利法」，於民國 96 年 7 月 11 日修正為「身心障礙者權益保障法」，參採「聯合國世界衛生組織」（WHO）頒布的國際健康功能與身心障礙分類系統，定義身心障礙者，俾因應身心障礙者確切之需求。強調以就業、教育機會的提昇，增進身心障礙者的生活品質，不再偏重金錢補助，以積極的福利取代消極的救濟。

身障者是絕對的弱勢，在相關法律中，至少有就業服務法、身心障礙者權益保障法、公務人員考試法等等，以落實對身障的保障，其中主要的內容為：

一、提供經濟保障

身心障礙者因身心上的限制，往往為經濟上的弱勢族群，其經濟來源大多需仰賴其家人之扶助，故經濟需求經常為身心障礙者急迫性的需求。目前針對身心障礙者提供了：身心障礙者生活補助、社會保險保險費補助、財產信託制度等經濟安全福利服務，希望透過經濟安全的補助服務，使身心障礙者擁有基本的生存人權。

1. 為照顧中低收入的身心障礙者生活，對未獲收容安置於機構之中低收入身心障礙者，依其家庭經濟情況、障礙等級，給予二千元至六千元之生活補助費。
2. 對身心障礙者參加社會保險所需自行負擔的保險費，按照其障礙等級予以補助，其補助標準為：極重度與重度身心障礙者由政府全額補助；中度身心障礙者補助二分之一；輕度身心障礙者補助四分之一。
3. 對於全民健康保險未給付之部分，而為身心障礙者之醫療復健所需醫療費及輔助器具，經由診斷證明及申請。
4. 照顧中低收入的身心障礙者生活：對未獲收容安置於機構之中低收入身心障礙者，依其家庭經濟情況、障礙等級，給予二千元至六千元之生活補助費。

二、辦理照顧服務

身心障礙者乃因其在生理或心理方面受到限制，但因各身心障礙者障礙嚴重程度不一，故並非所有身心障礙者在接受醫療、教育、復健等服務後皆可自己獨立生活，他們有的仍需持續性的生活照顧服務方能在社會上生存。透過民間單位以及政府相互共同提供身心障礙者的生活照顧服務，其大致可區分為：1.機構住宿服務：協助安置生活自理能力與社會適應較差者。2.社區照顧服務：使身心障礙者能夠就近運用社區資源，如日間照顧、臨時托顧等。3.居家照顧服務：針對日常生活需要他人協助之身心障礙者提供家務服務、日常生活照顧及身體照顧服務等。

三、醫療復健服務

補助身心障礙者之醫療復健所需醫療費及輔助器具，設立「多功能復健研究發展中心」，及視障、聽語障、顏面損傷障者之生活輔具簡易研發或改良中心，以整合規劃身心障礙者復健輔具服務，促進復健科技輔具研發資源之整合與運用，達資源整合共享之目標，增進身心障礙者福祉。

四、教育相關服務

針對身心障礙者所提供相關的教育服務有：於學校設置資源班、提供身心障礙者融合教育等服務。運用資訊科技建立網路系統，建置完成「身心障礙者人口基本資料管理系統」，以有效管理日益增加之身心障礙者基本資料，及因應電腦科技進步，以促進地方政府提昇服務效能。積極規劃建置「社會救助與身心障礙者人口資料管理與福利資訊整合作業系統」，達到福利服務總歸戶之資源整合目標。

五、生涯轉銜服務

為協助身心障礙者能夠有完整的生涯轉銜服務，故部分縣市已成立發展遲緩兒童早期療育通報轉介中心及設置長期照顧服務中心，以及結合轄內勞政、教育及衛生部門共同推動身心障礙者生涯轉銜服務。

六、規劃財產信託

配合信託法及信託業法之公布施行，促進身心障礙者財產有效管理及保障生活權益，研訂信託契約樣例，供辦理信託契約之參考。

七、維護合法權益

定期召開行政院身心障礙者權益促進委員會，研議推動促進身心障礙者權益及福利保護相關事宜，以強化社會大眾對身心障礙者之權益尊重與維護。

八、提昇專業知能

辦理身心障礙福利服務專業人員培訓，辦理「台閩地區身心障礙者生活需求調查計畫」，以作為推動身心障礙福利各項措施之參考。

我國的社會福利走向，是以救濟津貼為主，以消極的金錢補助替代積極的推展方案，把身心障礙者當作「特殊的個體」，忽略了他們該享有的「一般性福利」，也就是說沒有把社會權的觀念普及到身心障礙者。身心障礙者福利政策仍停留在社會救濟的階段，把身心障礙者的工作權和一般勞工者的工作權視為兩種不同的層次。把身心障礙勞工當作工作職場上的「特殊個體」，缺乏正視身心障礙者勞工「工作平等」的社會權利。身心障礙者的工作權應該如同所有的人民的工作權一般，都是整個社會的責任，如果政府推動各政策或法案時沒有公平性社會權觀念，推展身心障礙勞工福利會落入「特殊性」的觀念中，而非「一般性」的整合於整個勞工福利。今日我國的社會福利政策走向，應朝著資訊社會福利政策的方向，落實社會權的觀念為前提，利用科技技術或資訊技術應用，使得身心障礙者在生活上或職業上有更好的生活品質和專業技術。

身心障礙福利政策之推展，亟需各級政府秉持公平、正義原則，顧及國家社會、經濟整體均衡發展，並依各類弱勢族群之真正需要，提供最適當的服務。各項政策之落實執行，尤須社會各界配合政府措施，共同提供身心障礙者有形、無形，生理、心理，硬體、軟體等兼籌並顧之無障礙生活環境，始能克竟事功。爰此，我國的身心障礙福利政策，在政府及社會大眾共同努力之下，以溫和與理性的態度，透過具體的觀懷行動，秉持「權利非施捨、尊重非同情、接納非憐憫」的正確觀念，共同協助社會上每一位需要我們支持、鼓勵的殘障朋友及其家屬；讓每位殘障者與一般人一樣，在真正無障礙的環境中生活，擁有生命的尊嚴，獲得適當的扶助，並充分發揮其潛力。

「身心障礙者權益保障法」，歷經多次修正，計有九章一〇九條，其重點為：

一、統整服務

1. 主管機關：身心障礙者人格維護、經濟安全、照顧支持與獨立生活機會等相關權益之規劃、推動及監督等事項。
2. 衛生主管機關：身心障礙者之鑑定、保健醫療、醫療復健與輔具研發等相關權益之規劃、推動及監督等事項。
3. 教育主管機關：身心障礙者教育權益維護、教育資源與設施均衡配置等相關權益之規劃、推動及監督等事項。
4. 勞工主管機關：身心障礙者之職業重建、就業促進與保障、勞動權益與職場安全衛生等相關權益之規劃、推動及監督等事項。

5. 建設、工務、住宅主管機關：身心障礙者住宅、公共建築物、公共設施之總體規劃與無障礙生活環境等相關權益之規劃、推動及監督等事項。
6. 交通主管機關：身心障礙者生活通信、大眾運輸工具、交通設施與公共停車場等相關權益之規劃、推動及監督等事項。
7. 財政主管機關：身心障礙者與身心障礙福利機構稅捐之減免等相關權益之規劃、推動及監督等事項。
8. 金融主管機關：金融機構對身心障礙者提供金融、商業保險、財產信託等服務之規劃、推動及監督等事項。
9. 法務主管機關：身心障礙者犯罪被害人保護、受刑人更生保護與收容環境改善等相關權益之規劃、推動及監督等事項。
10. 警政主管機關：身心障礙者人身安全保護與失蹤身心障礙者協尋之規劃、推動及監督等事項。
11. 體育主管機關：身心障礙者體育活動與運動輔具之規劃、推動及監督等事項。
12. 文化主管機關：身心障礙者精神生活之充實與藝文活動參與之規劃、推動及監督等事項。
13. 採購法規主管機關：政府採購法有關採購身心障礙者之非營利產品與勞務之規劃、推動及監督等事項。
14. 通訊傳播主管機關：主管身心障礙者無障礙資訊和通訊技術及系統、通訊傳播傳輸內容無歧視等相關事宜之規劃、推動及監督等事項。

二、醫療復健

1. 中央衛生主管機關應辦理嬰幼兒健康檢查，提供醫療復健及早期醫療；對於安置於學前療育機構，相關服務機構及學校、各級衛生主管機關應配合提供所需醫療復健服務。

2. 衛生主管機關應設立或獎勵設立醫療復健機構、醫療復健輔助器具之研發發展機構與護理之家機構；對於尚未納入全民健康保險給付範圍之醫療復健費用及醫療輔助器具，各級政府應視其障礙等級補助之。

三、教育權益

1. 各級政府規劃設立各級特殊學校、特殊教育班，或以其他方式維護身心障礙者受教權益；免費提供交通工具或補助其交通費；優惠其本人及子女受教育所需經費，並鼓勵將助其繼續接受高中以上之教育。
2. 各級教育主管機關辦理身心障礙者教育及入學考試時，應依其障礙情況及學習需要，提供各項必須之專業人員、特殊教材與各種教育輔助器材、無障礙校園環境、點字讀物及相關教育資源，以符合公平合理接受教育之機會與應考條件。
3. 各級政府應設立及獎勵民間設立學前療育機構，並獎勵幼稚園、托兒所及其他學前療育機構，辦理身心障礙幼兒學前教育、托育服務及特殊訓練。

四、促進就業

1. 職業訓練及就業服務方面，提供無障礙個別化職業訓練及就業服務；設立與獎勵設立職業訓練及就業服務機構，所需輔助器具之研究發展；辦理職業評量俾提供就業服務；提供職業重建、創業貸款及所需輔助器具經費補助；設置或獎勵設立庇護工廠或商店；提供支持性及個別化就業服務庇護性就業服務。

2. 僱用保障方面。各級政府機關、公立學校及公營事業機構員工總人數在三十四人以上者，進用具有就業能力之身心障礙者人數，不得低於員工總人數 3%。私立學校、團體及民營事業機構員工總人數在六十七人以上者，進用具有就業能力之身心障礙者人數，不得低於員工總人數 1%，且不得少於一人，未達標準者應定期向身心障礙就業基金專戶繳納差額補助費。
3. 就業保障方面。舉辦身心障礙人員特考，並取消各種公務人員考試對身心障礙者體位之不合理限制；保障視覺障礙者從事按摩業。進用身心障礙者應本同工同酬原則，不得低於基本工資，產能不足時，可酌予減少，不得低於 70%。

五、福利服務

1. 各項補助、減免與優惠措施。依身心障礙者家庭經濟狀況、障礙等級等條件，提供生活、托育、養護費用；社會保險費用；租屋或購屋貸款利息補貼；公共交通工具半價優惠；風景區、康樂場所或文教設施屬公立者免費，私立者半價優惠；公共停車場保留 2%供身心障礙者專用停車位；公共場所開設零售商店或攤販，申購或承租國民住宅、停車位，應保留名額優先核准；納稅義務人或與其合併申報納稅，配偶或撫養親屬為身心障礙者，准予列報特別扣除額。
2. 各項福利措施。提供居家服務、社區服務供身心障礙者或協助其家屬使用；結合民間資源，提供場地、設備、經費興辦福利措施；採取豐富身心障礙者文化及精神生活的措施；鼓勵及協助身心障礙者進行文學、藝術、教育、科學、技術等創造性活動。

六、福利機構

1. 設立各類身心障礙福利機構。政府應自行或結合民間資源設立教育、醫療、護理及復健機構，視障者讀物出版及圖書館、庇護工場、職業訓練及就業服務機構，收容及養護機構，服務及育樂機構，及其他身心障礙福利機構；其機構設立規模應以社區化、小型化為原則。
2. 優先採購身心障礙福利機構或團體生產之物品及服務。各級政府機關、公私立學校、公營事業機構及接受政府補助之機構或團體，於合理價格及一定金額以下者應優先採購。

第二節　外籍配偶政策與相關作為

在全球化衝擊下，跨國之人口遷移已成為普遍現象。近年來，我國隨著政治民主化、經濟自由化、社會多元化的持續改革，外籍與大陸配偶人數逐年遞增，台灣的外籍配偶和大陸配偶已有 415,757 人之多，其中東南亞籍配偶約占 32.3%、中國及港澳地區配偶約占 65.5%、其他國籍約占 3.1%，新生兒當中每 7 個就有 1 個為外籍配偶所生。這些「新台灣之子」占台灣人口結構的比率只會日漸加重，他們的母親更是台灣家庭照護和勞動市場中的重要貢獻者。外籍結婚登記，以在台灣婚姻市場中居於相對弱勢的男子為主（如社經地位較差、年紀偏高或身心障礙者），而東南亞新娘則多因本國之家庭經濟條件差而選擇嫁到台灣。移民入台灣家庭後，她們擔負起生育、照顧老公、侍候公婆或照料全家的工作，面對著需克服語言問題及文化與生活上的適應落差，在照顧與養育下一代之品質上，逐漸被視為潛在社會問題。影響我國人口結構、社會秩序及國家競爭力，使我們必須正視外籍配偶議題。對於外籍與大陸配偶衍生之各種家庭與社會問題，政府已予重視並謀求因應對策，透過政府及民間資源的整合，提供生活適應、醫療、就業、教育、子女教養、保護照顧等多元照顧輔導措施，並以尊重多元文化社會價值為精神，提供必要協助，使外籍與大陸配偶與國人共創美滿婚姻生活，締結和諧社會。

近十餘年來，台灣廣泛接納東南亞外籍配偶、大陸配偶、外籍勞工的結果，開始呈現出「新移民社會」的面貌，由此衍生的社會議題日益增多。為因應新移民配偶福利需求，政府已訂定「外籍與大陸配偶照顧輔導措施」，計包括生活適應輔導、醫療優生保健、保障就業權益、提昇教育文化、協助子女教養、人身安全保護、健全法令制度、加強宣導族群平等與相互尊重觀念等。

一、經濟生活保障

為保障外籍配偶的經濟安全，建議政府加強外籍配偶及其子女的經濟協助，包括提供一般生活扶助、緊急生活扶助費與急難救助等，而在外籍配偶子女方面，為照顧這群「新台灣之子」，建議政府提供弱勢外籍配偶家庭教育補助、子女生活津貼、兒童托育津貼、營養午餐費等，俾使外籍配偶的子女都能擁有同等的機會與同儕競爭。

二、生活適應輔導

為全面照顧弱勢外籍配偶家庭，建議政府提供法律訴訟補助、創業貸款、喪葬補助，以及傷病醫療補助，以確保外籍配偶的經濟安全。外籍配偶的教育水準較不如本地婦女，語言能力也較為不足，倘若來台再嫁入身心障礙或貧窮的「弱勢家庭」，未來在提供下一代教育與養育上將更容易產生問題。因此，政府不應只是針對「新移民」本身及「新台灣之子」提供教育與輔導，而必須針對外籍配偶的所屬家庭成員與整體社區環境一併考量，並提供更適切的支持系統與服務。

三、醫療優生保健

為提昇外籍配偶的醫療品質，建議政府持續輔導外籍配偶加入全民健康保險，減免或補助弱勢外籍配偶及其子女的保險費用。此外，政府也應加強外籍配偶的健康醫療常識，例如，提供外籍配偶自我健康照護管理的教育、CPR 訓練，以及愛滋病防治宣導等。

四、保障就業權益

落實使新移民能迅速融入我國社會，加強辦理職業訓練與輔導，保障新移民就業權益，協調相關社政機構，提供適時社會扶助措施，保障人身安全，強化新移民之自主性，以確實保障新移民之人權；政府應保障外籍配偶公平的就業機會。對於已取得居留權的外籍配偶，政府應提供創業貸款、職業訓練與就業諮詢等服務。期使所有弱勢的外籍配偶家庭都能脫離貧窮，不需再仰賴政府的救助，政府的負擔亦能減輕。

五、提昇教育文化

教育的目的在增進成人之生活、職業、健康及休閒方面的知能，對於外籍配偶的教育，更應該培養他們得以適應社會生活的基本知能。外籍配偶的教育，必須以多元文化教育的觀點，尊重各族群外籍配偶的文化傳統價值，求取社會和諧共存的目標。能「訂定『雙文化認同取向』教育目標，兼顧原有族群文化傳承與現代生活之適應潛能。」如果我們能夠同樣意識到外籍配偶的教育問題，重視文化認同的對話性，同樣採取所謂的「雙文化認同取向」的教育目標，提供給外籍配偶更多的教育機會，讓他們能夠比較順暢地融入台灣社會生活當中，避免成為台灣社會的邊緣人。

六、協助子女教養

為協助外籍配偶子女教養，政府除了加強外籍配偶子女的課後學習輔導、親職教育課程、兒童發展篩檢、子女語言學習及社會文化適應等，亦應加強外籍配偶子女的早期療育服務、嬰幼兒健康保障系統，並協助優先進入公立托兒所、提供托育服務、親職教養相關資訊等。

七、人身安全保護

為使外籍配偶及其子女免於家庭暴力的恐懼及威脅，在外籍配偶的人身安全保障方面，政府應提供外籍配偶權益維護課程、婦幼安全資訊、家庭暴力暨性侵害防治相關法規說明、緊急救援措施，以及各種婦幼保護協助，或是受暴者推介就業、幼兒心理輔導、臨時庇護安置等服務。此外，政府也應提供外籍配偶團體輔導、各種外語諮詢服務、免費職業訓練、婚前諮商教育及其他生活諮詢服務，以確保外籍配偶及其子女的人身安全。

八、健全法令制度

積極加強宣導社會抱持「和諧共存、文化學習」態度以及「尊重包容」的胸襟，幫助新移民們順利在台灣落腳生根，讓新移民為台灣社會注入多元新文化。

新移民是全球發展所帶來的一種社會現象，當我們社會面對日益增加的外籍配偶，宜平等且慎重看待這些新移民。由於她們來自經濟較落後的地區，而且她們結婚的對象又是台灣社會中較為低下階層，而現今台灣缺乏多元文化的素養是目前社會接納她們的最大阻礙，如此不僅拒絕了追求夢想的大陸與外籍配偶，也降低了文化多元色彩所帶來的豐富性，影響更深的恐怕是我國社會內部的更多緊張與衝突。而要協助這群新移民能適應於台灣社會當中，並且具備跨文化的能力，跨國婚姻移民的現象應著重在社會政策的作為中完整對應。提德特（Tiedt, 1990）認為：多元文化社會的整體目的是世界和諧，使我們能夠和不同文化的人民共存於世界中。因此必須補實民眾的文化經驗，提高民眾的文化素養，由認識自己的文化開始，激發強烈的價值感和自尊心，進而理解和尊重其他文化，並將其同情的理解延伸至其他國家。促使外籍配偶能融入社會，以「社會融合」（social inclusion）的觀點，以相應的福利措施加以因應，方能建構一個平等、多元，沒有歧視的社會。

第三節　原住民福利的政策與立法

現在所稱的「台灣原住民」，是指自十七世紀以後陸續由大陸遷移來台的漢民族以外，更早居住在台灣的各南島語族群的後裔而言。原住民各族群都有屬於自己的一套完整的部落文化和社會。目前我國官方所認定的原住民族共計有：阿美族、泰雅族、排灣族、布農族、魯凱族、卑南族、鄒族、賽夏族、達悟族、邵族、噶瑪蘭族、太魯閣族、撒奇拉雅族等族。依內政部統計處資料顯示，截至民國 97 年 12 月，我國原住民人口數約有 494,107 人，占總人口之 2.1%，其中平地原住民計有 223,612 人占 47.08%，山地原住民有 270,595 人占 52.92%，屬於台灣的少數民族。人口大量的外流、族群文化的衰退，使得山地原住民的社會成為現代化衝擊下的「邊際社會」。二十世紀後半，最重要的全球化趨勢之一，便是多元文化的推展，及對少數族群特殊性的尊重。國際勞工組織修訂並提出了《原住民及部落人民公約》(1989)，聯合國則發表了《世界原住民權利宣言草案》(1994)。這樣的宣示，是經過了一番的努力才形成的。在美國、加拿大、澳洲與紐西蘭在對待少數民族的態度與政策上，有其長遠的發展，有著值得我們借鏡的地方。

原住民族因其所處之地理環境以及文化上的特殊因素，故有其獨特性，目前各國原住民社會普遍存在下列三項問題：預期壽命低；單親比率高；家戶所得低（黃源協、詹宜璋，2000）。

1. 預期壽命低：原住民族平均壽命遠低於社會平均值。
2. 單親比率高：原住民族單親家庭比率高於社會平均值。
3. 家戶所得低：原住民族的失業率及貧窮率高於社會平均值。

與原住民族社會福利相關法令為「原住民族基本法」與「原住民族工作權保障法」，茲將二法之相關重點分述如下：

一、原住民族基本法

該法於民國94年2月5日公布施行，計三十五條，為保障原住民族基本權利，促進原住民族生存發展，建立共存共榮之族群關係特制定之。與社會福利相關重點整理如下：

1. 原住民族自治制度之建立：政府應依原住民族意願，保障原住民族之平等地位及自主發展，實行原住民族自治。
2. 協商會議之召開：政府與原住民族自治間權限發生爭議時，由總統府召開協商會議決定之。
3. 教育權利：政府應依原住民族意願，本多元、平等、尊重之精神，保障原住民族教育之權利。

4. 語言發展之推動：政府應設置原住民語言研究發展專責單位，並辦理族語能力驗證制度，積極推動原住民族語言發展。
5. 文化事業基金會之成立：政府應保障原住民族傳播及媒體近用權，成立財團法人原住民族文化事業基金會，規劃辦理原住民族專屬及使用族語之傳播媒介與機構。
6. 原住民族經濟政策之訂定：政府應依原住民族意願及環境資源特性，策訂原住民族經濟政策，並輔導自然資源之保育及利用，發展其經濟產業。
7. 原住民族地區建設基金之設置：政府應寬列預算並督促公用事業機構，積極改善原住民族地區之交通運輸、郵政、電信、水利、觀光及其他公共工程。
8. 原住民族住宅政策之訂定：政府應策訂原住民族住宅政策，輔導原住民建購或租用住宅，並積極推動部落更新計畫方案。
9. 工作權之保障：政府應保障原住民族工作權，並針對原住民社會狀況及特性，提供職業訓練，輔導原住民取得專門職業資格及技術士證照，健全原住民就業服務網絡，保障其就業機會及工作權益，並獲公平之報酬與升遷。
10. 政府應尊重原住民族生活方式等之權利：政府應尊重原住民族選擇生活方式、習俗、服飾、社會經濟組織型態、資源利用方式、土地擁有利用與管理模式之權利。
11. 公共衛生及醫療政策之策訂：政府應依原住民族特性，策訂原住民族公共衛生及醫療政策，將原住民族地區納入全國醫療網，辦理原住民族健康照顧，建立完善之長期照護、緊急救護及後送體系，保障原住民健康及生命安全。
12. 社會福利事項之辦理：政府應積極辦理原住民族社會福利事項，規劃建立原住民族社會安全體系，並特別保障原住民兒童、老人、婦女及身心障礙者之相關權益。政府對原住民參加社會保險或使用醫療及福利資源無力負擔者，得予補助。

13.儲蓄互助及合作事業之推行：政府應積極推行原住民族儲蓄互助及其他合作事業，輔導其經營管理，並得予以賦稅之優惠措施。

14.原住民族人權保障專章之增訂：政府為保障原住民族尊嚴及基本人權，應於國家人權法案增訂原住民族人權保障專章。

15.原住民族法院或法庭之設置：政府處理原住民族事務、制定法律或實施司法與行政救濟程序、公證、調解、仲裁或類似程序，應尊重原住民族之族語、傳統習俗、文化及價值觀，保障其合法權益，原住民有不諳國語者，應由通曉其族語之人為傳譯。政府為保障原住民族之司法權益，得設置原住民族法院或法庭。

二、原住民族工作權保障法

該法於民國 90 年 10 月 31 日公布施行計七章二十六條，為促進原住民就業，保障其工作權及經濟生活，特制定之。其重點分述如下：

（一）比例進用原則

各級政府機關、公立學校及公營事業機構，除位於澎湖、金門、連江縣外，其僱用下列人員之總額，每滿一百人應有原住民一人。原住民地區之各級政府機關、公立學校及公營事業機構，其僱用下列人員之總額，應有三分之一以上為原住民。未達比例者應每月繳納代金，依差額人數乘以每月基金工資計算。

（二）原住民合作社

政府應依原住民群體工作習性，輔導原住民設立各種性質之原住民合作社，以開發各項工作機會。政府對於原住民合作社，提供六年免繳所得稅及營業稅，各級政府應設置輔導小組並酌予補助其營運發展經費，同時定期辦理考核。

（三）公共工程保障

各級政府機關、公立學校及公營事業機構，辦理位於原住民地區未達政府採購法公告金額之採購，應由原住民個人、機構、法人或團體承包，但其無法承包者不在此限。依政府採購法得標之廠商，於國內員工總人數逾一百人者，應於履約期間僱用原住民，其人數不得低於總人數 1%，未達比例者，應繳納代金。

（四）促進就業措施

中央主管機關應設置原住民就業促進委員會，規劃、研究、諮詢、協調、推動、促進原住民就業相關事宜，並定期辦理原住民就業狀況調查，依原住民各族群文化特色辦理技藝訓練，發展文化產業，開拓就業機會。各級主管機關應建立原住民人力資料庫及失業通報系統，以利推介原住民就業或參加職業訓練。同時，中央主管機關應於原住民族綜合發展基金項下設置就業基金，作為辦理促進原住民就業權益相關事項。

（五）強化職業訓練

中央勞工主管機關應依原住民就業需要，提供其參加各種職業訓練機會，訓練期間提供生活津貼之補助，對於原住民取得技術士證照者應予獎勵；其因非志願性失業致生活陷入困境者得申請臨時工作。

（六）協助勞資爭議

勞資權利事項與調整事項之爭議，勞方當事人有三分之一以上為原住民時，勞工主管機關及各級主管機關指派之調解委員 3 人應至少 1 人具有原住民身分者，仲裁委員 3 至 5 人，應至少 1 至 2 人具有原住民身分者。而各級主管機關對於原住民在工作職場發生就業歧視或勞資糾紛，應提供法律諮詢與律師及必要訴訟費。

族群有人為建構性，是社會分類的一種，原住民族為我國少數民族，但因其所居住的地理空間較為獨特，且具有特殊的社會文化，故當政府在加強制定社會福利相關政策時，更應該將原住民族納入政策考量，為原住民族制定符合其需求的相關社會福利政策。

結語

在全球化的氛圍下，各種社會問題日益複雜，而對弱勢者的關懷與照顧，一直是政府施政的重要議題，相關部門持續致力推動關懷弱勢政策以落實社會公平正義。弱勢族群，較易為低所得的人口，其形成的原因是欠缺工作能力或工作能力偏低，以致在職場上，工作機會的競爭力較弱；甚至雖有工作，但工資所得偏低，使日常生活發生困難，而且也沒有儲蓄置產的能力。對於社會中下階層民眾的照顧，政府應扮演積極介入的角色，除了延續往年各項施政措施外，並針對過去較少被照顧到的「近貧」及「新貧」者，優先提供積極、立即、務實的協助。藉由提供相關服務，建構完善之社會安全網絡，保障弱勢民眾生存、就業、健康、教育等權益，增進其社會競爭力及公平參與社會權利。政府推行強弱調合的社會福利，應兼顧企業組織經營的市場競爭力為原則，避免影響市場供需法則，降低企業在市場的競爭力，並減損了國家在國際市場的競爭力。也因此，照顧弱勢族群的生活責任，不宜加諸營利導向的企業，而應劃歸政府的職能，利用政府財政收支的規劃，讓強勢族群的有餘，補貼弱勢族群的不足，以達全民生活照顧的總目標。

我國正面臨社會變遷的轉形期，政府的施政作為，應掌握社會脈動，因應民眾需求，符合世界潮流與國情。因此，身心障礙福利服務的推動，更應具前瞻性、計畫性、步驟性的規劃。社會價值的變遷，隨著社會對弱勢者的包容性已愈來愈高，也願意協助弱勢朋友，協助不是憐憫，而是給一個機會。讓社會大眾感受永續照顧弱勢、落實公平正義與維持社會安定之決心，期能達到「保障弱勢者生存、就業、健康、教育等基本權益，並提昇其社會地位」之總目標。建構完整的福利制度，提供完善的福利制度，讓民眾福祉獲得照顧，讓公平正義得以弘揚，以開拓二十一世紀福利服務的新紀元。

第十九章　職業年金政策與實踐

社會政策學者密敘拉（Mishra, 1999）認為，全球化藉由社會保障與社會支出的減少，以達成降低政府赤字、負債與稅率的優先目標。這使得職業年金制度的建立日益受到重視。「職業年金」這一概念，這是匯集世界一百多年來各種「企業年金」、「雇主年金」、「私營年金」和「個人帳戶養老金」等補充養老保險的實踐經驗，職業年金與國家基本養老保險的關係可以做如下界定：職業年金與基本養老保險。在沒有建立國家基本養老保險制度的國家裡，職業年金是養老保障的主要支柱；在建立了國家基本養老保險制度的國家裡，職業年金是養老保障的補充部分，也是社會安全政策中重要的一環。

第一節　職業年金的意涵

「年金」是指一種定期、長期、繼續給付的方式，使被保險人可以按年、半年、季、月或週領取金錢。至於，「年金保險」是以納費方式對參加一定期間以上被保險人發生保險，提供定期性、繼續性長期給付的一種自助互助之保險制度。「國民年金保險」是以國民為參加對象，在參加滿一定期間之後，多於年滿六十五歲，或發生傷害成殘或死亡時，提供本人或遺眷金錢給付，保障其基本經濟生活安全的一種社會保險制度（蔡宏昭，1990）。年金之型態通常可以概分為三種：第一、國民年金乃政府為保障國民老年經濟基本需求之制度。目前多數的國家以社會保險方式實施。另外少部分採行公積金制，有些國家另有附加年金之設計作為補充年金，此部分與薪資所得相關聯。第二種為職業年金，為依據法律或由勞資雙方協商所提供之一種與薪資所得相關的退休給付措施。第三種為個人年金，為個人依不同需求向民間保險公司所購買的商業年金保險。職業年金（employer pension），即由企業退休金計畫提供的養老金。其實質是以延期支付方式存在的職工勞動報酬的一部分或者是職工分享企業利潤的一部分，是職工權益的一部分。「職業年金」源於自由市場經濟比較發達的國家，屬於雇主自願建立的員工福利計畫。經過一百多年的發展，其附加價值逐漸體現出來：1.工薪者的主要儲蓄和投資渠道，在他們達到退休年齡時可領取一筆數額不小的養老金；2.企業自我管理的主要資產；3.國民儲蓄的主要部分；4.可進入資本市場運作的最大資金流。因此，職業年金在市場經濟國家的經濟社會生活中顯現出日益重要的作用，等。

職業年金一旦進入養老保障領域，即具有如下特徵：1.基於正規企業勞動關係而建立，通常在雇主和傭員之間訂立了勞動契約，並履行一段時間以後，該傭員則具備了參加企業年金計畫的資格；並在參加一項職業年金計畫一段時間以後，從該計畫得到既定受益權（即轉移帳戶資產和領取養老金的權益）。2.最初基於雇主自願原則建立企業年金計畫；當政府介入以後，也有些國家出現了強制性企業年金計畫。3.由企業單方繳費逐漸轉向勞資雙方共同繳費。4.管理模式多樣化，可以建立共同帳戶或為受益人建立個人帳戶：可以建立繳費確定型的（DC）企業年金計畫，或待遇確定型的（DB）職業年金計畫。5.待遇支付原則和方式多樣化，如非均等的支付方式或均等的支付方式、定期支付或一次性支付方式等。6.基金管理多樣化，如企業或行業自我管理，如職業年金理事會；委託專業養老金管理公司管理；當受益人達到退休年齡時，可以將個人帳戶資金繼續投資或轉換成年金產品、市場化，有些國家已經實現了養老基金管理的私營化。7.職業年金個人帳戶資產管理包括兩個性質不同的階段：即受益人在就業期間的養老金儲蓄階段和受益人達到退休年齡後的養老金消費階段。

綜上所述，職業年金是養老市場的重要組成部分，即企業和職工作為購買者與提供服務的中介機構，和提供養老金投資產品的金融機構之間形成的企業年金市場。在這個市場上需要特殊的經營和監管規則，這些規則應當建立在一般基金投資管理規則的基礎之上，反映養老基金的特殊要求，即養老金受益人利益最大化。

職業年金是勞動關係的延伸。勞動關係是雇主（用人單位）和僱員（職工）之間發生的社會關係，圍繞勞動力的使用和勞動報酬支付而發生的交易是勞動關係的核心內容。現代企業員工薪酬應當包括當期分配（加工資）和延期分配，即職業年金是延期分配的基本形式之一，根據職業年金計畫的設計，可以採取繳費、僱員股權制或利潤分享等方式為僱員進行退休儲蓄。因此，企業年金與勞動關係具有十分密切的內在關係：1.企業年金基於正規勞動關係而建立，是雇主和僱員雙方均受益的事情。2.雇主在企業年金計畫中為其僱員承擔了一部分責任。例如，在待遇確定型計畫中，雇主不僅承擔了繳費責任，而且要承擔計畫資產投資的風險，以保證為其退休職工發放退休金；即使在繳費確定型計畫中，雇主同樣承擔很多法定義務。例如，美國《僱員退休收入保障法》規定，如果雇主為計畫參與人（僱員）提供了充分準確的投資資訊的話，那麼雇主將不用為僱員做出的投資決定導致的資產損失而承擔任何法律責任；但是，如果雇主在選擇投資經理時沒有遵循妥善和謹慎的受託人標準，他們仍需要為此負法律責任。3.現代企業年金通常由勞動關係雙方共同管理，並共同承擔選擇投資經理和投資工具的風險。4.企業年金的建立從根本上改善了勞動關係，如雇主透過僱員股權制或利潤分享等方式為僱員個人退休金帳戶進行積累的話，僱員則擁有了企業的部分股份，他們與雇主的關係也就發生了本質的變化。

綜上所述，職業年金計畫的設計必然要反映的有如下要求：1.對受益人實行差別待遇，以支持企業內部的人力資源競爭計畫；2.靈活的繳費方式，以適應企業經營狀況和承受能力；3.充分授予企業在職業年金計畫設計、基金管理和投資經理及投資工具選擇等方面的自主權和變更權；4.取得稅收優惠待遇。職業年金計畫的設計還必須滿足職工的需求：1.在企業、市場和受益人之間形成確保資訊對稱的運作機制；2.獲得對企業年金資產的受益權；3.自主選擇退休金的支付方式；4.個人退休儲蓄帳戶資產的保值與增值。

第二節　職業年金的功能

在高齡化、少子化、無子化，年輕人口迅速萎縮的趨勢中，互助保險就學理和先進社會的保險作為上，則顯有參酌之效。職業年金對社會安全制度的建立發揮了奠基的作用。

第一、職業年金是社會安全不可缺少的補充：先進國家的社會安全制度是在互助保險的基礎上建立的。儘管不少國家積極推動社會保險，但是並不能完全取代職業年金。

第二、社會安全包羅萬象，政府不可能承攬一切。政府在推動主要項目的同時，需要利用扎根於職業年金的互助保險來做社會保險的補充。以日本的社會安全制度為例分三個層次：一是國家的保障項目，二是企業的保障項目，三是個人的保障項目。

第三、職業年金具有管理民主（由會員或其代表直接參加管理）、透明度高和貼近群眾的特點，而這些正是官方社會保險機構不具備。如果政府直接進行作為，其結果是滋長官僚主義，而喪失互濟性。

第四、職業年金具有強化社會保險的主要作用：職業保險，按其國際通行的、相對明確的定義來看，主要指由國家或立法規定的保障居民收入安全的制度。這一制度藉由大規模的收入再分配，在發達的工業化國家對保護工資勞動者和社會上的弱勢群體，促進社會公正和社會平等。

職業年金制度是一個涉及面很廣的系統工程，需要政府機構與民間組織的協調與合作。儘管各國的職業年金在社會安全體系中所處的地位不盡相同，但在風險不斷加多的當今社會裡，職業年金對社會保險的補充作用，將會進一步加強，是社會保障體系中一個不可取代的組成部分。實行以社會保險為中心的社會保障制度，在全球化的今天，日益被社會政策研究界認識。職業年金得到越來越多的政策關注。各個國家都在根據自己國家的歷史、現狀、價值觀念、國情國力和政治可行性對政府在社會福利的責任進行思考和檢視。但是，職業年金於社會保障中的作用則是相對穩定，益顯重要與必要。

第三節　職業年金與勞動

在福利服務較為周全的歐洲，職業年金產生於政府養老保障之後，至今已經經歷了三個歷史階段：雇主自我管理階段；政府介入管理階段；與社會保障協調發展階段。為什麼企業年金得以迅速發展，僅從老年人的經濟安全角度來解釋其原因是不夠的，進一步說有兩個主要原因：一是職業年金對雇主和僱員都有利；二是經由稅收優惠的公共政策鼓勵職業年金發展的結果。在職業年金政策推動很徹底的國家，考慮藉由稅收優惠政策來鼓勵職業年金，以避免政府需要在因應人口老化時挹注更多的社會安全負擔。對影響職業年金發展的特定社會因素做出如下簡單歸納：

一、提高生產效率

有了職業年金計畫，雇主就可以以一種人道的、非歧視性方式向生產力較低的年長職工提供可接受的解決辦法，年長職工不用再繼續工作，為年富力強僱員留出工作職缺。此外，由於知道退休後能有職業年金，工作成員產生一種安全感，也有助於員工士氣和生產力的提高。而且年長職工系統地退休將使晉升渠道暢通，從而為年輕職工提供了機會和激勵。因此，職業年金計畫使企業人力資源管理進入良性循環狀態。

二、改善勞動關係

以多種形式建立的職業年金計畫可以改善勞動關係、完善企業按生產要素進行分配的機制，從而達到提高企業的凝聚力和競爭力的目的。1.實現職工參與企業效益分配和參與管理，將企業與職工的利益更加緊密地聯繫在一起；2.職業年金的分配方案可以是多樣的、差別的，與效率工資制度結合使用，是企業鼓勵競爭、獎勵忠誠和貢獻的手段；3.職業年金的標準取決於企業經濟狀況和企業所有者的經營理念，在不同企業之間必然存在差距，成為企業吸引人才和留住人才的手段，這在知識經濟時代尤為重要。在發達國家的招聘廣告中，職業年金和福利常常是招聘的主要條件。

三、結合稅收政策

職業年金的發展大約是在 1940 年以後。這一期間對公司正常和超額利潤所徵的稅率非常高。如果雇主向符合優稅政策的企業年金計畫繳費，即可以在繳納所得稅前扣除（有一定的限額），是以幾乎不用增加企業實際成本，就可以為職業年金計畫提供部分資金來源。此外，由職業年金信託資產獲得的投資收入直到實際分配之前也免徵所得稅。這些稅收優惠政策對雇主及員工將帶來直接的效益。例如，雇主向養老基金的繳費在繳納的當年並不構成僱員的應稅收入。只有當雇主繳費形成的職業年金發放給僱員時才納稅。此外，在有些特殊情況下，對職業年金收入的稅收還有優惠政策。因此，符合優稅政策的職業年金計畫為其成員提供大量的優惠待遇。

四、裨益薪資策略

職業年金計畫提供的退休金，是延期支付的勞動報酬，可以作為總體物價控制的組成部分，即企業在爭取優秀僱員時，不能一味採取高工資的辦法。企業年金計畫可以緩解勞資雙方在高薪資問題上的壓力，如僱員股權計畫和利潤分成計畫等，這是推動職業年金計畫發展的重要因素。

五、工會認同支持

在二十世紀 20 年代，工會一般不贊成為其成員提供這種計畫。理由是這種企業年金體現了雇主的額外的父愛主義，其實行是為了鼓勵對公司的忠誠。工會覺得，透過政府舉辦的社會保障體系能夠最好地滿足這一需要。若沒有政府的社會保障體系，則工會應為其成員建立自己的職業年金計畫。但由於缺乏管理企業年金計畫的經驗，在經濟大蕭條時期基金貶值問題非常嚴重。到二十世紀 40 年代初，一些工會領導人認識到職業年金計畫的財務風險和支付負擔，感到工會無力承擔這類風險，因而贊成由雇主支持的職業年金計畫。因此，建立職業年金的要求成為二十世紀 40 年代末，美國及一些工業國家勞資談判的主題之一。美國國家勞動關係委員會（NLRB）在 1948 年的一次談判中明確規定：雇主有法律義務就職業年金計畫與僱員組織進行談判。NLRB 認定養老金是薪資的一部分，工人對這一制度充滿期待。

六、增進經濟效率

團體儲蓄和延期支付的方式使職業年金具有內在優勢，促進了它的發展。職業年金作為對社會保障津貼以及個人儲蓄計畫的補充，其好處是巨大的。首先，在一定程度上化解了老年人的經濟風險，解除了員工的後顧之憂；其次，職業年金是同其他補償一併考慮並延期支付的，則不會立即給雇主造成額外的薪資成本；第三、如果獲取稅收優惠待遇，還可以轉嫁其成本；最後，職業年金構成了一種強制儲蓄，對國家儲蓄和資本市場發展均具有促進作用。

七、活絡金融市場

職業年金形成的巨額資金必然促進一系列金融經辦機構和管理公司因應而生，如養老金管理公司等；職業年金的本質決定其用於長期投資的特點和高回報的需求，這必然促進各類金融政策和投資工具的產生，如類似美國 401（k）的計畫和各類保險產品；進而，職業年金需要一個市場，這個市場的形成可以大大促進一個國家金融體系和資本市場的發展。職業年金支持資本市場的理由如下：1.培育基金經辦機構和託管人；2.促進政府管理資本市場的能力建設；3.確定資本市場產權關係的法律法規應運而生，規範資本市場行為的管理規則脫穎而出；4.安全性和收益性是養老金投資運營的客觀要求，這催生了基金管理機構「審慎管理」與政府「嚴謹監督」制度的產生和發展；5.養老儲蓄數額巨大，儲蓄期長，它一旦進入資本市場必然衍生長期投資和高收益的金融工具；6.提高國民儲蓄率。果如斯，職業年金將促進國民經濟發展，並提高國家競爭力。

八、改善退休生活

職業年金是保障退休人員老年生活的基本手段，由於，個人儲蓄對多數人來說可能力不從心，職業年金則是改善老年生活的主要依託。在現代養老金市場中，一些指數化職業年金產品和組合投資的帳戶管理技術的產生，均使退休老人的持續性收入和購買力更加具有保障性。

九、減輕政府負擔

職業年金的建立，可以降低國家基本養老金的替代率，由此減輕政府在籌資、管理和支付等方面的負擔；並可以隨著職業年金制度的不斷發展和完善，逐漸降低國家基本養老金的替代率，有效減輕政府的負擔。

十、促進勞動市場

就業和社會保障是人們的兩個基本需求，一個完善的勞動力市場必須提供這兩項服務，一個完善的勞動關係應當滿足這兩項要求。就業制度和保障制度都是完善勞動力市場的必要條件，勞動力的成本包括當期支付的薪資和延期支付的各種福利待遇，二者的結合使用可以促進「依據勞動成果分配資源」原則的實現。

薪資和職業年金互相作用，可以有效降低，甚至克服職工不辭而別的故意違反勞動契約的現象，如「跳槽」、「不辭而別」等現象。發達國家的實踐已經證明：企業年金制度具有積極的社會功能，如減輕政府提供養老保障的負擔和提高退休人員生活水準等；但職業年金有其侷限性，如果缺乏有效的政策、法律監督，一旦在計畫運作上出現問題，則會對經濟發展和社會穩定造成不利的影響。

第四節　勞工保險年金給付

依據統計，民國 96 年勞保被保險人請領老年給付平均年齡為 57.76 歲，平均每件老年給付金額僅 107 萬餘元，實不足以保障勞工退休後之老年生活所需。舊制勞保給付係一次給付，易因通貨膨脹而貶值，或因投資不當、供子孫花用、甚或遭人覬覦騙取而瞬間一無所有，致使老年生活頓失依靠，也無法確保其遺屬之長期生活。為因應人口老化及少子女化趨勢所帶來之長期經濟生活保障問題，政府著手規劃老年年金制度，在 97 年 7 月 17 日經立法院三讀通過，並將自 98 年 1 月 1 日起施行，勞工保險自此正式邁向年金化，為勞工提供更完善的勞保保障體系。

一、勞保年金給付

1. 年金給付與一次給付雙軌併行，勞工或其遺屬可自由選擇：年金施行前有保險年資者，原有之勞保給付權益不受影響，勞工或其遺屬可以在請領老年、失能或死亡給付時，選擇請領年金給付或一次給付。
2. 提供被保險人或其遺屬長期且安定的生活保障：年金給付係按月領取，既安全又有保障。老年年金可提供被保險人老年退職後安定之生活所需，亦得視個人退休需求而選擇延後或提前請領；失能年金並有加發眷屬補助，可確實保障失能達終身不能從事工作之被保險人家庭經濟生活；遺屬年金另有遺屬加計，可提供被保險人遺屬長期之生活照顧。

3. 活到老領到老，保愈久領愈多，年金得相互轉銜，保障完整：勞保年金是按照實際保險年資為計算基礎，沒有年資上限，所以保險年資愈久，未來領取年金給付金額愈高，且年金得相互轉銜，具保障完整性。例如：於領取老年年金給付或失能年金給付期間死亡者，則轉銜為遺屬年金，使其遺屬獲得長期之生活保障。
4. 領取年金可以避免因通貨膨脹導致給付縮水：為確保年金給付之實質購買力，年金給付金額會隨著消費者物價指數累計成長率來調整，所以，年金給付是對抗通貨膨脹之最佳選擇。
5. 提供被保險人或其受益人基本生活保障：為使被保險人或其受益人獲得最基本之生活保障，勞保年金規範各項年金給付之最低基礎保障金額，老年及遺屬年金給付最低保障金額為三千元，失能年金給付為四千元。

二、老年年金給付

符合退休要件者，得選擇請領老年年金給付或一次請領老年給付。

1. 老年年金：（1）年滿六十歲，保險年資合計滿十五年者；或（2）被保險人擔任具有危險、堅強體力等特殊性質之工作合計滿十五年，年滿五十五歲，並辦理離職退保者；得請領老年年金給付。
2. 老年一次金：年滿六十歲，保險年資合計未滿十五年者（給付標準同舊制老年給付，每滿一年發給 1 個月，逾六十歲之保險年資最多以五年計）。
3. 請領年齡逐步提高：自年金施行之日起，第十年提高一歲，其後每二年提高一歲，以提高至六十五歲為限。
4. 給付標準：依下列二種方式擇優發給：

a. 平均月投保薪資 × 年資 × 0.775% + 3,000 元。

b. 平均月投保薪資 × 年資 × 1.55%。

❖ 舉例：陳先生 60 歲退休時，保險年資 35 年又 5 個多月，平均月投保薪資 32,000 元。

➢ 每月年金金額：32,000 × （35+6/12） × 1.55% ＝ 17,608 元

5. 展延年金：每延後一年請領，依原計算金額增給 4%，最多增給 20%。

❖ 舉例：陳先生繼續工作延至 63 歲退休，保險年資 38 年又 3 個多月，平均月投保薪資 32,000 元。

➢ 每月年金金額：32,000 ×（38+4/12）× 1.55% ×（1＋4% × 3）＝ 21,293 元。

6. 減額年金：被保險人保險年資合計滿十五年，惟尚未符合本條例所定老年年金請領年齡條件者，得提前請領老年年金，每提前一年，依原計算金額減給 4%，以提前五年請領為限。

❖ 舉例：陳先生 57 歲退休時，保險年資 32 年又 11 個多月，平均月投保薪資 32,000 元，其欲提前 3 年請領老年年金。

➢ 每月年金金額：32,000 × 33 × 1.55% ×（1－4% × 3）＝ 14,404 元。

三、失能年金給付

（一）請領要件

1. 被保險人遭遇傷害或罹患疾病，經治療後，症狀固定，再行治療仍不能期待其治療效果，經保險人自設或特約醫院診斷為永久失能，且經評估為終生無工作能力者。

2. 被保險人為身心障礙者權益保障法所定之身心障礙者，經評估為終生無工作能力者。
3. 其他失能程度未達終生不能從事工作者，仍同舊制按失能給付標準規定發給一次金。

（二）給付標準

1. 平均月投保薪資 × 年資 × 1.55%。
2. 最低保障四千元。
3. 發生職災經評估為終生無工作能力者，除發給年金外，另加發二十個月職災失能一次金。
   - ❖ 舉例：張女士經評估為終生無工作能力，保險年資 20 年又 6 個多月，平均月投保薪資 32,000 元。
   - ➢ 每月年金金額：32,000 ×（20+7/12）× 1.55% ＝ 10,208 元。
   - ➢ 如其為職災事故，再加發：32,000 × 20 個月 ＝ 64 萬元。

（三）眷屬補助

1. 補助對象及標準：配偶或子女符合條件者，每 1 人加發 25%，最多加 50%。
   - ❖ 舉例：同前例 1，張女士有眷屬 2 人。
   - ➢ 每月年金金額：32,000 ×（20+7/12）× 1.55% ×（1＋25% × 2）＝15,312 元。
2. 眷屬資格

(1) 配偶：符合下列情形之一。①年滿五十五歲，且婚姻關係存續一年以上。②年滿四十五歲，婚姻關係存續一年以上，且每月工作收入未超過勞保投保薪資分級表第一級。

(2) 子女（養子女須有收養關係六個月以上）：符合下列情形之一。①未成年。②無謀生能力。③二十五歲以下，在學，且每月工作收入未超過勞保投保薪資分級表第一級。

四、遺屬年金給付

（一）請領要件

1. 被保險人在保險有效期間死亡。
2. 被保險人退保，於領取老年年金或失能年金給付期間死亡。
3. 保險年資滿十五年，並符合老年給付條件，於未領取老年給付前死亡。

（二）給付標準

1. 平均月投保薪資 × 年資 × 1.55%。
2. 最低保障三千元。
3. 發生職災致死亡者，除發給年金外，另加發十個月職災死亡補償一次金。

❖ 舉例 1：李先生在保險有效期間死亡，保險年資 25 年又 3 個多月，平均月投保薪資 32,000 元。

➢ 每月年金金額：32,000 ×（25+4/12）× 1.55% ＝ 12,564 元。

➢如其為職災事故，再加發：32,000 × 10 個月＝32 萬元。

❖ 舉例 2：周先生在領取老年年金期間死亡，保險年資 25 年又 3 個多月，平均月投保薪資 32,000 元。

➢ 原領每月老年年金金額：32,000 ×（25+4/12）× 1.55% ＝ 12,564 元。

➔ 改領每月遺屬年金金額：12,564 × 50% ＝ 6,282 元。

4. 遺屬加計：同一順序遺屬有二人以上時，每多一人加發 25%，最多加計 50%。

❖ 舉例 3：同前例 1，李先生在保險有效期間死亡，遺有配偶及 2 名子女。

➢ 每月年金金額：32,000 ×（25+4/12）× 1.55% ×（1＋25% × 2）＝18,846 元。

❖ 舉例 4：同前例 2，周先生在領取老年年金期間死亡，遺有配偶及 2 名子女。

➢ 每月年金金額：6,282 ×（1＋25% × 2）＝9,423 元。

勞工保險年金給付是為保障勞工退休後的生活，建立勞工保險年金給付制度，勞保年金給付的優點較一次請領給付更多，保障更完整。

第五節　勞工退休金條例

勞工退休金條例（勞退新制）於民國 94 年 7 月 1 日施行，有關勞工退休金之收支、保管、滯納金之加徵、罰鍰處分及移送強制執行等業務，由中央主管機關委任勞保局辦理。勞退新制係以「個人退休金專戶」為主，「年金保險」為輔的制度，以下分別說明其內涵：

第一、個人退休金專戶。雇主應為適用勞基法之本國籍勞工，按月提繳不低於其每月工資 6%勞工退休金，儲存於勞保局設立之勞工退休金個人專戶，退休金累積帶著走，不因勞工轉換工作或事業單位關廠、歇業而受影響，專戶所有權屬於勞工。勞工亦得在每月工資 6%範圍內，個人自願另行提繳退休金，勞工個人自願提繳部分，得自當年度個人綜合所得總額中全數扣除。勞工年滿六十歲即得請領退休金，提繳退休金年資滿十五年以上者，應請領月退休金，提繳退休金年資未滿十五年者，應請領一次退休金。

第二、年金保險。年金保險人於被保險人生存期間或特定期間內，依照契約給付一次或分期給付一定金額之責的保險契約，在勞工退休金條例下的年金保險制，在勞退新制下的年金保險，雇主（要保人）為勞工繳納的保險費，不會因勞工離職而失去其已支付之效用。

第三、年金保險契約應由雇主擔任要保人，勞工為被保險人及受益人。事業單位以向同一保險人投保為限。年金保險之承辦機構為經中央主管機關核准之保險公司。給付請領方式依年金保險保單內容規定辦理。

第四、強制提繳對象。適用勞基法之本國籍勞工，依照勞退條例第七條第一項規定，本條例之適用對象為適用勞基法之本國籍勞工。強制提繳退休金的適用對象為適用勞動基準法之本國籍勞工，自願提撥的適用對象，則為實際從事勞動的雇主及經雇主同意為其提撥退休金之不適用勞動基準法之本國籍勞工或委任經理人。

第五、提繳規定。雇主必須先為勞工提繳退休金，勞工始得於每月工資 6%範圍內，個人自願另行提繳退休金。提繳率：雇主提繳率不得低於 6%；個人自願提繳率不得高於 6%。

第六、自願提繳金額享有賦稅優惠。依勞工退休金條例規定，勞工得在其每月工資 6%之範圍內，自願另行提繳退休金，自願提繳的部分得自當年度個人綜合所得淨額中全數扣除。

第七、請領規定。請領勞工退休金，勞工退休金係為保障勞工年老退休生活，不宜太早提領，爰規定請領年齡為六十歲。勞工年滿六十歲，工作年資未滿十五年，應請領一次退休金，其工作年資滿十五年以上，應請領月退休金。

第八、勞工退休金最低收益的保障。在新制之下，將由勞保局辦理勞工退休金之收支、保管，再加上基金運用收益、收繳之滯納金及其他收入，成為勞工退休基金，勞工退休基金監理會得就勞工退休金之經營及運用，委託金融機構辦理。然而，任何投資都有其風險，倘若投資發生虧損會不會影響勞工的權益呢？究此，勞工退休金條例規定，提繳之勞工退休金運用收益，不得低於當地銀行二年定期存款利率，如有不足由國庫補足之，以保障勞工權益。

第九、因新的勞退制度採確定提撥制，勞工未來能領多少退休金，完全要看投資報酬與績效。政府只須訂定規則，以及明訂有哪些金融商品可供選擇，其餘要交給專業決定，透過基金操作的專業與透明化，降低基金的操作風險，並拉高投資報酬。基金監理會在尊重專業化的前提下，盡量免除非市場性的干擾，以求基金能夠在穩定的環境下，獲取最大收益，以為勞工謀求最大福利。

「勞工退休金」與「勞保」為不同的制度，勞工退休金是一種強制雇主應給付勞工退休金的制度，分為新、舊制：舊制依「勞動基準法」辦理；新制則依「勞工退休金條例」辦理。而勞保是一種社會保險，被保險人發生保險事故時，得依「勞工保險條例」規定請領保險給付，並無新、舊制。勞工退休金新制，係勞動基準法退休金規定之改制，與勞保無關，勞保被保險人之相關權益（例如投保年資併計、可以請領的老年給付等）並不會因為勞工選擇適用退休金新、舊制而受到任何影響。

結語

自二十世紀 70 年代末以來，隨著人口老齡化的快速增長以及 1973 年石油危機帶來的經濟衰退，使工業化國家的社會保障制度普遍陷入困境，所面臨的問題之一就是政府在社會保障項目上的開支增長過快，造成財政赤字和國債的急劇膨脹。工業化國家從 80 年代以來開始對養老保險制度進行改革，目的是減輕國家的負擔，並在此基礎上提出了「三個支柱」的方案，即養老保險體系由公共年金、職業年金和自願的個人儲蓄制度三個支柱構成。企業年金的地位越來越受到重視，這也是它近年來快速增長的原因。

第二十章　社會救助政策與立法

「貧賤夫妻百事哀」、「金錢不是萬能，沒錢萬萬不能」早為人們耳熟能詳，社會安全制度既以設法令人可以免除恐懼，因而社會救助即為社會政策的重要內涵。社會救助為防堵貧窮，而貧窮的起源，可溯及工業革命，因工業生產大量增加產品，以致造成生產與消費失調、貧富差距等情形，工資制度形成勞資對立情勢，造成共產主義的勃興。歐美各工業國家為防止並消弭這種社會病態的產生，便由政府訂定各項社會救助制度，並以社會安全為號召。而美國以 1929 年遭逢空前的經濟恐慌，失業人口驟增，羅斯福以「新政」(New Deal) 為口號，當選總統後，即努力於推動經濟社會根本改革方案，於 1935 年創立社會安全制度。不數年間，消除了經濟危機並創造社會繁榮景象。因此，第二次世界大戰後，各民主自由國家更加正視社會救助制度。

為了回應聯合國人權宣言中列有：「各國人均為社會中之成員，有享受社會安全保障的權利。」世界各先進國家無不致力於社會救助制度的落實。然而，由於國情的差異、政經的發展程度，社會安全著重內容易有所區別。總體而言，社會救助制度落實則以維持國民最低生活水準為原則。

全球化造成所得與財富分配上的不平等，以英國為例，1970 年代，最富有的前 5%人口的所得是最貧窮 5%人口的十倍，到了 1990 年擴大成為十五倍。薪資收入惡化的原因是，無一技之長的低度勞動者，其工作機會被開發中國家的勞動力取而代之。社會政策學者密敘拉 (Mishra, 1999) 認為，全球化弱化了社會保障的意識型態，特別是對最低生活標準的保障。社會救助在預防、減輕或解決社會貧窮問題，增進個人、家庭、團體及社會之福祉，以提昇民眾生活品質，並促進國家建設整體發展。社會救助即為體現社會安全的必要措施。社會救助亦稱為公共救助。是政府以資金扶助老弱、孤寡、殘疾等無力自謀生活的國民，獲得最低生活並進而使其自立謀生的福利措施。該資金大多數是來自政府的預算，受領資格以生活困苦為基準，其資格的確定往往需經過專業人員為必要的調查手續。社會救助的主要內容包括：家庭救助，免費醫療，急難救助，教育輔助，收養保護，借住住宅，喪葬輔助，職業輔導，創業貸款。社會救助的目標，是希望經由濟助方式，增進個人幸福，並對社會有所貢獻。即，「化無能為有用」，達到「老而不衰，殘而不廢」的理想境界。

第一節　貧窮影響社會安全

每年 10 月 17 日是「國際消滅貧窮日」，根據聯合國農糧組織的統計目前世界六十七億人口中有十一億人每日生活不到一元美金成為三餐不繼的赤貧情況。加以全球糧食價格飆漲，不僅對受到金融危機衝擊的全球經濟，形成雪上加霜的效應，也讓貧窮問題再度惡化，使得國際社會在消滅貧窮上，付出的長期努力，付諸流水。人類學者路易士（Oscar Lewis）的研究，在波多黎各、墨西哥、及美國的貧窮人中間，存有共同的特徵，路易士將這七十多項特徵稱為「貧窮文化（the culture of poverty）」。這些特徵包括經濟上的、心理上的、社交性的、政治性的。在不同的背景及種族中，這些特徵也許有不同的組合，但其核心的世界觀、價值觀卻大體上相同。貧窮的文化是貧窮人為要適應貧窮而有的一種生活體系，它是一套整的生活方式（a pattern for living），是一個適應體系（adaptive system），亦是一個解釋體系（interpretative framework），不只是一些零零星星的特徵，因此應該被稱為文化。而基層文化就是各類基層人士所具有的共同文化特徵。貧窮一詞，學者的定義常依其論點而異。

一、Martin Rein（1970）認為貧窮有三種廣泛定義

(一) 維生（subsistence）：維持健康與工作能力的最低需求，源自於所得貧窮的概念，也就是說當個人的所得在貧窮線之下，且無法維持基本生活所需的消費則被視為貧窮，此由缺乏所得這單一向量的觀點來評斷個人是否為貧窮；強調基本生存與生理機能的運作。強調的是一種「絕對貧窮（absolute poverty）」，此係源自於生計貧窮（subsistence poverty）的概念，當個人所擁有的所得或資源無法維持在一個特定的最低生活所需（minimum necessities）或消費水準時，通常指其處在生計貧窮的狀況，至於哪些是維持最低生活所需的物品或消費水準，則由各個社會或政府政策機構自己取決。

(二) 不平等（inequality）：比較不同所得群體的差異而產生的，貧窮是社會所得階梯（income layers）中居於最低的階層，此由多向量（dimensional）的觀點來比較個人與社會大眾的差異，進而推斷其是否淪入貧窮。因此貧窮者相對其於他團體係居於較低的階層。

(三) 外部性（externality）：強調貧窮對其他社會成員所產生的社會影響，貧窮的直接定義是源自於相對剝奪的概念，當個人的消費水準低於當時社會的消費水準即被視為貧窮。是一種「相對貧窮（relative poverty）」，來自於一種相對剝奪貧窮（deprivation poverty）的概念，當自己覺得物質匱乏時，即為一種相對的剝奪感。也就是說當一個人的消費水準、生活型態、社會參與遠低於一般社會大眾的合理條件時，可稱他們處在一種相對剝奪的貧窮環境中（陳昭郎，1995）。強調貧窮的社會結果，較不是貧窮人口本身的需求。

二、Vic George 與 Irving Howard（1991）的定義

他們認為貧窮應該被視為一個需求的連續性概念，包含四種對貧窮的定義方式，它是一種同心圓的觀念，顯示出的貧窮程度不一，定義如下：

(一) 飢餓（starvation）：為最嚴苛的定義也是貧窮程度最深的一種，其所考慮的需求項目僅有食物，也就是說，如果一個人沒有足夠的所得或資源去獲得食物來避免營養不良就是貧窮。

(二) 生計（subsistence）：一個人沒有足夠的收入或資源來支付滿足基本需求的各項目就算是貧窮，這些基本項目的認定會隨著社會環境的變化而有差異。

(三) 社會應付（social coping）：如果個人沒有足夠的所得或資源，以獲得財貨與勞務，使得他們享有尚過得去的工人階級生活方式就屬於貧窮，社會應付的意涵在減少社會中的不平等現象。

(四) 社會參與（social participation）：為相對比較的觀點，係指與其他社會團體在同一時間點上對於活必需品之質量的比較結果，換言之，當他人享有，而某些人無法享有就是貧窮，此定義傾向將低於整個社會平均收入水準的人定義為貧窮，社會參與的意涵在提供全民一個高於基本維生的生活標準。

綜上，貧窮的定義包含：資源（Resources）、需求（Need）與剝奪（Deprivation）。在資源、需求與剝奪概念中，資源代表個人或家庭取得必需品的能力，需求則是對於必需品之質與量的期望值，如對必需品消費期望不能滿足則會產生剝奪。貧窮視為在缺乏資源的條件下，無法滿足特定需求或期望，而產生的特定程度與種類的剝奪之集合。

台灣每 75 分鐘就新增一名貧童，兒少家貧除了會因無力負擔教育升學、營養午餐費等，造成貧童的機會剝奪外，有逾三成的孩子會因家中經濟情況困難、或因分擔家人的煩惱而無法專心求學，甚至擔心國中畢業後

無法繼續升學。這樣的情況如未改善，可能造成貧窮世代循環的結果。在探究貧窮現象時學者分別提出導致貧窮的因素：

第一、個人因素：「病態性」的因素，即將貧窮視為是行為、選擇或缺乏能力所導致的後果；於貧窮生活的人，比其他人容易出現貧窮的特質。

第二、家庭因素：將貧窮歸因於家庭的教養過程，就業機會的缺乏，導致低結婚率與大量的非婚生子女，所以不適當的就業機會，乃會影響薪資與家庭結構，更會進一步的產生貧窮與對福利的依賴。

第三、次文化因素：將貧窮歸因於一個社群中藉由學習及分享所得的生活模式；貧窮文化是一種特殊的次文化，所謂的次文化是指與主流文化不同的文化，由於貧民往往不易達到主流文化的規範要求，貧窮文化可說是貧窮民眾適應生活、解決問題的一套機制。一個人如果長期生活在貧窮環境中，將會產生類似的生活型態與文化特質，與較富裕的社會階層明顯有別，而且透過社會化，貧窮文化還會不斷的傳遞下去。

第四、社會因素：將貧窮視為其他人（包括政府及經濟體系）所造成的後果；由於就業市場並非完全競爭的，一個人的貧窮並非完全由其人力資本或個體特徵所決定的，勞動市場常有雙元現象（dual labor market），是勞動市場可區分為初級勞動市場（primary labor market）與次級勞動市場（secondary labor market）。窮人通常被限制在次級勞動市場中。初級勞動市場的勞工工資較高，勞動條件與福利較好，較有升遷機會，工作也較穩定。次級勞動市場的勞工則正好相反，其工資較低，勞動條件與福利較差，較缺乏升遷機會，工作也較不穩定。因此，一旦進入次級勞動市場，就較可能面對貧窮的困境。

第五、結構性因素：貧窮是社會結構所導致的，貧窮是因為個人在人力資本上的投資不足，因而其在勞動市場的生產力與競爭力都較差，很自然的，其所得到的薪資待遇也會較低。

雖然人們普遍認為貧窮及失業是因為懶惰所造成，然而即便是世界上每個國民平均最富有的國家如美國，仍有數百萬人處於貧窮勞動（working poor）的狀態，亦即其並未享有福利或其他立即的公眾援助計畫，以致其無法跨越貧窮線。貧窮問題是一個社會性的議題。有學者認為懶惰、缺乏生育計畫和過量政府干預都是導致貧窮的原因；亦有強調為缺乏社會公義及教育機會才是問題主因。

第二節　社會救助的特質

社會救助是社會安全保障體系中的重要內容之一。社會救助，既淵源於貧窮救濟，早期各個國家都實行過諸如賑災、濟貧等社會救助。發展到現在，已成為社會政策中基本的、必不可少的部分。社會救助是國家及社會團體運用掌握的資金和食物、服務設施等，經由一定的機構和專門人員（包括志願者），向無收入、無生活來源、無家庭依靠、失去工作能力者，以及生活在「貧困線」或最低生活標準以下的個人和家庭一時遭受自然災害和不幸事故遇難者實行的救助。社會救助的顯著特點是：只強調國家和社會對需要進行社會救助成員的單向責任和義務；只強調保障最低生活需求。從這個意義上講，社會救助是構成社會保障體系中最低層次的內容。社會救助按需要救助的原因大致可劃分為四類：自然災害救助、失業破產救助、孤寡病殘救助、城市貧困救助。在現代社會中，需要以社會救助形式保障的成員並不固定，而且會隨經濟水平的不斷提高，而呈現逐漸減少的趨向。由於社會救助的對像是極端貧困者，或是慘遭不幸者，或是有殘疾者，容易引起普遍的憐憫和同情。這部分救濟金除來自政府和專門機構外，還可向社會團體、企業、個人募捐，或者來自國際組織、外國政府及個人的贈與。雖然在發達國家這類社會救助形式呈逐步減少的趨向，但是不可能消除的。一方面，社會運作皆會有一部分失業人口；另一方面，社會平均生活也會隨經濟的發展而不斷提高，貧困的含意不是以生活資料的絕對量計算的，而是以社會平均生活為標準加以衡量的。低於平均社會生活水平的貧困者，是絕對存在的，至於偶發性的天災人禍，更是任何時候、任何社會都不可避免的，發達國家同樣要提防和救助這種意外。有一點是應該明確的，社會救助並不是慈善事業，它是政府的一種職能。被救助者並不是接受施捨及恩賜，而是一國公民的基本權利。當然，社會救助的方式，並不單純是直接的物質和貨幣的資助，也可採取諸如「以工代賑」方式。無論如何，社會救助在現代發達國家還是必不可少的。社會救濟是由國家和社會按照法定的標準，向不能保持最低限度生活水平的公民，提供滿足其最低生活需求的物質援助的一種社會安全制度。社會救濟的目標是克服貧困，從這個意義上說，現實生活中的貧困現象決定了社會救濟內容。按貧困的原因分析，社會救濟應包括自然災害救濟、孤寡病殘救濟、城市困難戶救濟、失業破產救濟。具體救濟物件大致有：農村貧困戶、城市貧困戶、城鄉特殊困難物件，如災民、五保戶等。社會救助由社會推行其特點為：

一、強調國家和社會對公民的責任和義務，在權利和義務方面具有單向性。

二、由國家財政提供救濟資金，資金來源單一，屬於非個人繳費制度。

三、只有公民陷入規定的困境之後，才能取得。

四、必須經過家庭經濟調查，確實證明公民不能保證最低生活之需時，才給予救濟。

五、個人申請是發放救濟的必要條件。

六、強調保障最低生活水準。所謂最低生活水準，可以從絕對意義上理解和界定，及保有維持生命所必需的最低限度的飲食、穿戴和居住條件，而不致受凍挨餓。這也就是常說的絕對貧困。也可以從相對意義上理解和界定，即享有在當時、當地生產情況下相對來講屬於數量最少的消費資料和服務。實際上是已脫離絕對貧困，而屬於一種相對貧困。

社會救助旨在對於生活發生障礙的人，視其實際需要，而予以適當的幫助，其最後目的乃在扶持受救助人，使能自立更生，如對患病者予以醫療，希望其病後復原，仍能照常工作，自謀生活；如對暫時失業者予以救助，同時於其失業期間，積極設法令為安置就業，又如對於雖因不幸而致殘廢者，近年以來亦多有傷殘重建設施，就其身體殘廢後的實際情形，或與裝配義肢或給與各種幫助器官的輔具——如助聽器等，一面並予以適切的某種職業訓練，使其取得從事於適於身體狀況的輕便工作，藉以自謀生活，凡此都具有比較積極的意義。社會救助強調，國家需要對全球化之下受到剝削的人口，給予補償的措施，以降低對就業與國內社會穩定所造成的威脅。而且國家要增進其競爭能力，也需要一個改善社會保障制度、建立積極的教育制度與勞動市場政策。

第三節　我國社會救助政策

社會政策對於貧窮問題的分析，學理上區分為：自由派觀點（the liberal perspective）與保守派觀點（the conservative perspective）兩種。保守派觀點基本上認為社會福利會使貧窮問題惡化，而自由派觀點則主張發展更完整的社會福利來改善貧窮問題。因此對應方案亦有所差異。惟皆涉及「貧窮線」（poverty line），貧窮線簡單說就是指「貧窮門檻」，不少國家按照國內的生活水平畫下一條界線來釐定貧窮與否，生活在這條線以下的便是貧窮人口，政府會提供相關的社會救助。民國46年，政府即訂定「最低生活費標準」，作為提供社會救助的依據。但計算內容幾經變動，甚至出現中央和台北市不同，直到88年才統一，是以最近一年平均每人每月消費支出的60%作為「最低生活費標準」。社會救助法第四條規定，「低收入戶」是指家庭總收入平均分配全家人口，每人每月在最低生活費以下者。因此，「最低生活費標準」可看作是我國的「貧窮線」。97年1月16日社會救助法修正案，放寬低收入戶的認定門檻，估計將有四萬五千位新貧或近貧人口納入低收入戶，低收入戶人口將從廿一萬六千三百一十二人（占總人口0.94%），增加為至廿六萬一千三百一十二人（占總人口1.1%）。中央及地方政府一年將新增經費七十二億元。這次修法的最重要精神，包括家庭總收入計算方式、不動產認定及急難救助等認定標準都將放寬。

現行總收入人口的計算方式長期以來為人詬病，例如出嫁的女兒並未履行扶養義務，但其財產仍列入家庭總收入，這次修法將計算家庭總收入的人口，由現行的直系血親改為一親等之直系血親（只限定父母或子女）。修法並增訂「排除條款」，明定若血親未能履行扶養義務，導致申請人生活陷困境，得經地方政府主管機關評估確認後，可不列入總收入計算人口。修正案還將經濟效益極低的不動產，排除在家庭總收入計算之外，所謂經濟效益極低的不動產，包括非都市土地的國土保安用地、生態保護用地、古蹟保存用地、墳墓用地、以及產權複雜的祭祀公業用地等。另外新修正條文也將財產或存款帳戶因遭受強制執行、凍結或其他原因未能及時運用，及其他因遭遇重大變故，導致生活陷於困境的民眾，在經過主管機關訪視評估，認定確有救助需要，都得列為救助對象。此外，放寬原住民工作收入計算方式，未來將按一般民眾主要工作所得，與原住民主要工作所得的比例核算，但核算結果未達基本工資者，將依基本工資計算。

社會救助為社會安全體系最後一道防線，對於需要的人口給予適切救助，維持其基本生存水準，並進一步積極協助具工作能力及意願者脫離生活困境。為補充社會救助體系的不足，凡因各種不可完全歸咎於個人之理由致家庭突遭變故而陷入困境急需救助之非低收入戶，或處在貧窮邊緣生活困頓之家戶，行政院特擬具「弱勢家庭脫困計畫」，整合中央部會及地方政府共同推動，提供急難救助、短期緊急居宿安置庇護、緊急醫療補助、精神疾病診斷與治療、就業扶助、助學措施、法律扶助、人身財產安全保護、照顧服務、創業與理財等多面向福利措施，協助經濟弱勢家庭逐漸自立自強、脫離貧困。有關社會救助檢討與改進分述如下：

第一、落實公平正義之救助原則。根據社會救助法第四條，符合「低收入戶」，除了「家庭平均每人收入」需低於「最低生活費」標準，同時需滿足「家庭戶內人口之動產與不動產」兩個門檻。這三個門檻個別均不算嚴苛。那麼，何以符合官方「低收入戶」定義者，只占了全國家戶 1.5%，占總人口約 1%，嚴重低估台灣地區的「貧窮」現象，讓「社會救助法」未能完全發揮救助的功能？是因為必須同時滿足三個條件才能符合「低收入戶」資格，難度當然比單一門檻要高；其中「家庭戶內人口」的定義更是關鍵。現行法律基於「直系血親有互為撫養義務」的規範，使得有些陷於困境的家庭，因有未共同生活之「直系血親」，而無法成為低收入戶。例如，有經濟困難的女單親，因為不同住的父母親有不動產超過門檻，而無法認定為「低收入戶」；也有老人家缺少收入又沒有資產，卻因子女當中有經濟情況還不錯者，而無法成為低收入戶。因應社會快速的變遷，社會救助法於 97 年修正案重點在排除申請救助障礙為主，像是外籍通婚家庭、特定境遇單親家庭、老人家庭及原住民家庭等，在此變遷的社會中需要納入社會救助體系中的家庭，提供需要的服務。

第二、積極推動脫貧自立的救助措施。社會救助法一直面對「家庭戶內人口」定義上的困難，這次修正加入「其他狀況之認定」，賦予一些彈性是正確的方向，若能授權地方政府根據社工專業來「認定」則更佳。另外，在諸多關於「社會救助法」修正建議中，仍忽略了整體性的考量。目前台灣地區「最低生活費」的計算，乃台北市、高雄市、台灣省三個地區分別為之。在經濟不穩定的時代，常會發生三個地區步調不一致的情形，例如，同一年台北市調升，高雄市可能調降的情形。為了避免此現象，應該以全國為一個樣本來計算，然後按照地區「消費水準」分別選定一個百分位置作為該地區之「最低生活費」標準。如果新年度計算結果和當年度標準差異在 5%之內，也不宜更動；這不僅可以減少行政作業的困擾，也不會讓一些位於門檻邊緣的低收入戶，在公布新年度計算結果時而「一夕脫貧」。社會救助的消極目的，在於提供落入社會安全網最後一關的家庭，確保能得以保障生活最低所需，維持其生命。但社會救助的積極目的，更期望能夠協助其自立，脫離貧窮。因此有計畫性的脫貧方案，更是需要多加關注的，以使資源發揮最大效益，增強服務效能，展現社會救助積極面向。

第三、扶助項目多元化。現行社會救助的生活扶助項目除了家庭生活補助費及相關現金給付的核發外，主要仍以創業貸款、職業訓練、以工（訓）

代賑、教育補助等項目行之。對於身處生活水準日漸提昇環境中的低收入戶成員而言，除加強辦理上述扶助措施外，有必要再提供更多元化的服務項目，謀求更符合個人及社會需求的扶助項目，予以適當的協助，提昇人力資本，加強職場適應能力。

第四、加強連結急難救助所需資源。主計處最新數據顯示，台灣在貧窮線以下的人口約 12%到 15%，近三百四十萬人，但僅廿二萬人真正納入低收入戶，接受政府救助。由於M型社會已來臨，加以近幾年來失業人口激增，即使有貧窮線為標準，仍有太多底層的人未能得到適當照顧。面對需要急難救助之家庭，除給與急難之救助金之外，更重要的是連結相關的福利資源，針對個案情況主動轉介適當之福利服務及他類救助，並運用社會資源予以協助，使急難個案獲得及時完整而有效的照顧，避免落入貧窮中。

第五、社會救助法明定，授權地方政府社政單位對於因特殊情形生活陷入困境的申請人，得以實際訪視評估狀況，放寬家庭人口的認定。但在實務程序上，第一線的社政人員擔心若裁量某甲適用放寬認定、某乙不適用，恐遭民眾挾怨報復，所以大多仍照章辦事，對法律概括授予裁量權的部分，則多未敢積極運用該款條文，放寬低收入戶的資格認定。政府能建立一套更貼近於貧窮事實認定的制度，落實縣市政府社工員的實地訪視，並提供淺顯易懂的申請辦法及程序，讓每個陷入經濟困境的家庭，都能在他們最需要幫助的時候，安然落在那張社會安全網上，並藉由完整的脫貧措施及福利服務，走出家庭的經濟低潮與危機。

第四節　社會救助立法重點

結構取向的貧窮觀點是在探究非個人或個別部分的致貧因素。也就是說，結構取向觀點的主要目的在於分析既存的社會結構配置模式。而就結構取向來探討貧窮產生的原因，家庭或家戶結構對貧窮的解釋是另一常見的結構貧窮理論。因為家庭是一個資源共享的單位，因此家庭對抗貧窮能力的差異取決於家庭內部資源的不同，也就是說當家庭內部資源足夠供給其成員所需而且資源有剩餘時，家庭的經濟狀況便足以維持，若是資源不夠消耗，不但無法剩餘，恐怕還會造成家庭經濟的失平衡，使家庭陷入貧窮的狀態（蔡宏昭，1990）。生活扶助戶（Living Assisted Household）：我國「社會救助法」規定，家庭每年總收入，依該家庭人數平均計算的金額低於由省（市）政府逐年所訂公告（應報請中央主管機關備查）的最低生活費標準者，得向戶籍所在地主管機關申請生活扶助，此項申請經主管機關派員調查，確實合於生活扶助標準並經核定者，即稱為生活扶助戶，生活扶助為公共扶助（public assistance）範圍之一，扶助原則以現金給付為主，必要時得輔以實物給付，以維持最低生活水準。經核定的生活扶助戶，有下列情形之一者，應停止扶助或調整扶助等級：經主管機關派員訪問，其收入或資產增加已高於所訂申請標準者；有工作能力，但不願接受就業輔導或推介參加職業訓練者或接受職業訓練、就業輔導但不願工作者；扶養義務人已能履行扶養義務者。「社會救助法」係民國 69 年所公布施行社會福利三法之一，歷經多次修正，最近一次為民國 97 年 1 月 16 日修正，計九章四十六條，其主要重點如下：

第一、社會救助之項目包括生活扶助、醫療補助、急難救助及災害救助等四項。地方主管機關得視實際需要及財力，提供低收入戶特殊項目救助及服務。

第二、界定低收入戶，是指經申請戶籍所在地直轄市、縣（市）主管機關審核認定，符合家庭總收入平均分配全家人口，每人每月在最低生活費以下，且家庭財產未超過中央、直轄市主管機關公告之當年度一定金額者。前項所稱最低生活費，由中央、直轄市主管機關參照中央主計機關所公布當地區最近一年平均每人消費支出 60%定之，並至少每三年檢討一次；直轄市主管機關並應報中央主管機關備查。最低生活費每三年進行檢討。最低生活費即貧窮線之計算仍維持現行規定之未做調整，惟依法每三年需進行檢討以因應社會變遷與民眾需求。

第三、調整家庭應計算人口範圍。家庭應計算人口範圍，除申請人外，並包括配偶、直系血親。同一戶籍或共同生活之兄弟姊妹，認列綜合所得稅扶養親屬免稅額之納稅義務人。為因應社會實際狀況，將外籍通婚家庭未取得戶籍上之配偶；無工作收入、未共同生活且無撫養事實之已被招贅或已出嫁之直系血親卑親屬；無共同生活及無撫養事實之特殊境遇家庭直系血親尊親屬等三類人口，得為排除計算。

第四、調整工作收入計算方式。該法新增工作收入係以實際收入核計。惟如無法提出財稅資料或薪資證明時，明列採三階式認定：1.按中央勞工主管機關所編台灣地區職類別薪資調查報告各職類每人每月平均經常性薪資計算（約三萬四千元）；2.最近一年各業員工初任人員平均薪資計算（約二萬四千元）；3.有工作能力而未就業者，依行政院核定之基本工資計算（一萬五千八百四十元）。

第五、部分不動產不列入家庭總收入計算。新增對無實際收益且不能使用之原住民保留地、公共設施保留地以及經認定具有公共地役關係既成道路使用之土地等不動產予以排除計算，惟為符公平，仍強調必須以查無實際收益且不能使用為要件。

第六、授權地方政府研提脫貧方案，並導入「福利緩衝期」作為，新增納入累積財產及人力培育，協助低收入戶自立，讓低收入戶參加脫貧方案，並予「福利緩衝期」之提供，提高其參與意願，脫離貧困生活。

第七、家庭財產之定義、工作能力之範圍及接受捐贈要公開徵信並專款專戶專用等規定。原於施行細則規範，為符行政程序法規定，將其納入母法以臻明確。

第八、地方主管機關受理申請後應於五日內派員調查後核定之；生活扶助以現金給付為原則，主管機關得依收入差別訂定等級，並定期辦理低收入戶調查。

第九、主管機關對於年滿六十五歲者、懷胎滿六個月者，領有身心障礙手冊者得依原領取現金給付之金額增加20%至40%之補助。

第十、輔導低收入戶有工作能力成員接受職業訓練、就業服務、創業輔導、以工代賑等輔助其自立，不願接受訓練者不予扶助。

第十一、警察機關發現遊民，應通知社政機關共同處理，並查明其身分及協助安置至機構收容，其身分查明者，應通知其家屬。

第十二、醫療補助、急難救助及災害救助，低收入戶健保保險費，由主管機關補助。低收入戶之傷、病患者或患嚴重傷病，所需醫療費用非其本人或扶養義務人所能負擔者均可申請醫療補助。

無力殮葬戶內人口，遭受意外傷害致生活陷於困境者，家庭負主要生計責任者，罹患重病、失業、失蹤、入營服役、入獄服刑或其他原因，無法工作致生活陷於困境者，均可申請急難救助。流落外地缺乏車資返鄉者，當地主管機關得酌予救助。死亡而無遺屬與遺產者，由當地鄉、鎮、市、區公所辦理葬埋。

第十三、人民遭受水、火、風、雹、旱、地震及其他災害，致損害重大，影響生活者，予以災害救助；主管機關以協助搶救及善後處理，提供受災戶膳食口糧，給予傷、亡或失蹤濟助，輔導修建房舍，設立臨時災害收容場所等方式辦理。

第十四、社會救助機構及其他，地方主管機關得視實際需要設立或輔導民間設立必要之機構，並利用各類社會福利機構；私立社會救助機構應申請當地主管機關設立許可，許可後應於三個月內辦理財團法人登記。

第十五、救助經費由主管機關編列預算，地方主管機關每年得定期聯合各界舉行勸募社會救助金；各級政府及社會救助機構接受捐贈應設專戶並專款專用及公開徵信。

結語

經過近年來國內外的不景氣，加上通膨與失業問題一直未能有效的解決，一種新的貧窮現象出現了，國人的平均實際消費能力比以前減少了，貧富差距則持續擴大，新出現的貧窮問題已擴充至白領階級與高教育程度人士，非常值得政府與各界注意。在此情形下，貧窮現象已是我們無法迴避的重要問題。貧窮是一個複雜的社會現象，不僅存在於落後地區，也存在於經濟已開發地區。從英、美等福利先進國家的經驗，各國所採解決貧困問題之政策，多半依其貧困原因，並量度其財源而行。盱衡我國社會與環境之變遷，貧窮問題的解決除致力於貧富差距的不再擴大外，另參酌先進國家的軌跡逐步推動與改善此項福利，政府致力改善低收入戶生活扶助，俾期達成社會公義目標。

社會救助的目的是希望促進低收入戶自立，藉由救助資源與機會的提供，助其脫離對救助措施的依賴，除提供生活扶助、醫療補助，確保食衣住行等基本需求外，並鼓勵低收入戶就業與就學，協助其習得一技之長，早日脫離貧窮。建立社會安全體系的目的，是經由團體的力量以協助個體，使其得到自立自強的結果。是以社會安全的運作應本諸於「取諸於社會，用諸於社會」，方能使整個體系穩健、良性的運作，如能本諸此些精神，將可促使我國落實福利國家的目標。

第二十一章　社會保險政策與立法

社會保險（Social Insurance）乃是國家所施行的一種具有目的、計畫及具體辦法的社會政策，是由多數人的投保而來幫助、照顧、分擔少數人所發生的危險事故，也就是採取損失分擔原則來照顧被保險人經濟生活之安定與身心健康為目的的一種強迫性、非營利、由政府主辦、保險費不一定全由被保險人負擔的保障國民生活的社會安全制度。

社會保險實際上是收入保障，要使收入有保障，需要對那些危險進行抵禦以保護勞動者。並且是採取集體的力量以達成「危險共擔」；進一步掌握這些影響個人生存或生活危險的因素及特性，以充分掌握它們的變動方向和規律，以維繫生存的保障。社會保險的基本內容，以各國的理論和實踐經驗上來看，是一個不斷發展的過程。1952 年國際勞工組織大會通過的《社會保險最低標準公約》規定，現代社會保險主要包括九項內容，即：醫療津貼、疾病津貼、失業津貼、老年津貼、職災津貼、家庭津貼、生育津貼、殘疾津貼和遺屬津貼。本章分別就國內及先進社會的社會保險內容進行分析說明，以利我國建置完整的社會保險體系。

第一節　社會保險的意義與內涵

社會保險是勞動者及其家屬由於生育、年老、疾病、職災等原因而喪失勞動能力並失業，導致失去生活來源時，根據立法享受的、由國家和社會提供必要幫助的社會保障制度，以維護其基本生活需求的一種社會安全形式，其基本功能在於保障勞動者維持正常生活。主要包括：養老保險，即對因年老喪失勞動能力的勞動者，在養老期間給予養老金、醫療待遇及生活方面的照顧等；醫療保險，即對因患病而暫時喪失勞動能力者，給予患病期間的收入補助和醫療保險待遇。失業保險，即對失業中斷工作的勞動者，給予基本的生活費、醫療費，並為他們提供轉業培訓和職業介紹等服務；職災保險，即勞動者因工作罹患職業病暫時失去勞動能力，從國家和社會得到補償的制度；生育保險，是對女性勞動者因生育期間終止勞動失去薪資給予的補償。

在各國社會安全體系中，社會保險是整體的核心部分，社會保險支付的資金往往占據社會安全經費的絕大部分。也正因為如此，一些人常常把社會安全的內容視為僅僅只有社會保險。其實，社會安全和社會保險是不同的、有區別的：社會安全包括社會保險，但不只是社會保險。社會保險的基本特徵是：第一、強制性。在立法確定範圍內的每一個社會成員都必須參加社會保險，這是與自願投保的商業保險的本質區別。第二、非營利性。社會保險由國家舉辦，不具有營利性。第三、資金多元性。保險資金的籌措來源於勞動者個人、企業和國家等多種管道。第四、自助性。享受保險者必須先盡繳納個人捐款的義務，然後才可能獲得相應的保險權利。第五、共擔性。社會保險是人生因恐偶然遭遇事故，生命財產受到損害，集合多數人的力量，共同分擔損害責任的經濟組織。故保險之成立必須具備下列各條件：第一、損害基於偶然事故的發生。第二、要有多數人員之的結合而分擔同一危險。第三、要集合體各成員共同出資。

社會保險對現代社會成員來說是應當獲得的一項公民權利，而強制繳納保險費，則是勞動者為享有此項公民權利而應盡到的社會義務。是以，社會保險是國家舉辦社會事業，是國家執行的一項社會政策，本身就帶有福利性質，是為勞動者利益服務的。再次，由於社會保險屬於國家的重要社會政策，旨在促進社會進步和社會穩定，所以，即便在社會保險基金不足以抵補社會保險支出時，國家也會負起支付責任以保護保險者的利益。就先進國家的實施經驗大致上有生育保險、職災保險、殘障保險、疾病保險、老年保險、遺屬保險等。雖然人是理性的，我們都知道將來會老，因此事先都會有所儲蓄。惟由於個人實際壽命的長短沒有人能夠事先知道，因此對於未來仍然充滿不確定因素。國民年金保險的推動，將可提高退休者的消費水準（效用）。傳統上，養老資源往往是透過家庭移轉（所謂養兒防老），卻面對著極高風險與不確定性。就此而言，現今政府規劃國民年金保險的環境，遠較傳統農業社會時代成熟。由於外在整體經濟環境變遷，以及資本市場的複雜交易過程，使得個人不容易判斷及選擇適當的理財規劃。交易成本限制了個人的自我安排（老年生活）能力。同時，逆選擇問題產生的現象是，健康狀況較差的人，往往不會參加年金市場（private annuity market）的保險。此種缺乏風險分攤的機制，降低私人年金市場資源配置效率。就此而言，由政府辦理公共年金保險制度，就時空環境而言，有其必要性與合理性。

第二節　各國實施社會保險歷程

社會保險制度的建立可追溯自十九世紀的歐洲所採行社會保障措施。早在十八、十九世紀，歐洲爆發了一場產業革命，其中主要的變革是以機器生產代替手工作坊，使原來以人力為主體的勞動變為以機器為主體的勞動，這場產業革命是一次歷史性的變革。它使勞動生產率得到了快速的提高，也使歐洲的經濟得到了迅速的發展。但是，隨著機器不斷地代替手工，工業化大企業不斷地湧現，原來依靠手工為生的勞動者，尤其是一些老人、婦女，面臨著被機器勞動淘汰的危險；而進入工業企業勞動的工人，也要隨時面臨著生、老、病、死、傷、殘、失業等問題，一旦這些問題出現，他們就會因喪失勞動能力或喪失工作而被中斷收入來源，這對其生存造成了很大的威脅。十九世紀初，英國的工人為了解決一旦遇到生命事故或生活危機，而對其生活的威脅，成立了一些自發的、民間的、小規模的互助基金的友誼社組織，工人在有收入來源時每人都出一點錢組成一個基金，若是誰出現上述問題或生活困難時，誰就可以使用這筆錢。雖然這筆錢數目很小，但是對中斷收入來源的工人來說，無外乎有一種「雪中送炭」的應急救窮措施。因此說，它在很大程度上緩衝了勞資之間的矛盾和工人的不滿情緒，也使工人運動大大減少。英國政府注意到了這種現象，感到這種辦法可以維護社會的安定，對政府來說也有很大的好處，於是在二十世紀初期，英國以政府的名義分別推動包括：疾病、失業、職災及老年社會保險制度，強調的是要求社會保護是公民的合法權利，社會負有保障公民生存的義務，對社會保險的產生奠定了很好的基礎。

另外，十九世紀 80 年代，統一後的德國已經成為了歐洲的經濟強國，為了繼續加快國內經濟的發展，謀取歐洲霸主的地位，同時擴大殖民勢力，德國政府必須解決日益尖銳的勞資矛盾。十九世紀下半葉，工人對於自己的權利認識越來越深刻，他們要求政府實施勞動保護措施。另外，德國工人也自發組織了一些互助互濟基金會，為了緩和工人運動，德國政府決定由國家立法強制實施社會保險。除了上述原因外，還有一個原因促使德國進行社會保險立法，那就是社會保險理論思想的形成。從十九世紀末葉至第一次世界大戰前夕，德國境內盛行鼓吹勞資合作和實行社會政策的學派，這些人主張國家直接介入經濟生活管理，負起「文明和福利」的職責，經濟問題的解決必須與倫理道德結合起來。他們認為德國當時面臨最危險的問題是勞工問題。因此，國家必須透過立法，實行包括保險、孤寡救濟、勞資合作以及工廠監督在內的一系列政策措施，自上而下的實行經濟改革。在這種背景下，1883 年德國制定了世界第一部《疾病保險法》，對工人患病時所享受的權利進行法律規定；1884 年頒布了《勞工傷害保險法》；1889 年又頒布了《傷殘與老年保險法》，這三部法規的頒布實施奠定了社會保險的法律基礎。

二十世紀初，各國工人運動不斷高漲，強烈要求政府對因失業而喪失收入來源的工人給予生活保障，於是法國、丹麥、英國率先頒布了失業保險法規，社會保險法律體系的幾個主要方面——養老、疾病、職災、失業保險等，在歐洲範圍內逐步形成。第一次世界大戰後，歐洲各國紛紛效仿德國的做法，建立了適應本國的社會保險制度。英國建成了公民從「搖籃到墳墓」均有保障的福利國家。由於產業革命是率先從歐洲，特別是西歐爆發的，它對歐洲的經濟產生了巨大的影響。繼德國之後，西歐和北歐各國也先後建立了帶有強制性的社會保險體系。社會保險的實施模式，先進國家以發展社會保險為社會安全政策的落實，當代社會保險制度有多種模式，即：

第一、德國模式：是以建立在不同職業基礎上的社會保障體系作為主體，由一系列行業和地區組織分開管理的基金組成。社會成員交納和接受保險金額是依據他的職業和收入情況而定。保險機構均由勞資雙方共同參與，實行自治管理，不隸屬於政府機構。

第二、美國模式：政府僅對特定對象提供社會保險，主要是生活貧困者，其餘社會成員則經由市場途徑謀求個人保險方式，社會救濟式公共補貼也就成為政府所採用的主要手段。社會安全體系相較於其他國家的模式主要還要依賴於私人年金制度，這是一種市場型的社會保險制度。

第三、斯堪地納模式：社會保險制度以「高稅費、高福利」的模式著稱於世。社會保險範圍和內容十分寬泛。以芬蘭為例，社會保險體系包括三大部分：預防性社會和健康保險，社會和衛生服務以及國民年金。社會福利和保險涉及人的出生、嬰兒到老年全過程，從預防疾病、事故、控制飲酒、抽煙到基本免費醫療。這種社會保險體系儘管是建立在市場經濟基礎上的，但從貧富差距很小和共同的富裕程度看，類似於社會主義所追求的社會目標。社會保險模式面臨挑戰。他們認識到這種模式面臨著人口老齡化和歐盟對其成員國減少政府債務率要求的壓力，主張開始改良社會保險制度中的某些做法，如提高雇主和受保人繳費比例，嚴格控制提前退休，政府將經濟增長的部分收入轉做社會安全基金積累等，以應對未來挑戰。

1929 年，美國受到了世界性經濟危機的衝擊，造成了嚴重的社會問題，激起民眾的強烈不滿，示威、遊行頻頻出現。1933 年，羅斯福(Franklin Delano Roosevelt, 1882-1945) 當選美國總統。他上任後，深刻認識到對於這種社會經濟的動盪，必須採取措施，擺脫危機，振興經濟，緩和國內勞資矛盾，於是他推出了新的改革措施，歷史上稱為「羅斯福新政」，新政影響最深遠的是社會保險方面，成功地使社會安全法案在 1935 年 8 月得到通過。羅斯福新政在社會安全方面的思想是：

一、運用「社會安全制度」取代「家庭保障機能」為新的社會政策。

二、採取「普遍福利」為核心的社會安全制度作為國家發展策略，以消除人們對生活中旦夕禍福和興衰變遷的恐懼。

三、實行強制性多層次老年社會保險。

四、失業保險實行以地方管理為主。

五、社會安全必須促進勞動者自我保障意識的建立，及保險資金取之於民，用之於民。

六、社會保險措施必須逐步展開。

在養老保險方面，羅斯福認為養老金就是為了促使已屆退休年齡的人撤離自己的工作，從而給年輕的一代人更多的工作機會，同時也使大家在展望老年前景時都能有一種安全的感覺。在失業保險方面，羅斯福認為建立失業保險不僅有助於個人避免在今後被解僱時去依賴救濟，而且透過維持購買力緩解經濟困難的衝擊。失業保險的另一個好處是他促使雇主們更仔細地進行計畫安排，從而經由穩定就業本身來達到防止失業的目的。

羅斯福還認為社會保險立法應遵循三項原則：第一、除了開辦費外，這項制度應該是自給自足方式。第二、除了老年保險外應由各州具體經營，但必須符合聯邦政府所訂的標準。第三、為了妥善運營費用和儲備金額，保護國家的信貸結構，聯邦政府應透過國庫的受托管理人保留對於一切款項的支配權。聯邦政府根據羅斯福的構想設立的社會安全署。羅斯福的這種立法思想和原則，以及其一些具體做法，至今還為世界各國所推崇。因此，可以說美國的社會安全法案已成為世界社會保險發展史上一個重要的標幟。

美國有關社會安全的產生對世界各國來說是一個很好的促進，並且由於世界性經濟危機造成了各國經濟的衰退，社會動盪不安，人們的生命延續中所遭遇到的重大危機和問題，以及工人不斷要求政府來解決這些問題而爆發的工人運動，更加嚴重地困擾著各國政府。這些國家開始逐漸認識到了社會安全所具有的其他政策所無法比擬的作用，於是開始建立適合本國國情的社會保險制度。影響所及到了第二次世界大戰以後，北美洲、歐洲、亞洲發達國家和地區紛紛建立社會保險制度。

第三節　社會保險政策的內涵

一、具有高度的社會參與特質

十九世紀 80 年代，德意志帝國實施社會保險制度，係出自對勞動者的關懷，社會保險隨著其發展的濫觴，有從狹窄範圍逐漸擴展開來，而變得範圍越來越大的趨勢。比如，最初的社會保險僅及工業工人，隨著時間的推移，社會保險涵蓋的範圍逐漸擴大，先是擴大到商業企業勞動者，而後擴展到國家機關和事業單位的工作者以及農業勞動者，最後，又擴展到商人，並且開始包括：勞動者所撫養的配偶及未成年子女。社會保險涉及領域逐漸擴大，歸根結底要為一切以自身從事經濟活動為生活來源的勞動群眾及其撫養的眷屬服務。不僅如此，社會保險還有對僑居以及暫居本國的外國人實行收入補償的趨勢，也就是說，使外國人有獲得社會保險的權利。國際勞工組織通過《建立維護社會保險權力的國際制度公約》，以及《本國人和外國人在社會保障方面享受平等待遇公約》便是佐證。

二、具有濃厚的國家機制作為

國家是社會保險制度的制定者、執行者、組織者和主要的依託，社會保險的任何一個環節，從制定一直到目標的實現，都需要國家的鼎力支持。沒有國家從政治上、經濟上的幫助，社會保險根本推行不了，也無從產生。如果更具體地考察，國家性特色表現在以下幾個方面：

第一、社會保險是國家透過其專業機構實現的，這個機構在政府領導下，負責社會保險的推動。

第二、社會保險的各項政策都是出自國家，包括稅收政策、利率政策以及就業政策，等等，表達政府對於社會政策的主動性作為。

第三、國家透過徵收社會保險費或是以財務補助，對社會保險給予的支持和規範，影響到社會保險的規模與作為。

三、具有明顯的強制規範表現

社會保險制度具有國家性與強制性相結合的特點，對勞動者，國家有責任強制他們參加社會保險，包括強制繳納社會保險費，具體表現有：

第一、透過國家立法程式，強制勞動者參加社會保險，無任何選擇餘地，以保障其基本生活的安全維護。而且強制勞動者按照國家規定的標準定期繳納社會保險費，作為個人對社會應盡的一項義務。因此，不允許藉口不要退休金、失業津貼、疾病津貼、生育津貼而拒繳社會保險費，除非離開勞動崗位。勞動者個人的繳納，由雇主給付薪資時統一扣除。

第二、透過立法程式，強制用人單位、雇主按國家規定標準如期繳納社會保險費，不容不繳，也不容拖欠，否則給予行政罰鍰。

第三、透過規定法定退休年齡，強制勞動者屆時解除勞動義務，退出工作崗位，從人員編制中剔除。

四、朝向制度改革的必要趨勢

社會保險制度在近年來日益遭逢挑戰，許多先進社會進入高齡化趨勢，與此同時，人口的平均壽命提高。原先規定六十五歲為法定退休年齡，但 70 年代後由於退休人員大量增加，壽命又有所延長，老年社會保險的內容和原先規劃出現了落差。而且，強制勞動者退休，是剝奪了老年人不能從事有酬社會勞動；如果取消強制性，容許他們繼續工作，對社會保險事業來說，也是一種減經支出壓力的舉措，對高齡者而言，則會增加他們的自我價值，充分實現勞動自由的個人權利。因此在改革老年社會保險的論點中，退休年齡將延遲到六十七歲乃至七十歲。這使得社會保險的運作需隨著社會的變遷而更動。

五、具備保險受益者保障作為

實行社會保險，要求對勞動者失去勞動能力後的收入給予補償。因此，補償性構成社會保險的屬性之一。但與此同時，這也可視為給勞動者帶來的一項福利。所以補償性與福利性統一構成社會保險制度固有的特性之一。社會保險的補償性具體表現在它的各項支出上。生育津貼就是對付婦女工作者因懷孕、生育以及產後撫育嬰兒所損失掉的收入的補償。職災津貼是工人因工業傷害，或因患職業病暫時失去勞動能力，從而失去生活來源，而獲得的一種收入補償。疾病津貼則是工作者患病期間，因勞動能力暫時喪失引起工資暫時喪失，而從社會保險機構獲得的收入補償。退休金的補償性就更清楚了，是勞動者年老失去勞動能力，從而失去工資後，長期獲得的一種長期收入補償。正是社會保險制度具有補償性特點，才保證了它給自己設置的社會目標得以實現，這就是保障勞動者在特定情況下仍能享有基本生活。

六、考量社會保險的公允目標

社會保險的公平性表現在以下幾個方面：

第一、國家用法律手段強制雇主定期如數向社會保險機構繳納社會保險費，這種強制盡保險義務，便把資本的一部分收益再分配給了勞動者，結果，使高收入階層與低收入階層、偏低收入階層之間的收入差距有所縮減，有利於社會公平化逐步實現。

第二、有些社會保險待遇案反比例規定，即在業期間薪資越高，失去勞動能力後按越低的比例獲得收入補償；相反，原薪資越低，可以按偏高的比例獲得收入補償。其結果必然是，勞動者之間在失去勞動能力後享有比較接近的生活水平，從而有助於社會公平化實現。

第三、有些國家對薪資高的勞動者，規定偏高比例的社會保險費繳納；反之，對薪資較低的勞動者，規定按偏低的比例繳納社會保險費，顯然，這也有助於縮小勞動者之間的生活差距，從而促進公平化。

第四節　我國社會保險立法簡述

社會保險，就是以國家為主體，對國民在暫時或永久喪失勞動能力，亦即在喪失生活來源的情況下，透過立法手段，運用社會力量，給這類國民以一定程度的收入損失補償，使之能繼續享有基本生活，而保證勞動力擴大再生產運行，保證社會安定的一項社會安全機制。社會保險係社會安全制度中重要的一環，我國憲法將社會安全列為基本國策之一，其中又以社會保險為社會安全的主要基礎，憲法第一百五十五條即明文規定：「國家為謀社會福利，應實施社會保險制度。」在各種社會保險中，最主要的為公教人員保險、勞工保險、農民健康保險、軍人保險、全民健康保險、就業保險……等這一些保險，建構我國的社會保險制度。

一、公教人員保險法

國家為提供公務人員生活保障，制定公務人員保險法，是應用保險原理原則，採用強制納保方法，以保障公教人員的基本生活，用為維護生活保障並增進其福利，並於保險事故發生時給予現金給付。民國 88 年 5 月 29 日由總統公布將「公務人員保險法」與「私立學校教職員保險條例」合併為「公教人員保險法」，並於 98 年 7 月 8 日修正。主要項目為殘廢、養老、死亡與眷屬喪葬等現金給付。公教人員保險的主管機關為銓敘部，承保機關提供殘廢、養老、死亡、眷屬喪葬及育嬰留職停薪五項給付。

二、勞工保險條例

「勞工保險條例」是政府為實現憲法第一百五十三條保護勞工及第一百五十五條、憲法增修條文第十條第八項實施社會保險制度之基本國策而建立之社會安全措施。該條例訂定於民國 47 年，並於 98 年 4 月 22 日修正。應用保險原理與技術，採用強制方式，在互助共濟的原則下，對勞工遭遇生、老、病、傷、殘、死亡時，提供保險給付，以保障勞工最低限度經濟生活的安全為目的之一種社會保險。

三、農民健康保險條例

農民健康保險為維護農民健康、增進農民福利、促進農村安定等目的所辦理的社會保險，主要保險給付為生育、醫療、殘廢、喪葬等現金給付。於民國 78 年 7 月 1 日全面實施，並於 97 年 11 月 26 日修正。農民健康保險之主管機關為內政部，執行機關為勞工保險局。

四、全民健康保險法

根據憲法第一百五十五條及第一百五十七條分別定有：「國家為謀社會福利，應實施社會保險制度。」「國家為增進民族健康，應普遍推行衛生保健事業及公醫制度。」復於憲法增修條文第十條第五項明定：「國家應推行全民健康保險。」全民健康保險法於民國 84 年 3 月 1 日施行，並於 94 年 5 月 18 日修正。全民健保的目的，為基於互助共濟的原則下，採用危險分擔方式，集全民及政府經濟資源，對全體國民遭遇到疾病、傷害或生育事故時，提供適當醫療保健服務，以增進全民健康為宗旨。

五、勞工退休金條例

勞工退休金制度之良窳，與勞工退休生活品質息息相關。對於勞工老年退休生活之保障，勞動基準法之退休規定可給予若干程度保障，惟我國中小企業較多，企業平均壽命不長，勞工流動率高，以致勞工能符合退休條件者不多，且雇主給付退休金成本估算困難，常以不當手段資遣、解僱勞工，衍生勞資爭議。現行勞工退休制度亟待改進，社會各界建議修正之聲不斷。民國 93 年 6 月 11 日立法院三讀通過勞工退休金條例，並於 96 年 7 月 4 日修正。確立以「個人退休金專戶制」為主，「年金保險制」為輔之體例。

結語

社會安全是為滿足民眾生活需求及保障其基本生存權益的工作，社會保險的實施成效攸關民眾生活素質與生存保障，也是一個國家現代化的指標。就社會發展的歷程，人類遭遇任何災難，必須設法予以填補，方可使人免於困厄，始能繼續維持生活。凡此，每一個人於遭遇災難後都是要由社會憑藉共同力量，分別適時而充足的予以協助的。等到工業社會逐漸形成，各種社會問題，日趨嚴重，由於有社會保險政策與立法的建立，對於人類因遭遇災難的身體上和經濟上的損害，分別提供各種需要，成為社會安全制度的重要環節。

第二十二章　志願服務與社會政策

在人類社會早期階段，人們共同活動的群體形式，最初是以血緣關係為紐帶的原始社群、血緣家庭和家族，以及稍後出現的以地緣關係為基礎的村社等。它們都是人類發展的初級社會組織形式。隨著社會分工的發展，階級的出現，人們之間的社會關係以及人們的社會活動日趨複雜，社會組織適應社會及社會成員的需要逐漸形成並發揮作用。一般認為具有公共性質但卻是非政府的機構式之社會福利，是由1869年在英國創立的「慈善組織會社」為濫觴。「慈善組織會社」的基本理念就是協調整合許多慈善機構的力量與資源分享。經過「慈善組織會社」的協調整合，產生了機構之間有計畫的服務提供、彼此的資訊交換，以及研究成果的分享。此種做法與觀念傳播出去而為許多地方的志願機構所傚仿，也具體反映在現今「聯合勸募基金會」(United Fund)運作的動力、志願機構之間的聯盟，以及資訊交換與轉介服務等措施。

在歷經了經濟大恐慌之後，政府開始積極介入社會福利的提供，使得志願性及公益組織的工作相形失色，因為只有全國性的政府才有足夠的資源及組織架構去回應這類影響範圍廣大的社會問題。相對於政府在福利角色的擴張，志願性機構開始轉而嘗試創新那些政府科層較不易做到的服務方案。例如服務特定的團體，譬如那些具同樣宗教認同的團體或新來的移民，而政府又沒有哪一個單位可為這些人提供服務；以及那些剛好處於法令疏於規定或機構之間互為推諉因而得不到服務的人。

近年來由於社會急遽變遷，各種社會問題隨之叢生，民眾對社會福利需求日益殷切，單憑政府已無法滿足其需求，必須結合民間力量，運用民間社福資源與服務共同參與，方能預防社會問題繼而增進民眾福祉，建立祥和社會。

第一節　志願服務的意涵

全球化的浪潮下，跨國企業、跨國政府組織以及國際性的非政府組織，成為各項活動的三個重要力量。由於非營利組織不具有政府型態與不營利的特性，是以非營利組織更能協助溝通政府各部門與私人企業的活動，以追求公共的利益。此一部門是相對於政府部門、市場部門而存在的第三種社會力量，其本身兼具有市場的彈性和效率，以及政府部門的公平性和可預測性多重優點，同時它又可避免掉追求最大利潤與科層組織僵化的內在缺失。非營利組織蓬勃發展是社會力的具體展現，也代表著社會的多元與開放，非營利組織已成為先進國家內民主與社會價值的守護者。這些標榜「服務」、「公益」、「志願」的組織，已漸漸地融入我們日常生活的世界裡，對於個人、家庭、社會甚至國家的影響既深且遠。正因為非營利組織可以積極促進公共目標，鼓勵利他主義，追求民主社會的精神。該項組織不僅成為組織類型的新型態，同時也為社群運作挹注了嶄新的活力，是以深受矚目。由於非營利組織具有多樣推動公共服務的理念與成果，所以自 1950 年代以來，國際性的非政府組織的數量以驚人的速度激增，活動的內容極為廣泛，包括宗教、商業、勞工、政治、環保、女權、教育、體育和休閒等等。著名的非政府組織如歷史悠久的紅十字會、綠色和平組織。台灣最具國際知名的非政府組織團體就是財團法人慈濟基金會，在全球許多地方都有分會並積極推動會務和發展組織的目標。

1980 年代中期全球約有一萬七千個，到今日估計已超過二萬六千個國際性非政府組織，可以想見其發展的快速。這些社會組織，乃介於經濟市場（或私人企業）和國家（或公部門）之間的組織。其中，非政府組織（Non-Governmental Organization, NGO）在歐美民主社會中，以各種不同議題與社會任務而組成，已經有數百年的歷史，這些組織有的以監督政府施政為己任，有的以喚醒民眾對公共利益的重視為基礎。而且非政府組織不但具有非官方和民間等性質，其組成動機亦源自於民間的一種自發性行為，所以是非營利的組織。此外，非政府組織的功能，並非是要取代政府在社會所扮演的原有角色與功能；反之，其卻是要在傳統政府官方溝通管道之外，另行建構一種由民間社會所發起的民間交流活動。隨著網路無國界的聯繫和溝通，也有越來越多原屬於一國之內的非政府組織進行全球接軌，而使得國際性的非政府組織多到難以計數，這些公民社會組織提供了許多公共服務，並已逐漸在社會中占有一定重要的地位。

聯合國對「志願服務」的定義為：個人依其志趣之所近，不計報酬而以有組織、有目的的方法，從事調整與激勵個人對環境的適應之工作稱為志願服務，參與該項工作者稱為志願服務員。即，志願服務是指一群人本著服務的熱忱及個人的意願，不計報酬的付出時間、財務、勞力和知能，協助別人解決困難。另依民國 90 年 1 月 20 日公布的「志願服務法」規定：「志願服務是民眾出於自由意志，非基於個人義務或法律責任，秉誠心以知識、體能、勞力、經驗、技術、時間等貢獻社會，不以獲取報酬為目的，以提高公共事務效能及增進社會公益所為之各項輔助性服務。」陳武雄（2001）認為「志工團隊」應指基於奉獻、志趣、心願或回饋等動機參與志願服務的朋友，為了擴大服務層面，恢宏服務效果，依照政府相關規定，以助人利他、服務人群為目的所結合的組織。其運作具有下列特徵志工團隊的運作：團隊組織——自由化，志工要求——細膩化，幹部領導——積極化，團隊經營——民主化，助人技巧——專業化，服務觀念——現代化，工作動力——激勵化，倫理關係——體系化。

在志願服務的工作內容方面，其在今日社會有日趨廣泛的傾向，王永慈將其分為六大類（王永慈，1987）：

一、直接服務：拜訪老人、協助醫院病患等。

二、機構的行政工作：加入董事會、檔案管理、會計處理等。

三、參加各種自助團體：至少有兩種類型，一為改善自己所住的鄰里所組成的，另為因共同問題所組成的。

四、經濟支援：募款或捐獻。

五、公民參與政府組織的運行：包括參與計畫和政策發展，監督和評估公共方案等。

六、壓力團體的活動：例如散發傳單、舉行會議、草擬政策建議、代表前往地方或中央政府進行溝通等。

國家與公民社會合作，與市民社會的其他主體，包括家庭、社區市場應該相互支持，同時充當地方的監督者；中央並應將權力下放，公民在參與國家分權後，將使市民生機盎然，公民社會的基礎會更鞏固。另一方面，國家需積極介入社會福利提供，一方面投入更多資本，讓民眾適得其所，並支持家庭享有社會服務，提供社福組織重整，活絡公民社會，便可造就福利國家和公民社會雙贏局面。福利國家與公民社會應該是雙向影響的關係，一方面福利國家提供基本生活保障、降低不平等福利政策，協助建立公民社會的物質條件，並鼓勵公民社會各階層成員積極參與各項組織活動；成熟的公民社會則能鞏固福利國家的基本，並增加政策執行的效能，兩者共容共存將是最佳的發展方向。

第二節　非營利組織特質

非營利組織（Non-Profit Organization, NPO），一般認為現代意義上的非營利組織出現於第二次世界大戰前後，與非營利組織類似的辭彙還有「非政府組織」（non-governmental organization）、「公民社會組織」（civil society organization）、「第三部門」（third sector）等。非營利組織是指不是以營利為目的的組織，它的目標通常是支持或處理個人關心或者公眾關注的議題或事件。非營利部門的存在，強調並非是為組織擁有者生產利潤；不過，即便如此，這些組織卻不排除營利的行為，只不過非營利部門嚴禁將所有剩餘收入與利潤分配給股東或特定對象（non-distribution constraint）。美國約翰霍普金斯大學薩拉蒙（Lester Salamon）教授提出的所謂五特徵法，即將具有以下五個特徵的組織界定為非營利組織：1.組織性；2.非政府性；3.非營利性；4.自治性；5.志願性。非營利組織經營所獲取之利潤，須用於該組織之服務，不得分配予個人。

在全球化的趨勢之下，非營利組織所發揮的國際合作功能日益擴大，根據學者陳金貴教授的分類，全球的非營利組織大約有七種類型：

一、衛生醫療

包括醫院、診所、醫護和個人照顧設施、家庭健康照顧中心及特別洗腎設備等，此類型組織財源多係來自於政府的衛生費用及民間捐助。例如：「無疆界醫師聯盟」。

二、教育服務

利用刊物、舉辦活動、透過媒體的宣傳等方式，負起傳遞特定人群需求的資訊，藉此嘗試提供新的觀念改革社會大眾，以及決策者對社會的刻板印象或漠視態度，並補充正規學校教育體系之不足。包括中小學教育、高等教育、圖書館、職業教育、非商業研究機構和相關的教育服務等，此類型組織財源多係來自於政府補助，其次為使用者付費及民間捐助。例如：維基媒體基金會。

三、社會服務

發揮彌補（gap-filling）的角色，經常選擇政府未做、不想做或較不願意直接去做的，但是卻符合大眾所需要的服務。包括托兒服務、家族諮商、居家不便者的照顧、傷殘職業重建、災難救助、難民救助、緊急食物救助、社區改善等，此類型組織主要以助人為服務方式，而財源多係來自於政府之社會服務預算，其餘來自使用者付費及民間捐助。例如：世界展望會。

四、公民團體

以倡導、參與改革精神改善社會，並主動關懷弱勢團體。包括抗議組織、人權組織、社會組織等，此類型組織扮演政策倡導之角色。例如：國際反地雷組織、國際特赦組織。

五、文化團體

包括樂隊、交響樂團、戲劇團體、博物館、藝術展覽館、植物園及動物園等，此類型組織財源一方面來自於收費和賺取的費用，一方面來自於民間捐助和政府支持。例如：新港文教基金會。

六、宗教團體

能提供人們心靈的歸屬，強化國家社會道德的價值，並具有穩定社會的功能，而這是政府所不能做到的服務功能，此類宗教組織提供各種公共服務，對象以教友為主。例如：慈濟功德會、法鼓山基金會等。

七、基金會

能敏銳的體驗社會需求，以組織多樣、彈性與創新的構想，適時地傳遞給政府。此類型組織存在之目的是以財務來支援其他的非營利組織，又可分四種型態：獨立基金會、企業基金會、社區基金會及運作型基金會。例如：由世界首富比爾蓋茲所成立的 Bill & Melirda Gates Foundation.

第三節　志願服務的現況

為激勵社會大眾發揮助人精神，健全志願服務發展，內政部於民國 84 年訂頒「廣結志工拓展社會福利工作——祥和計畫」，分就志願服務組織、教育訓練、服務推展及宣導獎勵等詳予規範。志願服務法於 90 年頒布施行後，國內志願服務工作蓬勃發展，業務範圍遍及各部會業務領域，諸如社會福利、醫療保健、教育文化、消防救難、交通安全、體育休閒、檢察矯正、司法保護、環境保護、消費者保護、稅務戶政……等，各主管部會並訂定各種方案、計畫據以實施，從召募、宣導、訓練、督導、福利、獎勵、網絡等建立制度化管理體系。

Barker（1988）提出志願服務是一群人追求公共利益，本著自我意願與選擇而結合的志願團體。如果民主社會的志願服務是參與者願意付出時間和力量，提供服務來滿足社會需求或關心公共利益。為匯集社會力量推動福利服務工作。志願服務法係民國 90 年 1 月 20 日由總統公布施行。此法的公布施行為台灣的志願服務工作立下一個新的里程碑，代表台灣蓬勃的民間力量與熱心公益的精神，能夠藉由立法的引導，建構成完整的制度。志願服務法係為整合社會人力資源，做有效運用，以發揚志願服務美德，促進社會各項建設及提昇國民生活素質，特制定之，該法總計有八章二十五條，其重點分述如下：

一、總則定義：明確定義志願服務、志願服務者及志願服務運用單位。

二、主管機關：明定主管機關及各目的事業主管機關主管志工權責、義務、召募、教育訓練、獎勵表揚、福利、保障、宣導與申訴之規劃及辦理。對志願服務運用單位，應加強聯繫輔導並給予必要之協助。

三、教育訓練：為提昇志願服務工作品質，保障受服務者之權益，志願服務運用單位應對志工辦理下列教育訓練：1.基礎訓練 2.特殊訓練。基礎訓練課程，由中央主管機關定之；特殊訓練課程，由各目的事業主管機關或各志願服務運用單位依其個別需求自行訂定。

四、志工召募：志願服務運用單位得自行或採聯合方式召募志工，召募時，應將志願服務計畫公告，集體從事志願服務之公、民營事業團體，應與志願服務運用單位簽訂服務協議。志願服務運用單位應提供志工必要之資訊，並指定專人負責志願服務之督導，對其志工應發給志願服務證及服務紀錄冊，必須具專門執業證照之工作，應由具證照之志工為之。

五、志工權利：志工之權利為：1.接受足以擔任所從事工作之教育訓練。2.一視同仁，尊重其自由、尊嚴、隱私及信仰。3.依據工作之性質與特點，確保在適當之安全與衛生條件下從事工作。4.獲得從事服務之完整資訊。5.參與所從事之志願服務計畫之擬定、設計、執行及評估。

六、志工義務：志工之義務為：1.遵守倫理守則之規定。2.遵守志願服務運用單位訂定之規章。3.參與志願服務運用單位所提供之教育訓練。4.妥善使用志工服務證。5.服務時，應尊重受服務者之權利。6.對因服務而取得或獲知之訊息，保守祕密。7.拒絕向受服務者收取報酬。8.妥善保管志願服務運用單位所提供之可利用資源。

七、促進措施：志願服務運用單位對於參與服務成績良好之志工，因升學、進修、就業或其他原因需志願服務績效證明者，得發給服務績效證明書；從事志願服務工作績效優良並經認證之志工，得優先服相關兵役替代役。

八、績效考評：志願服務運用單位應定期考核志工個人及團體之服務績效，主管機關及目的事業主管機關應對推展志願服務之機關及志願服務運用單位，定期辦理志願服務評鑑；志願服務表現優良者，應給予獎勵，並得列入升學、就業之部分成績。

九、獎勵措施：志工服務年資滿三年，服務時數達三百小時以上者，得檢具證明文件向地方主管機關申請核發志願服務榮譽卡；志工進入收費之公立風景區、未編定座次之康樂場所及文教設施，憑志願服務榮譽卡得以免費。

十、法律責任：志工依志願服務運用單位之指示進行志願服務時，因故意或過失不法侵害他人權利者，由志願服務運用單位負損害賠償責任。

志願服務法通過後，在政府與民間攜手推動之下已見績效。針對志工管理上遇到的困境，整理出有：志工流動性大，不斷召募及訓練造成資源浪費。志工素質不齊，影響機構服務品質。機構召募方式未見規劃，宣導不夠，以致志工來源不足、民眾不知參與的管道。經費不足，依賴政府補助，很少向企業或其他單位申請補助。教育訓練師資尋覓困難。電腦化流通資訊不足，機構多只知道自己發展執行志工方案。民眾參與志願服務動機複雜，致使管理不易。甄選、實習花費時間長，民眾參與意願低。專業人力不足，專業知能不夠，對於志工管理缺乏整體規劃。志工督導無法掌握志工的需求（曾華源，2005）。故未來須以更宏觀的思維角度推動志願服務：

一、建構志工人力銀行：Smith（1992）指出二十一世紀志願服務方案要能成功的話，要去除志工參與之障礙，開發專業性人力的志工和不定期志工，透過人力銀行（talent bank）和網路的網絡資訊，以及企業鼓勵員工，而擴大參與志願服務比例。以擴大潛在志工人力，以便極大化志工機會和效能。

二、建立志工管理制度：志工管理有必要透過完善的志願服務工作規劃、有效的教育訓練、支持系統、具體的招募計畫、確實的評估，以至於人性化管理策略的採用。把握志工的特性，於尊重志工發出己願的本質，引發志工參與的動機及意願，重視志工管理者的經營管理理念。

三、加強協調配合機能：志願服務的執行是有賴於政府、民間團體、運用單位以及志工四方面的協調配合，若能相互協調配合將能使志願服務在實際執行上更為順暢，從而有助於積極參與服務志業工作。

四、加強志工專業訓練：志願服務顯現出能採取實際行動改善或緩和社會問題。因此，志願服務不僅在鞏固維繫社會的重要價值，也可以透過參與建構良善的社會價值觀。故除了法定的基礎訓練以及特殊訓練之外，應再加強志工所需之專業訓練以提昇志工素質，協助志工專業成長以及維持服務品質。

五、強化專業督導作為：強化志工督導專業管理能力，以達成善用志願服務人力，裨益協助志工自我的專業成長以及組織發展，促使志願服務團隊所能發揮最大效能。

第四節　公益勸募的實施

傳統以來「樂善好施」、「急公好義」是美德，「濟弱扶困」、「舖橋造路」是善行，對於美德善行的捐款行為，應對捐款大眾的善款採取公開的責信、妥善的管理，期其發揮最大功效，亦應以法律予以規範；又為促進社會公益及因應國家社會重大變故或遭天然災害，政府部門及各民間團體以勸募活動籌集資金，民間熱烈捐輸，此頻繁的勸募活動，因無整套法源加以法制化，恐流於濫情及浪費，甚至為不肖人士利用人性，及透過媒體的不斷報導，而有詐騙之事件，政府不宜無動於衷，故將勸募活動儘速納入法制已是刻不容緩的事。「公益勸募條例」為民國 95 年公布，係基於為妥善運用社會資源，促進社會公益，保障捐款人權益而訂定。用以輔導與規範勸募活動，主要目的為防範勸募之氾濫及斂財。針對為社會福利事業、教育文化事業、社會慈善事業、援外及國際人道救援及其他經主管機關認定之事業發起勸募活動，依該條例之規定辦理。另為使勸募團體辦理勸募活動有所依循，內政部並於 95 年訂定「公益勸募條例施行細則」及「公益勸募許可辦法」，作為法案施行之配套。

一、立法重點

公益勸募條例於民國 95 年 5 月 17 日公布，其重點分述如下：

1. 規範勸募團體基於公益目的，對外募集財物或接受捐款之勸募行為，惟政治及宗教活動之勸募行為較為特殊，另以他法規範。
2. 只有公立學校、行政法人、公益性社團法人、財團法人等四種團體得為「勸募團體」，勸募活動以一年為限，從計畫到執行結果都必須公開；政府機關則除國內重大災害或國際救援，不得發起勸募。
3. 勸募團體基於公益目的，對外募集財物，採許可制，必須申請主管機關許可，予以高密度管理；如對所屬或會員勸募或接受外界主動捐贈則採備查制低密度管理。
4. 勸募團體辦理勸募活動所得財物，以社會福利事業、教育文化事業、社會慈善事業、援外或國際人道救援，及其他經主管機關認定之事業等用途為限。
5. 明定勸募團體三年內如有未設專戶、強迫攤派、規避妨礙主管機關檢查，或曾經主管機關廢止、撤銷勸募許可者，主管機關不予勸募許可。
6. 勸募團體辦理勸募活動期間最長一年，進行勸募活動時應出示主管機關許可文件、工作證；收受勸募所得財物應開立收據，載明勸募許可文號、捐贈人、捐贈金額物品及捐贈日期。
7. 規定勸募團體辦理勸募活動必要支出由勸募所得支應之比率，勸募所得財物應依主管機關許可之勸募活動所得財物使用計畫使用，不得移作他用。如有賸餘，依原勸募活動同類目的機關使用計畫，報經主管機關同意後動支。
8. 明定勸募團體於執行完竣勸募所得財物使用計畫後，應公開徵信，並將成果報告及支出明細表報主管機關備查，並於主管機關網站公告。

9. 根據法律規定，勸募行為不得向職務上、業務上關係有服從義務或受監督人強行為之，勸募人員應主動出示許可文件及工作證，所募財物應開立收據，載明勸募許可文號、捐贈人、物品、日期等細項。
10. 勸募所得不得移作他用，賸餘時，得於計畫執行完畢後三個月內，依原勸募活動同類目的，擬具使用計畫書，報經主管機關同意後動支，而且募款活動期滿後三十天內，應將捐贈人的捐贈資料、所得與收支報告等全部上網公開，並報主管機關備查。

「政府財源有限，民間力量無窮」，根據主計處統計，台灣的公益捐款平均每年約有四百三十億元。財團法人社會福利慈善基金會之設立，係源自「取之於社會，用之於社會」的理念，由民間熱心人士捐助基金，以孳息收益及各項捐助辦理兒童、少年、婦女、老人、身心障礙者福利、低收入戶照顧、貧病醫療補助、志願服務等社會福利事業，截至96年底由政府輔導之全國性財團法人社會福利慈善基金會計一六七個，最低設立基金為新台幣三千萬元，擴大募集社會資源，透過專業審查監督，有效支援社福組織，激發社會關懷互助。隨著社會多元化的發展，以及民間非營利組織的紛紛成立，其從事各種公共服務，回應社會需求，並發展各項服務方案提供給特殊需求族群或機構團體，已形成社會福利發展的趨勢之一。聯合勸募的理念與功能為：

1. 合理的分配社會資源，以濟助需求者。
2. 提供社會福利服務適切地協助弱勢者。
3. 縝密地監督每一筆資源的流向與運用。
4. 公開資訊與透明責信，以取信於社會。

由於捐贈行為是其個人關懷社會，伸張正義表現，政府有義務協助民眾辨識勸募活動，期使非營利組織能募得所需經費，捐贈者的資源能獲得最大的運用效益。故政府對於勸募活動應兼顧監督與輔導之功能。茲將服務現況說明如下：

第一、推動法令宣導。隨著社會經濟的繁榮，人類生活水準獲得提昇；在面對災難或不幸事件的同時，民間社會的愛心澎湃取代了冷漠；在此同時，更需要「社會資源的專業經理人」，統一且合理地運用社會各界的善款，並代替捐款者監督善款運用情形。讓捐贈者資源之運用能透過透明公開之機制得到監督。也讓勸募團體瞭解法令對勸募活動之監督與管理。

第二、強化管理作為。對於發起勸募團體應基於獎勵與輔導的立場，促其以公開透明的財務計畫，建立社會公信，更應強化其合理調度各項資源之專業能力，以免在社會自發性捐輸的資源運用中，再度形成資源錯置、分配不均的情形，政府除輔導勸募團體依法進行勸募活動外，並針對未依法申請之勸募活動主動瞭解，依法處分，以保障民眾之權益，維護社會正義。

第三、倡議「聯合勸募」。透過一個專責募款的機構，有效地結集社會資源，並統籌合理地分配給需要的社會福利機構或團體，如此一來，社會福利機構得以專心推展服務計畫，而社會大眾也可避免重複募款的干擾。節省非營利組織的行政成本，並便利勸募資源有效配置，以強化勸募活動的可見性與正當性，提昇民眾參與意願。

結語

人類是一種群性動物，作為個人為了生存，必須與其他人互動，透過人際的互動，創造了社會組織，因此人類的生存是一種集體的或組織的過程（Hawley, 1986）。因為，倘若人們想要達成他們所尋求的目標，他們必須參與社會組織，舉凡是獲取物質上的供給、人格的成長、婚姻的美滿、社區生活的改善、社會經濟不平等的降低、國家的繁榮、或者世界的和平，都得藉助於參加各種社會組織，否則將無法實現這些目標。在我們的一生中都脫離不了社會組織，這些組織的規模，小從我們的家庭與同儕團體，大至我們的社會和整個世界體系。人們無論從生理上還是智力上都無法以獨立個人來滿足自己，只能以群體的形式來達成需要。社會組織是建立在社會分工基礎上的專業化單元，將具有不同能力的人聚合在一起，以特定的目標和明確的規範協調人的活動和能力，從而更有效地滿足人們的各種需要。大小不同、功能各異的社會組織構成了現代社會的主要基礎。

近年來，隨著公民社會逐漸成熟，社會大眾對非營利組織（含基金會）的期許漸次提昇，相應之下，苛責的呼聲因而格外受到重視，迫使非營利組織體認經營管理的透明概念不再以成文的法律規範為準，舉凡財產、人事、利益、資訊等作業的完全揭露，已成為社會大眾普遍的認知，因此需加強基金會的「自律」與「他律」。在福利先進社會，存有非常多的自主性公民社會組織，包括非營利組織、非政府組織、志願組織、公民協會、公民部門等社會團體，其組織成員不斷為社群謀求更好的福利，並且對於推展社會公益活動非常的熱衷，像這樣的公民社會組織已儼然成為捍衛著國家人民權益的碉堡。同時非營利組織亦能提供政府所不能提供的服務，而且非營利組織亦能支持地方公共利益及少數團體的訴求，尤其對於多數決定或偏見所排斥的社會運動及公共利益，非營利組織都能給予適時支持。另外，非營利組織能在小規模的問題上，更具敏銳、效率與運作能力，提出適時的呼應與見解，以補強政府決定地方事務上的決策。同時，非營利組織跳脫公部門的單一思考，往往具有創新的想法與改革變遷的動能。非營利組織在沒有選民壓力的情況下，得以不斷的獲得周延的思考，將可以成為許多新穎理念的先鋒，進行社會的變革。由於非營利組織發展的大趨勢已成為既定方向，此時，迫切需要構建和完善相關非營利組織的體系，用良好的制度條件，以促進非營利組織的健全發展，逐步建立起一個成熟的公民社會。

第二十三章　社區發展政策與立法

社區生活是一種「生活共同體」的群體，是共有、共治與共享的生活區域。由於我們的日常生活幾乎是在自己所屬的社區範圍內進行，我們的生活方式與人格發展多半受社區組織的影響。有了社區個人生活便獲得許多便利，使得我們的日常生活幾乎是在自己所屬的社區範圍內進行，人類生存機會是因社區而增強。社區發展政策強調由下而上、居民參與、社區意識、充分發揮民間創造力量等精神；此等精神促使社區居民自主意識逐漸提昇，對地方社區公共事務的參與需求越來越高漲。社區的建設取決於，第一、社區能力培養：培養弱勢或處於不利境遇之社區居民能力，進而自動自發、重建社會參與、減少被動心態；第二、社區經濟發展：特別是透過非營利組織的社會與經濟目標之創造，促進地方經濟發展；第三、建立社會夥伴關係：透過創新措施的推展、跨部門的運作，來增進社區生活品質。

第一節　社區生活與社區發展

所謂的社區（Community）是指由居住在某一地區裡的人們結成多種社會關係和社會群體，從事各種社會活動所構成的相對完整的社會實體。對於某一群人而言，社區是個人發展認同感與歸屬感，並擁有某些權利與義務的具體存在生活空間。社區也是一種制度、組織或體系，這種組織或體系依其空間分布來說，即是一種區位結構或區位體系。社區有自己特有的文化、制度和生活方式，每一個社區的居民，對於自己所屬社群能產生一種情感和心理上的認同感，即有一種「我是某個地方的居民」的觀念。雖然「社區」的概念可能範圍大小不一，並沒有明確的界線，但是，它卻是一群人的生活空間。具有三個要素：

第一、它是一個有一定境界的人口集團。

第二、它的居民具有地緣感覺或某些集體意識與行為。

第三、它有一個或多個共同活動或服務的中心。社區生活是為了滿足社區成員為目的，隨著社會的變動社區必須積極朝向社區發展的道路。社區發展的目的是：一、提倡互助合作精神，鼓勵社區居民自力更生解決社區的問題。二、培養社區居民的民主意識，吸引其參與本社區公共事務。三、加強社區整合，促進社區參與（Community Participation），理性進行社會變遷，以加速社會進步的過程。

當前社區發展政策的首要任務即是如何強化居民的社區認同與社區意識，如何透過各種社區活動的辦理，加強居民的社區參與與情誼，進而使他們自動自發、相互合作，融合成社區生命共同體，形成社區發展的動力。社區發展組織模式大體可分三種：

第一、整體模式。由中央政府設立專門機構，主管制定社區發展的基本政策，研究社區發展的長遠規劃。印度、菲律賓等國採用這種模式。

第二、代為模式。政府將社區發展工作交一個或幾個部門負責。緬甸和牙買加等國採用這種模式。

第三、分散模式。推行社區發展的組織是分散的，由各有關部門、團體分別制定計畫並執行。英國和美國等採用此一模式。

社區發展的推動，是民國 57 年社區發展綱要的頒布，在此之後，社區發展成為國家重要的社會福利工作的一環。今日邁入二十一世紀的此際，社區發展的模式並不依循舊有的方式，而是另創一個嶄新的工作模式，以非正式、非結構、非制度的組織型態，結合具自發性、自主性、有意願、有動機的民眾、團體或社區共同進行一種立足於社區，關照歷史，注重生命，改善生活，延續生存的理念，為人民與社區的關係做新的營造與模塑，進而從人文的關照落實到生計的維繫，締造社區務實永續的基礎。

社區發展在整體社會福利思潮變革及調整的情況下，為社區加入新的議題及注入新的力量。從福利多元主義發展到社會福利社區化，皆是在為社區人民的需要、福利的滿足做更大的突破與努力。福利社區化是紮實地回應照顧社區居民的需求。對於人民實質生活，包括教育、文化、衛生、環保、福利、安全等課題的重視，乃至於營造落實生計、生命、生活各層面意義。由此，以社區發展所具有的活力及創意，加諸社區發展真切的服務照顧，必能為社區帶動改變，為人民共謀福祉。落實在地服務，以其再造社區新生的力量，以為二十一世紀的社區工作奠定良好的根基及創造美好的開始。

第二節　社區發展工作的展開

社區具有群體和共同體的含意。它們的構成本身就體現出人與自然、人與社會、人與人之間的諸種關係。社區是一個相對完整的社會實體。就是說，它不僅包括一定數量和質量的人口，而且包括由這些人所構成的群體和組織；不僅包括人們的經濟生活，而且包括人們的政治、文化生活；不僅包括生產關係，而且包括其他社會關係；不僅包括一定的地域，而且包括人們賴以進行生命活動的生產資料和生活資料。

社區工作其主旨在運用社區內資源，配合政府施政措施，改善社區生活環境，增進社區民眾福祉，提高社區生活品質的一種社會改造過程。社區發展工作推動各項社會福利業務，如兒童、少年、老年、身心障礙、婦女、勞工農民、原住民等社會福利業務所需之專業社會福利人員更需要深一層次之專業訓練，其他各專業之業務，如衛生、環保、文化建設、水土保持等專業業務，更需要有更專業之訓練管道。專業人才之培訓、督導考評、研究發展，是社區發展工作實務推動的必要內涵。

社區發展指定工作項目如左：一、公共設施建設。二、生產福利建設。三、精神倫理建設。四、社區文化建設。五、社區福利服務。六、社區長期照顧。七、社區守望相助。八、社區犯罪防治。九、社區醫療網路。十、社區環境保護。十一、其他有關社區發展之工作。

美國學者 Paul Starr（1989）將社會福利社區化的意義分成三個層次：

第一、視社區化為理念（idea）——在這個概念之下，社區化被視為是公私部門混合的福利供給方式，由政府與民間機制共同合作，對福利需求者提供服務。亦即必須由居民自己組成一個具有約束力的社會組織，居民本身則要具備相當強烈的社區成員意識和主體意識。一旦大家都有了共識，願意積極參與，社區生活共同體很快就可以自然形成，社區有關的問題也就能迎刃而解。

第二、視社區化為理論（theory）——在這個概念之下，社區化被視為一種所有權的重新分配，經濟資源的再分配，並透過社區發展的方式結合民間力量，以減少政府福利的過度負擔。

第三、視社區化為政策措施（political practice）——社區發展是攸關每一個人的切身問題，在要求社區福利的同時，社區居民也應該能夠自主地經營自己的社區生活，凡是涉及社區福祉的問題，絕大部分都應該由社區居民透過群體的組織力量來處理，這樣才是一個真正民主的社會。在這個概念之下，社區化被視為對民眾申請福利給付的重新安排，將以往由政府扮演服務供給者的主要角色，逐步轉移給民間。

從「社區發展」的角度探討政府與民眾的互動關係與模式，在人類互動益趨綿密的網絡社會（network society）中，試圖在當前社會日益複雜與人民自主意識覺醒之間尋求一個新的平衡點，建構一個社會所有成員與族群間共享、共治的生活模式。

第三節　社區發展政策的落實

民國 54 年行政院頒布「民生主義現階段社會政策」，確立了社區發展為我國社會福利措施七大要項之一，同時並明確規定「以採社區發展方式，促進民生建設為重點」。行政院為加強貫徹社區發展工作之推行，乃頒行「社區發展工作綱要」；嗣於 72 年修訂為「社區發展工作綱領」；隨著社會環境之變遷，原由政府主導由上而下之社區發展模式，已無法肆應社會需求，解決社區問題，為期改變社區體質，使其能達到民主、自治、自助之目標，乃於 88 年 12 月 14 日再修訂發布「社區發展工作綱要」，採人民團體型態運作。迄今，台灣地區已成立社區發展協會有六千二百七十五個，繼續推行社區公共設施、生產福利、精神倫理等三大建設。英國前任首相布萊爾（Tony Blair）在 1997 年競選期間的訴求一再強調並非走回傳統工黨的老路，而是一條新的社區主義的路線（new communitarianism path）（Etzioni, 1998），其後與歐美諸國領袖共同提倡之「第三條路」（The Third Way），也深具社區主義的實質內涵，提出之社區文化、社區意識和生命共同體的觀念，整合成一項具體的社會政策。

「社區發展工作綱要」其重點分述如下：

一、為促進社區發展，增進居民福利，建設安和融洽、團結互助之現代化社會。

二、社區和社區發展及社區居民之定義：社區：該綱要所稱社區，係指經鄉（鎮、市、區）社區發展主管機關劃定，供為依法設立社區發展協會，推動社區發展工作之組織與活動區域。社區發展：係社區居民基於共同需要，循自動與互助精神，配合政府行政支援、技術指導，有效運用各種資源，從事綜合建設，以改進社區居民生活品質。社區居民：係指設戶籍並居住本社區之居民。

三、社區發展協會設會員（會員代表）大會、理事會及監事會。另為推動社區發展工作需要，得聘請顧問，並得設各種內部作業組織。

四、社區發展協會應根據社區實際狀況，建立社區資料：1.歷史、地理、環境、人文資料。2.人口資料及社區資源資料。3.社區各項問題之個案資料。4.其他與社區發展有關資料。

五、社區發展指定工作項目如左：

(一) 公共設施建設

1. 新（修）建社區活動中心。
2. 社區環境衛生及垃圾之改善與處理。
3. 社區道路、水溝之維修。
4. 停車設施之整理與添設。
5. 社區綠化與美化。
6. 其他。

(二) 生產福利建設

1. 社區生產建設基金之設置。
2. 社會福利之推動。
3. 社區托兒所之設置。
4. 其他。

(三) 精神倫理建設

1. 加強改善社會風氣重要措施及國民禮儀範例之倡導與推行。
2. 鄉土文化、民俗技藝之維護與發揚。
3. 社區交通秩序之建立。
4. 社區公約之制定。
5. 社區守望相助之推動。
6. 社區藝文康樂團隊之設立。
7. 社區長壽俱樂部之設置。
8. 社區媽媽教室之設置。
9. 社區志願服務團隊之成立。
10. 社區圖書室之設置。
11. 社區全民運動之提倡。

12. 其他。

六、社區發展協會應設社區活動中心，作為舉辦各種活動之場所。另主管機關得於轄區內設置綜合福利服務中心，推動社區福利服務工作，並應與轄區內有關之機關、機構、學校、團體及村里辦公處加強協調、聯繫，以爭取其支援社區發展工作並維護成果。

第四節　社區發展的努力方向

管理學大師彼得‧杜拉克（Peter F. Drucker）在其著作《杜拉克看亞洲》（1998）曾經強調：「要振興社會就需要一個社會部門來重建社區。並且，這個部門的成立是建立在個人努力和對社區的關懷之下。更重要的是，這個部門必須是非政府的組織。」由於社區與民眾生活息息相關，是以社區發展工作的努力方向是結合民力強化社區發展與志願服務工作。

第一、凝聚社區力量推展社區發展工作：目前台灣地區計有社區活動中心四千一百八十六所，提供社區民眾集會及辦理各項文康、育樂及福利服務活動場所。辦理社區精神倫理建設活動外，並補助社區發展協會辦理各種生活講座、社區刊物、社區運動會、媽媽教室、民俗文化等活動，充實社區居民生活內涵，增進居民情誼，凝聚社區意識，建立生活共同體。

第二、辦理志願服務法規定辦理事項，並訂定相關子法及書表格式之配套措施：志願服務法業於民國 90 年 1 月 20 日由總統公布施行，由於志願服務工作跨越各種服務領域，例如教育、文化、體育、科學、消防救難、交通安全、環境保護等範疇，對於政府機關應辦理的事項及權責分工必須加以釐清。政府已研訂下列辦法：

1. 志工基礎訓練課程。
2. 志願服務證、服務紀錄冊及其管理辦法。

3. 志工倫理守則。

4. 志願服務績效證明書格式及其認證。

5. 志願服務榮譽卡。

6. 兵役替代役相關辦法，以為配合。

任何社區要推動或進行各項的活動與規劃之際，志工的參與是絕對必需的，如何召募並讓志工願意長期間的替地方效力，則是一項待努力的方法與藝術。

第三、強化社區參與，社區參與（community participation）是一種社區居民自我覺醒的過程，也是居民對於周遭生活環境關心與投入程度的標誌。透過社區活動與公共事務的參與，除了可拉近彼此的心理距離，也可改善現代都市社區的冷漠面貌。因此，社區參與不僅反映出公民權利意識的覺醒，也進一步形成以社區為行動單位的集體力量。然而，社區參與並無一定的模式可循，最直接有效的方式是相關經驗的學習與傳承，確認社區的問題與資源，以及尋求適切的解決方法。

第四、推動「社區營造」（total community construction），強調社區生活共同體、社區意識、社區參與和社區文化。社區營造所要達成的目標是：在社會興革上，推動民主化與公共化概念，強調「由下而上」的居民參與，讓社區居民管理自己，也思考其未來；在經濟發展上，著重「文化產業化」，試圖尋求「在地性」經濟發展策略；在精神倫理上，藉由社區總體營造的社會運動改造社會風氣，培養公義價值觀，重視社區互助與人際互動，積極參與社區事務，期使社區居民成為社區的真正主人；在文化推展上，藉由文化保存與重建地方文化特色，宏揚地方歷史古蹟與文化遺產；在基礎設施上，強調美化居住空間與景觀等社區建設運動凝聚社區意識，並且形塑社區居民的共同記憶。是以，其內涵包括社區工作所強調的「生產建設」、「福利建設」、「倫理建設」、「基礎建設」。

第五、推廣社區結盟，擴充資源。許多社區皆已將績優社區的觀摩與學習視為社區自我成長的主要方式之一。透過社區的參訪，一方面可以學習績優社區在會務、財務、業務的作業方式；另外，社區如何有效組織不同的資源，如何進行成員之間的溝通與討論，應該也是觀察、瞭解與學習的重要項目。為使資源連結能被更充分運用，並補充資源之不足，使社會資源網絡得以發揮，除連結社區中各種人力、物力、財力等資源，更可考慮與其他鄰近社區之結盟，並運用相互之資源，以合作方式尋求協助。

第六、人才培育與發展。培訓社區專業人力，充實社區工作幹部專業知能，以提昇專業服務品質。建立人才資料庫，主動發掘人才，培育志工投入社區工作。同時社區已開始重視並意識到社區關懷與福利工作的重要性，因此紛紛成立社區照顧關懷據點，並積極的進行對老人、青少年及外籍配偶的照顧工作。

第七、鼓勵社區因應地方需要及特質，拓展地方文化產業，發展觀光事業，推廣休閒農業，配合民宿，以促進社區民眾就業，增加社區居民經濟收入，以改善民眾生活環境，增進生活品質。社區發展的工作需要結合不同的人力與資源之後，才能產生或達成預定的成果。許多成熟型的社區已能尋找並集合不同資源來促進地方工作的進行。另外，各縣市的許多社區皆以組織不同性質的志工隊，針對環境、治安、資源回收、關懷照顧等項目來進行在地與草根式的服務工作。社區附近的教育機構、醫療團體、宗教團體、工商產業、行政治安、自然與人文資源，都是可以列舉並思考如何將上述資源有效運用。例如，有些社區內或附近的寺廟，香火鼎盛，如何請管理委員會參與或協助社區的活動，都是社區發展協會可以努力的目標。

第八、加強與教育、文化、交通、環保、農林、民政、衛生等推行社區發展相關單位協調聯繫，分工合作，以發揮整體力量，加速推動社區建設工作。許多社區皆已經跳脫出以往只是辦理自強活動、參訪、旅遊的窠臼，而能從環境的美化、整潔、資源的整理與運用，關懷在地同胞的概念來進行社區的服務。

結語

社區是一個公民社會（Civil Society），因為其是指占有一定區域的一群人，因歷史背景、地理環境、社會文化、生活水準、職業聲望或其他方面的差異而造成各種不同的地域，並且形成彼此相互依存的關係。普遍存在於各個國家和民族之中，是人類社會生活的最基本環境。對於所屬社區有一種心理上的結合，亦即所謂的「一體感」、「歸屬感」；認為該社區與其關係密切，正如同一個人對自己的家庭、故鄉、社會及國家等懷有特別的情感。這種「我群」的意識，使社區成員對於該社區的建設成就有一種認同與榮譽的感受，對於隸屬該社區的活動，都有相當的關注，此種心理的反應便是參與社區建設的動力基礎。

展望未來，隨著公民社會的到來，社區組織宜發展出一套社區居民參與公共事務的策略，經由集體意識詳細規劃未來社區藍圖，期使形塑成社區居民的社區參與。

參考書目

中文書目

中華民國社區發展研究訓練中心編（2001）：《社會工作辭典》（第六版）。台北。

內政部（1994）：《先進國家年金保險制度》。台北：內政部。

內政部（2007）：《九十五年社政年報》。台北：內政部。

王麗容（1995）：《婦女與社會政策》。台北：巨流出版社。

江亮演（1986）：《社會安全制度》。台北：五南出版社。

王　正（2002）：〈身心障礙者經濟生活保障制度之探討〉。《社區發展季刊第 97 期》，頁 128-138。

王永慈（2001）：〈社會排除：貧窮概念的再詮釋〉。《社區發展季刊第 95 期》，頁 82。

王順民（2001）：〈宗教關懷與社區服務的比較性論述〉。《社區發展季刊第 93 期》，頁：42-58。

王增勇（2000）：〈加拿大長期照護的發展經驗〉。《社區發展季刊第 92 期》，頁 270-288。

白秀雄（1996）：《老人福利》。台北：三民書局。

伊慶春（1991）：〈家庭問題〉，收錄於《台灣的社會問題》，楊國樞、葉啟正主編，頁 223-258。

朱志宏（1991）：《公共政策》。台北：三民書局。

江亮演（1996）：《社會安全制度》。台北：五南出版社。

江亮演（1996）：《社會安全制度》。台北：五南出版社。

江亮演（1997）：《社會政策與立法》。台北：空中大學。

江亮演（2005）：〈台灣老人福利演進與發展〉。《社區發展季刊第 109 期》，頁 83-96。

江亮演（2006）：〈我國家庭福利的展望〉。《社區發展季刊第 114 期》。

江國仁（2000）：〈勸募活動管理之檢討與改進〉。《社區發展季刊第 90 期》，頁 31-37。

吳來信（2005）：《家庭政策》。台北：空中大學。

呂建德（2001）：〈從福利國家到競爭式國家？〉。《台灣社會學第 2 期》，頁 263-313。

宋麗玉（2000）：〈促進社區精神復健服務之使用〉。《社會政策與社會工作學刊》，頁 157-197。

宋麗玉（2002）：《社會工作理論——處遇模式與案例分析》。台北市：洪葉。

李允傑（2000）：《政策執行與評估》。台北：國立空中大學出版。

李易駿（2001）：〈全球化對社會政策的挑戰〉。《台灣社會福利學刊第 2 期》，頁 119-153。

李明政（1994）：《意識型態與社會政策模型》。台北：冠志出版社。

李欽湧（1999）：《社會政策分析》。台北：巨流出版社。

李明政（2006），《社會政策與社會立法》。台北：松慧出版公司。

李增祿（1993）：《社會工作概論》。台北：巨流出版社。

周月清（2002）：〈台灣社會工作專業發展的危機與轉機〉。《社區發展季刊第 99 期》，頁 170-178。

周怡君（2006）：《社會政策與社會立法》。台北：洪葉文化公司。

林明禎（1995）：〈談國外聯合勸募現況兼論台灣推動情形介紹〉。《社區發展季刊第 69 期》，頁 170-178。

林振春（1999）：《台灣社區教育發展之研究》。台北：師大書苑。

林振裕（1985）：《社會政策與社政法規》。台北：金玉出版社。

林萬億（1982）：《當代社會工作》。台北：五南出版社。

林萬億（1984）：《中外社會福利行政比較研究》。台北：中央文物供應社。

林萬億（1994）：《福利國家——歷史比較分析》。台北：巨流圖書公司。

林萬億（2002）：〈台灣的家庭變遷與家庭政策〉。《台大社會工作學刊第 6 期》。

林萬億（2003）：《當代社會工作——理論與方法》。台北：五南圖書公司。

林萬億（2005）：〈1990 年代以來台灣社會福利發展的回顧與展望〉。《社區發展第 109 期》，頁 12-35。

邱汝娜（2002）：《縮短原漢差距——台灣原住民社會福利政策規劃導向》。台北：揚智文化公司。

邱汝娜（2005）：〈政府社會工作員制度的起始〉。《社區發展季刊第 109 期》，頁 136-141。

柯木興（1982）:《社會保險》。台北：自印。

洪旋德（1997）:《社會政策與立法》。台北：國立空中大學。

洪鐮德（2004）:《當代主義》。台北：揚智文化公司。

胡幼慧（1997）:《失能老人照顧者社區支持體系組織動員初步行動研究》。台北：巨流，頁 262-289。

唐文慧（1993）:《社會福利理論——流派與爭議》。台北：巨流圖書公司。

孫健忠（2002）:《台灣社會救助制度實施與建構之研究》。台北：時英出版社。

孫健忠（1999）:〈全球化、區域主義與社會政策〉。《社區發展季刊第 85 期》，頁 237-250。

徐　震（1980）:《社區與社區發展》。台北：正中書局。

徐　震（2000）:《社會問題》。台北：學富出版公司。

翁毓秀（2006）:〈為新住民建構社會包容的家庭政策〉。《社區發展季刊第 114 期》。

許水德(2005):〈台灣社會福利工作之回顧〉。《社區發展季刊第 109 期》，頁 148-150。

許雅惠（2000）:〈家庭政策之兩難——從傳統意識型態出發〉。《社會政策與社會工作學刊第 4 卷第 1 期》。

郭明政（1997）:《社會安全制度與社會法》。台北：作者自行出版。

郭靜晃（1997）:《社會問題與適應》。台北：揚智出版社。

陳其南（1998），〈台灣社區營造運動之回顧〉。《研討會報導第 41 期》，頁 21-37。

陳武雄(2001):《志願服務理念與實務》。台北：中華民國志願服務協會，頁 154-160。

陳武雄（2003）:《社會立法析論》。台北：揚智文化公司。

陳政智（2006）:〈非營利組織行銷與募款的新通路〉。《社區發展季刊第 115 期》，頁 101-111。

陳新民（2005）:《行政法學總論》。台北：三民書局。

曾華源（1996）:《少年福利》。台北：亞太圖書公司。

曾華源（2003）:《社會工作理論——處遇模式與案例分析》。台北：洪葉文化事業有限公司。

曾華源（2003）:《志願服務概論》。台北：揚智文化公司。

曾華源（2005）:〈我國志願服務法未來修訂方向的幾個建議〉。《社區發展季刊第 111 期》，頁 207-214。

黃源協（2004）:〈社區工作何去何從：社區發展？社區營造？〉。《社區發展季刊第 107 期》，頁 78-87。

黃源協（2006）:《社會政策與社會立法》。台北：洪葉文化公司。

呂溪木（2002）:《我國社會福利制度總體檢調查報告》。台北：監察院。

楊培珊（2000）:《台北市獨居長者照顧模式之研究》。台北市政府社會局委託專題研究報告。

楊連凱（1984）:《現代化過程中家庭結構與功能之研究》。東吳大學社會學研究所碩士論文。

萬育維(2002):〈身心障礙福利政策的新思維〉。《社區發展季刊第 97 期》，頁 29-38。

葉至誠（1997）:《社會福利服務》。台北：揚智出版社。

葉至誠（2000）:《職業社會學》。台北：五南出版社。

葉至誠（2001）:《當代社會問題》。台北：揚智出版社。

葉至誠（2001）:《社會福利服務》。台北，揚智出版社。

詹火生（1998）:《職業訓練與就業服務》。台北：巨流出版社。

詹火生（1986）:《社會政策要論》。台北：巨流出版社。

詹火生（1992）:《主要工業國家勞工福利之研究》。台北：行政院勞委會。

詹火生（2000）:「社會政策」定義收錄於《社會工作辭典》。台北：內政部社區發展雜誌社。

廖俊松(2004):〈身心障礙者保護法之執行檢討與修訂建議〉。《社區發展季刊第 101 期》，頁 429-444。

蔡宏昭（1990）:《英美日社會福利政策與措施》。台北：社會發展研究訓練中心。

蔡明砡（2005）:〈我國社會立法發展歷程〉。《社區發展季刊第 109 期》，頁 66-82。

蔡漢賢（2002）:《五十年來的兒童福利》。台北：中國社會行政學會。

鄭怡世（1999）:〈台灣勸募法規應有的法律建制〉。《社區發展季刊第 85 期》，頁 93-104。

蕭玉煌（2001）:〈我國社會救助政策回顧與展望〉。《社區發展季刊第 95 期》。

蕭玉煌(2002):〈內政部推展社區發展工作之成果與新方向〉。《社區發展季刊第 100 期》，頁 5-14。

蕭新煌（1981）:《我國老人福利之研究》。台北；行政院研考會。

蕭新煌（2000）:《台灣社會福利運動》。台北：巨流圖書公司。

蕭新煌（1990）:《現代化與家庭政策》。台北：巨流圖書公司。

賴兩陽(2002):〈台灣社區工作的歷史發展與功能轉型〉。《社區發展季刊第 100 期》，頁 69-80。

賴兩陽（2003）：〈全球化下社會政策的影響與出路〉。《社區發展季刊第 102 期》，頁 45-62。

賴兩陽（2004）：〈全球化、在地化與社區工作〉。《社區發展季刊第 107 期》，頁 120-132。

賴兩陽（2006）：《社區工作與社會福利社區化》。台北：洪葉文化公司。

鍾秉正（2004）：《社會福利法制與基本人權保障》。台北：神州出版公司。

簡春安（2005）：〈「社會工作師」立法始末〉。《社區發展季刊第 109 期》，頁 142-147。

羅肖泉（2005）：《踐行社會正義》。中國北京：社會科學文獻出版社。

鐘美育（1992）：《社會工作的倫理判斷》。台北：桂冠出版社。

顧燕玲（1996）：《女權主義——理論與流派》。台北：女書文化公司。

英文資料

Alcock, Pete（1996）*Social Policy in Britain: Themes & issues*. London: Macmillan Press.

Esping-Andersen, Gøsta（1990）*Three Worlds of Welfare Capitalism.* Cambridge, UK: Polity press.古允文譯，《福利資本主義的三個世界》，台北：巨流圖書公司，1999。

Esping-Andersen, Gøsta （ed.） （1997） *Welfare States in Transition: National Adaptations in Global Economies*. London: Sage Pub.

Esping-Andersen, Gøsta（1999）*Social Foundations of Postindustrial Economies*. New York: Oxford University Press.

Kautto, Mikko, Matti Heikkilä, Bjørn Hvinden, Staffan Marklund and Niels Ploug（eds.）（1999）*Nordic Social Policy*, New York : Routledge.

Kuhnle, Stein （eds.）（2000）*Survival of the European Welfare State*. London and New York: Routledge.

Mishra, Ramesh（1999）*Globalization and the Welfare State*, Cheltenham, UK ; Northampton, MA : Edward Elgar Publishing.

Peck, Jamie（2001）*Workfare States*, New York: The Guilford Press.

Rein, Martin, Gøsta Esping-Andersen, and Lee Rainwater（eds.）（1987）*Stagnation and Renewal in Social Policy*. New York: M. E. Sharpe.

Yeates, Nicola（2001）*Globalization & Social Policy*. London, Thousand Oaks, New Delhi: Sage.

國家圖書館出版品預行編目

社會政策與社會立法 / 葉至誠著. -- 一版. --
台北市 : 秀威資訊科技, 2009.10
面 ; 公分. -- (社會科學類 AF0117)

BOD 版
參考書目 : 面
ISBN 978-986-221-290-5 (平裝)

1. 社會政策 2. 社會福利

549.1 98016031

實踐大學數位出版合作系列
社會科學類 AF0117

社會政策與社會立法

作　　者　葉至誠
統籌策劃　葉立誠
文字編輯　王雯珊
視覺設計　賴怡勳
執行編輯　林泰宏
圖文排版　蘇書蓉
數位轉譯　徐真玉　沈裕閔
圖書銷售　林怡君
法律顧問　毛國樑　律師
發 行 人　宋政坤
出版印製　秀威資訊科技股份有限公司
台北市內湖區瑞光路 583 巷 25 號 1 樓
電話：(02) 2657-9211
傳真：(02) 2657-9106
E-mail：service@showwe.com.tw
經 銷 商　紅螞蟻圖書有限公司
台北市內湖區舊宗路二段 121 巷 28、32 號 4 樓
電話：(02) 2795-3656
傳真：(02) 2795-4100
http：//www.e-redant.com

2009 年 10 月
BOD 一版
定價：440 元

讀者回函卡

感謝您購買本書，為提升服務品質，請填妥以下資料，將讀者回函卡直接寄回或傳真本公司，收到您的寶貴意見後，我們會收藏記錄及檢討，謝謝！

如您需要了解本公司最新出版書目、購書優惠或企劃活動，歡迎您上網查詢或下載相關資料：http:// www.showwe.com.tw

您購買的書名：______________________________

出生日期：________年________月________日

學歷：□高中（含）以下　□大專　□研究所（含）以上

職業：□製造業　□金融業　□資訊業　□軍警　□傳播業　□自由業

□服務業　□公務員　□教職　□學生　□家管　□其它____

購書地點：□網路書店　□實體書店　□書展　□郵購　□贈閱　□其他

您從何得知本書的消息？

□網路書店　□實體書店　□網路搜尋　□電子報　□書訊　□雜誌

□傳播媒體　□親友推薦　□網站推薦　□部落格　□其他________

您對本書的評價：（請填代號　1.非常滿意　2.滿意　3.尚可　4.再改進）

封面設計____　版面編排____　內容____　文／譯筆____　價格____

讀完書後您覺得：

□很有收穫　□有收穫　□收穫不多　□沒收穫

對我們的建議：______________________________

____

____

____

請貼
郵票

11466
台北市內湖區瑞光路 76 巷 65 號 1 樓

秀威資訊科技股份有限公司 收

BOD 數位出版事業部

…………………………………………………………………………………………

（請沿線對折寄回，謝謝！）

姓　名：＿＿＿＿＿＿＿＿　年齡：＿＿＿＿　性別：□女　□男

郵遞區號：□□□□□

地　址：＿＿＿＿＿＿＿＿＿＿＿＿＿＿＿＿＿＿＿＿＿

聯絡電話：(日)＿＿＿＿＿＿＿＿＿＿(夜)＿＿＿＿＿＿＿＿＿＿

E-mail：＿＿＿＿＿＿＿＿＿＿＿＿＿＿＿＿＿＿＿＿＿